이 책에 쏟아진 찬사

"건강한 관계는 건강한 비즈니스를 만든다. 팀원들에게 영감을 불어넣고 성과를 극대화하도록 지도하며 매력적인 문화를 구축하는 방법을 알고 싶다면 꼭 읽어야 할 책이다!"

팀 레버리지,
코카콜라 부사장이자 투자자 홍보 담당자

"프랜차이즈 사업 분야에서 건강한 관계보다 더 중요한 것은 없다. 관계의 본질이 어떠한가에 따라 모든 것이 번성할 수도, 반대로 힘들어질 수도 있다. 관계를 강화하고 비즈니스를 성공적으로 이끌고 싶은 사람들을 위해 로스 박사가 나섰다. 이 책은 그런 사람들에게 유익한 통찰과 실질적인 원칙들을 제공한다."

제임스 콜린스,
맥도날드 미국 담당 부사장이자 총괄 매니저

"울트라 럭셔리 경험은 고객 각자에 맞는 개인화된 서비스 제공을 포함한다. 더욱 개인화된 서비스를 제공할수록 영향력이 커진다. 이 책은 리더가 더 강력한 팀을 구축하고 내·외부적으로 연결을 촉진하며 건강한 작업 환경을 창조하는 일을 돕기 위한 안내서다."

호르스트 슐츠,
카펠라 호텔 그룹 명예 회장, WP 호스피탤리티 그룹 회장 겸 CEO, 리츠칼튼 사장 역임

"건강한 관계는 비즈니스를 움직이는 원동력이다. 효과적이고 생산적인 사람이 되고 싶다면 팀의 일원으로서 함께 일하고 서로를 가족처럼 사랑해야 한다. 이 책에서 로스 박사는 비즈니스에 강력한 엔진을 달아줄 성숙한 관계를 구축하는 원칙과 실천 방법을 상세히 알려준다. 이 책은 모든 관리자의 필독서이다."

셰릴 베이철더,
전 파파이스 CEO

"삶에서 좋은 것은 모두 인간관계를 통해 이뤄진다. 성장, 성숙, 생산성은 전부 건강한 관계의 결과물이다. 조직이 '관계의 부자'가 되기를 바라는 사람에게 이 책을 강력히 추천한다."

앤디 스탠리,
노스포인트 사역재단 설립자이자 작가

"좋은 관계는 세상이 돌아가게 만드는 힘이다. 이는 개인의 삶에서나 비즈니스에서나 마찬가지다. 로스 박사는 비즈니스 활동에서 깊고 의미 있는 관계를 육성하는 것이 얼마나 가치 있는지를 누구보다 잘 안다. 그는 우리가 지침으로 삼을 수 있는 훌륭한 안내서를 제공하는데, 바로 이 책 『앞서가는 조직은 왜 관계에 충실한가』이다. 실질적이고 사려 깊은 메시지로 가득한 이 책은 리더들에게 엄청난 자원이 되어줄 것이다."

댄 T. 캐시,
칙필레Chick-fil-A 창업자

"공룡 기업이 갈수록 덩치를 불리는 오늘날에는 감정이 배제된 거래와 효율에 초점을 맞추는 추세다. 우리는 가격 대비 최대의 효율을 달성하거나 생산성을 극대화하는 데에 집중해왔다. 그러는 동안 우리는 중요한 무언가를 파괴하고 말았다. 자기 자신보다 더 큰 무언가에 기여하고, 자신이 가능하다고 생각한 것보다 더 많이 성취하도록 사람들을 규합하던 구조가 파괴된 것이다. 이 책은 그 사실을 과감히 드러내 우리에게 경종을 울린다. 로스 박사는 조직의 곳곳에서 활동하는 리더들에게 영향을 주는 복잡한 주제들을 마치 대화하듯 쉽게 설명해준다."

스콧 매클렐런,
터치포인트 서포트 서비스, 모리슨 커뮤니티 리빙, 베이트먼 커뮤니티 리빙 CEO

"효과적인 리더가 되려면 반드시 배경도 관점도 믿음도 제각각인 사람들이 협업할 수 있는 환경을 조성해야 한다. 조직에 명료성과 일체성을 주입하고 싶다면 이 책이 그 방법을 알려줄 것이다."

리처드 콕스,
콕스 오토모티브Cox Automotive 비즈니스 운영 담당 부사장

"이 책에는 리더들을 향한 경고 문구가 붙어야 한다. 이 책에 포함된 원칙들을 읽고 실천한다면 더는 예전과 같은 눈으로 대인관계와 비즈니스를 볼 수 없을 것이기 때문이다. 관계와 비즈니스를 바라보는 관점이 확연히 변할 것이다."

두에인 커밍스,
아메리카 강연자 조합 창업자, 리더캐스트Leadercast 전 CEO

"'관계는 성장의 촉매다.' 이것은 정말로 획기적인 메시지다. 건강한 팀을 구축하고 고객들을 유지하며 비즈니스를 성장시키고 싶은 사람들은 이 책을 반드시 읽어야 한다!"

스콧 벡,
글루Gloo CEO

"이 책은 한 마디로 '대박'이다. 우리로 하여금 리더십에 대해 다시 생각하게 만든다. 뛰어난 사람들과의 관계는 매우 중요하다. 그렇기 때문에 우리는 그런 관계를 의도적이고 대담하게 성장시킬 필요가 있다. 깊은 통찰로 가득한 이 책은 그런 관계의 중요성과 필요성 사이의 점들을 연결시킨다."

론 던,
카펫플러스 컬러타일 CEO 겸 사장, 원 씽 포 맨One Thing for Men 창업자이자 이사

"이 책은 기업의 리더, 팀 구성원, 기업가 등의 모든 사람에게 지속적인 성장과 번영을 반드시 이루게 해주는 마법 지팡이를 제공한다. 나는 이 책을 읽을 때처럼 저자와 깊이 연결되어 있다는 느낌을 받은 적이 없다. 책을 읽는 내내 그의 진정성과 겸손이 손에 잡힐 듯 느껴졌다."

밥 리텔,
넷위빙 인터내셔널NetWeaving International 창업자, 넷위빙 최고 권위자

"교육기관이든 기업이든 사람들이 배우고 성장하며 생산적일 수 있는 안전하고 건강한 환경을 제공하는 것이 절대적으로 중요하다. 이 책은 리더들이 그런 환경을 제공하고 팀의 성과를 향상시키도록 준비시킬 것이다."

린다 리빙스턴 박사,
베일러 대학교 총장

앞서가는 조직은
왜 관계에 충실한가

성과를 내는 조직 문화의 비밀

RELATIONOMICS

앞서가는 조직은
왜 관계에 충실한가

랜디 로스 지음 | 김정혜 옮김

현대
지성

내 평생 유일한 사랑, 아내 루앤에게 이 책을 바친다.
아내는 내가 다른 사람들을 위해 가치를 창출하도록 끊임없이 영감을 주고
관계적인 측면에서 나를 단련시키며 가능한 한 최고가 되라고 나를 격려한다.
또한 내가 가르치는 것을 직접 실천하라며 자극하고,
무조건적인 사랑을 보여주어 내 세상을 밝혀준다.
그녀는 한마디로 '나'라는 브랜드를 광고해주는 황홀한 '광고판'이다.

.

CONTENTS

서문

나는 오랫동안 다양한 조직과 산업에서 활동하는 위대한 리더들과 함께 일하며 그들을 면밀히 관찰할 수 있었다. 그들 중 많은 이들은 팀 구성원들이 일에 몰입하고 제대로 대우받으면 뛰어난 고객 서비스로 보답한다는 사실을 깨달았다. 이것은 제품이나 서비스를 재구매하는 행복한 고객, 만족하는 주주, 번창하는 비즈니스로 이어진다.

최고의 리더는 건강한 관계가 뛰어난 성과를 획득하고 사람들을 만족시키는 비결이라는 사실을 잘 안다. 구성원들에게 헌신하고 그들을 보살피며 성장시키는 일에 시간과 자원을 투자하는 리더는 재무적인 성과 개선은 물론이고 구성원들의 사기와 몰입도가 몰라보게 달라지는 것을 직접 확인할 수 있다. 흥미로운 점은 이런 종류의 문화를 원한다고 말하면서도 정작 **사람**과 관련된 측면을 올바르게 처리하는 데에 시간과 에너지를 투자할 줄 모르는 듯한 리더가 아주 많다는 사실이다.

리더십의 본질은 구성원들이 서로 연결하고 협업할 수 있는 비옥한 환경을 만드는 것이다. 삶은 개인경기가 아니다. 누구든 자신의 일에서 성공하려면 내부 고객과 외부 고객 모두와 효과적으로 협업할 수 있어야 한다. 최고의 리더는 긍정적인 행동의 본보기를 보여줌으로써 구성원들에게 봉사한다. 그런 서번트 리더십servant leadership을 발휘하는 리더는 대단한 관계와 뛰어난 성과를 **한꺼번에** 거머쥘 수 있다.

랜디 로스도 나와 생각이 같다. 이 책에서 그는 사람들의 성장을 방해할 수 있는 부정적인 요소들을 철저히 해부하고, 직업적인 삶과 개인적인 삶에서 두루 적용할 수 있는 원칙들을 제공함으로써 건강한 관계의 매력을 설득력 있게 설명한다. 그런 원칙들은 사람들이 서로 연계하는 방식을 획기적으로 변화시킬 것이다.

이 책에는 오늘날 비즈니스 리더가 직면하는 가장 큰 도전들을 해결하기 위한 실질적인 지혜와 검증된 방법이 가득하다. 팀 구성원들에게 매일 일에 최선을 다하도록 영감을 주는 매력적인 문화를 창조하고 싶은 리더라면 이 책을 반드시 읽어야 한다!

켄 블랜차드, 켄 블랜차드 컴퍼니 CSO(최고 영성 책임자Chief Spiritual Officer),

『1분 경영』과 『칭찬은 고래도 춤추게 한다』 공동 저자

일러두기

* 따로 표시하지 않은 각주는 모두 옮긴이 주입니다.

1부 ———————————— 의도성
기본에 초점을 맞춰라

1장
이것이 관계다!

삶의 질은 어떤 분야건 자신이 선택한 곳에서 최고가 되기 위해 얼마나 헌신하는가와 비례한다.

빈스 롬바르디Vince Lombardi, 미식축구 감독

대부분의 리더들은 비즈니스의 목적이 돈을 버는 것이라고 생각한다. 그러나 최고의 리더들은 다르다. 그들에게 있어 비즈니스의 진짜 목적은 자신들이 대면하는 사람들의 삶에서 차이를 만드는 것이다. 만약 비즈니스의 존재 이유가 돈벌이가 다라면, 사람들은 그 사실을 언젠가는 알아차릴 것이고, 그들의 노력을 더는 지지하지 않을 것이다. 그러나 비즈니스가 자신들이 제품이나 서비스를 제공하는 사람들을 위한 가치를 창출하려고 진심으로 노력할 때, 십중팔구는 돈이 저절로 따라오기 마련이다. 사람들은 진정한 가치를 제공한다고 생각하는 제품이나 서비스에는 흔쾌히 지갑을 열 것이기 때문이다. 게다가 조직이 자신이 대면하는 사람들의 삶을 더 낫게 해주려고 노력할 때, 그 조직은 세상에 긍정적인 흔적을 남길 것이다. 그리고 그 흔적에 영향

을 받은 사람들은 충성스러운 추종자가 될 뿐 아니라 입소문을 퍼뜨림으로써 새로운 추종자들을 끌어들일 것이다.

조직이 이익보다 사람들을 우선시할 때도 마찬가지다. 그런 우선순위는 관계에서는 물론이고 경제적으로도 큰 이익을 되돌려준다. 모든 비즈니스의 핵심은 각 비즈니스와 관련된 사람들이기 때문이다. 번창하는 조직을 움직이게 만드는 원동력은 사람이다. 수익성이 좋은 조직은 내·외부적으로 사람들을 잘 대한다. 그들과의 관계가 건강할수록 비즈니스에 이롭다.

이런데도 건강한 관계를 촉진하는 조직이 거의 없는 현실이 안타깝다. 왜 그럴까? 어떤 조직들은 사람들이 이미 건강한 관계를 구축하는 방법을 안다고 생각하고, 또 어떤 조직들에서는 건강한 관계가 점수판에 기재된 다른 우선순위들에 크게 밀리기 때문이다. 결과적으로 많은 조직들은 문화에 초점을 맞추지 않는다. 오히려 구성원들보다 제품과 과정에 훨씬 더 많이 투자한다. 그로 말미암아 관계가 약화되고 고객 서비스가 평범해지며 갈등이 넘쳐난다. 관계가 나쁘면 거의 언제나 저조한 성과로 귀결될 것이다.

이 책을 통해 나는 거창한 것을 바라지 않는다. 그저 시장에서의 관계가 조금 더 긍정적인 방향으로 움직이도록 소소한 힘을 보태고 싶을 뿐이다. 이 책에서 소개하는 원칙들이 리더들을 더욱 건강한 관계로 이끌어주는 유익한 지침이 되길 바란다. 내가 이제껏 겪어본 최고의 비즈니스들은 건강한 관계가 핵심 동력이었다. 아울러 나는 비즈니스의 콘텍스트context[1]'는 건강한 관계 가 육성되고 성장할 수 있는 비옥한 토 양이라고 믿는다. 건강한 관계는 더 건

관계는 성장의 촉매다.

강하고 더 행복한 삶으로 이어진다. 사람들이 건강하고 행복할 때 비즈니스도 번창한다.

관계는 성장의 촉매다. 이런 상관관계가 가장 극명하게 드러나는 분야는 다름 아닌 비즈니스다. 비즈니스에서 사람들은 성장하기를 원하고 기업들도 성장하기를 원한다. 그러나 성장은 건강한 관계의 부산물이다. 게다가 대부분의 비즈니스 환경이 건강한 관계를 육성하는 데에 도움이 되지 않는 것이 냉엄한 현실이다. 이렇기 때문에 사람들은 고통받고, 이는 다시 비즈니스를 어려움에 빠뜨린다. 직원몰입도가 저하되고 생산성이 최적 수준 밑으로 떨어지는 데는 그만한 이유가 있다. 활기차고 번성하는 관계를 구축하기 위해 필요한 원칙들을 우선시하고 완벽히 숙달해 적용하는 비즈니스가 거의 없기 때문이다. 리더들이 관계의 측면에서 구성원들을 잘 이끌지 못할 때 조직은 바라는 결과를 얻지 못한다.

비즈니스를 이끄는 사람이라면 당연히 건강한 관계를 육성할 수 있는 원칙들을 실천해야 한다고 생각할지 모르겠다. 그러나 장담컨대 이는 절대 일반적으로 일어나는 일이 아니다. 관계를 피상적인 수준

---

[1] 사전적 의미는 '문맥'이며 넓은 의미로는 어떤 사물이 처한 환경이나 그 배경이 되는 요소들 간의 관계까지 포함하고, 비즈니스에서는 사업 환경이나 목적, 계획 등을 일컫는다.

에서 실질적인 수준으로 변화시키기 위해 필요한 관행들을 보편적으로 적용하는 비즈니스는 매우 드물다. 따라서 지금 이 순간, 기본적인 것들에 초점을 맞추며 기초를 쌓는 일이 무엇보다 절실하다.

비즈니스를 이끄는 사람이라면 당연히 건강한 관계를 육성할 수 있는 원칙들을 실천해야 한다고 생각할지 모르겠다. 그러나 장담컨대 이는 절대 일반적으로 일어나는 일이 아니다.

1961년 7월 어느 날 미국 프로 미식축구리그 NFL의 그린베이 패커스Green Bay Packers 선수들이 한자리에 모였다. 그날은 훈련 캠프가 시작하는 첫날이었다. 패커스는 지난 시즌을 아쉬운 패배로 마감했다. 챔피언 결정전에서 4쿼터 후반까지 앞서다가 역전을 허용했고 결국 필라델피아 이글스Philadelphia Eagles에 챔피언 자리를 내주고 말았다. 그날의 분패는 시즌오프 내내 패커스 선수들을 망령처럼 괴롭혔다. 이제 훈련 캠프가 시작됨으로써 새 출발의 희망이 싹텄다. 그러나 선수들은 본격적인 훈련을 시작하기에 앞서 집념의 열혈 감독부터 상대해야 했다. 빈스 롬바르디 감독은 훈련의 기본 틀을 정했고 훈련에 대한 기대치를 설명했다. 38명의 선수 중 상당수가 롬바르디 나이 절반 정도의 혈기 충천한 나이에 덩치는 그의 두 배나 되었어도, 감독이 훈련장으로 들어오자 모두들 초조한 기색이 역력했고 약간 불안해하는 기운도 감돌았다.

롬바르디가 선수들 앞에 섰다. 그는 손에 공을 들고 침묵에 잠긴 선수들을 죽 둘러보았다. 그 시간이 마치 영원처럼 느껴졌다. 그런 다음 그는 오른손에 들린 공을 앞으로 쑥 내밀면서 거두절미하고 간단히 말했다. 자신의 코칭 철학을 명확히 정의하는 다섯 단어였다. "제군들, 이것이 바로 풋볼 공이네."

그 말을 필두로 그는 밑바닥부터 시작하고 아무것도 당연하게 받아들이지 않는다는 철칙을 고수했다. 매 시즌 훈련캠프마다 으레 하는 전통이었다. 프로인 선수들을 모욕하려는 뜻은 조금도 없었다. 오히려 그것은 꼭 필요한 과정이었고 가장 기본이었으며 상황을 명확히 하는 과정이었다. 그리고 그것은… 영감을 불러일으켰다.

승리에 대한 열망이 뜨거웠던 선수들은 감독이 올해도 패커스를 강력한 우승 후보로 만들기 위해 어떤 계획을 세웠는지 듣고 싶었다. 미식축구의 가장 큰 무대에서 승리를 바로 눈앞에 두고 있다는 사실을 자각한 뒤로 선수들은 동요하기 시작했다. 그들은 우승에만 온 정신이 팔려 있었다. 롬바르디는 그런 선수들에게 정말 필요한 것이 재교육 과정임을 잘 알았다. 블로킹blocking[2]과 태클tackling[3]의 기본기를 다시 다지지 않는다면 그들의 가장 큰 바람은 한낱 허황된 꿈에 불과할 터였다. 이런 판단에 근거하여 기본기에 집중하는 롬바르디의 체계적이고 꼼꼼한 훈련이 캠프 기간 내내 계속되었다.

여느 때와 같이 기본기를 다지는 훈련시간에 한번은 NFL 올스타

---

2 공을 가지지 않은 선수를 몸이나 어깨를 써서 막는 기술.

3 공을 가진 선수를 쓰러뜨리거나 공을 뺏는 기술.

전에 뽑힌 패커스의 와이드 리시버wide receiver[4] 맥스 맥기Max McGee가 너스레를 떨었다. "어, 감독님, 좀 천천히 해주시겠어요? 저희들이 따라가기에 진도가 너무 빠릅니다." 치기어린 맥기의 농담을 듣고 롬바르디는 미소를 지었지만, 기본기에 대한 그의 집착은 조금도 흔들림이 없었다. 미식축구의 가장 기본적인 요소들을 완벽히 숙달할 때까지 연습에 매진하는 롬바르디의 집념은 요지부동이었다. 그 덕분에 패커스는 다른 모두가 당연시했던 기본기들에 관한 한 NFL에서 최고가 되었다.

1961년 첫 훈련 후 6개월이 지났을 때 그린베이 패커스는 챔피언 결정전에서 뉴욕 자이언츠New York Giants를 맞이해 37 대 0으로 대승을 거두며 NFL 왕좌를 차지했다. 이후 빈스 롬바르디는 플레이오프 경기에서 무패 전승의 대기록을 세웠고 7년간 5차례나 우승 트로피를 들었다. 또한 그는 지휘봉을 잡은 모든 팀에서 우수한 성적을 거두었고 지금까지도 미식축구 역사상 가장 위대한 감독으로 꼽힌다.[i]

기본에 대한 이런 집착은 예로부터 많은 성공적인 스포츠 감독들의 전매특허였다. 일례로 전설적인 농구 감독 존 우든John Wooden은 매 시즌을 시작할 때, 가장 먼저 선수들에게 양말을 제대로 신고 운동화 끈을 잘 묶는 방법부터 가르친 것으로 유명했다. 그것은 세 살 꼬마도 할 수 있는 기본 중의 기본이다. 2007년부터 지금까지 앨라배마 대학교University of Alabama 미식축구팀 크림슨 타이드Crimson Tide를 이끄는 명

---

4 미식축구의 공격 포지션 중 하나로 쿼터백이 던진 공을 받는 역할.

장 닉 세이번Nick Saban도 마찬가지다. 그는 성적에 대해서는 털끝만큼도 걱정하지 않고 그 대신 과정에 정밀하게 초점을 맞춘다. 저력의 팀을 이끄는 그야말로 처음부터 결과에 초점을 맞추어야 하는 사람으로 꼽을 수 있는데도 말이다. 닉은 이제껏 대학 미식축구팀을 이끌었던 그 어떤 감독보다도 전국대회 우승을 더 많이 차지할 수 있는 위치에 있다. 그는 '베어Bear'라는 별명을 가진 전설적인 폴 브라이언트Paul Bryant[5] 감독의 발자취를 따라가는 중이다. 그럼에도 그는 미래에 대해 생각하고 고민하기를 완강히 거부한다. 오히려 현재에 충실하고 1분 1초를 중요한 순간으로 만들기 위해 필요한 일을 하는 데 끈질기게 초점을 맞춘다. 그는 제대로 준비하는 데에 필요한 일을 오늘 하면 내일 일은 자연히 해결될 것임을 안다. 만약 기본기를 완벽히 숙달하고 연습하는 매 순간 온전히 최선을 다한다면, 토요일 경기 준비는 저절로 될 것이다. 그리고 온전히 최선을 다한다면 그것만으로 충분할 것이다.

당신이 얼마나 성공하든 언제나 기본이 가장 중요하다. 좋은 감독은 기본기에 집중한다. 좋은 비즈니스 리더도 마찬가지다. 그리고 서로 어떻게 관계를 맺는가보다 더 기본적인 것은 없다. 관계와 관련된 측면을 제대로 처리한다면 성장은 자연스럽게 따라온다. 건강한 관계는 개개인의 성장과 팀의 성장 그리고 조직 전체의 성장으로 이어진다.

어쩌면 당신도 맥스 맥기와 비슷한 마음에서 약간의 허세를 부리

---

5 1958년에서 1982년까지 크림슨 타이드의 지휘봉을 잡아 팀을 6차례 전국 챔피언에 올렸다.

고 싶을지 모르겠다. "에이, 그만 요. 이제 다음 단계로 넘어가면 안 될까요?" 이런 마음을 생각만 해 도 나는 미소가 절로 지어진다. "네,

당신이 얼마나 성공하든 언 제나 기본이 가장 중요하다.

무슨 마음인지 잘 압니다." 우리 모두는 자신이 의사소통과 인간관계 의 기본을 완벽히 익혔다고 생각한다. 그렇지 않다면 어떻게 현재의 위치에 올 수 있었겠는가?

어쩌면 당신은 사교적 예의와 명민한 대인관계 능력이라고 부를 만한 자질 없이는 애초에 리더가 될 수 없다고 말할지도 모르겠다. 충 분히 일리 있는 말이다. 그렇더라도 기본이 가장 중요하다는 내 믿음 에는 변함이 없다. 당신을 오늘의 위치에 데려다준 것이 당신을 다음 단계로 데려다줄 거라고 누가 장담할 수 있을까? 개인적인 성취를 이 루고 정기적으로 승진한다고 해서, 반드시 사람들과 깊은 관계를 맺 고 더욱 효과적인 리더가 될 수 있는 것은 아니다.

나는 경력 초반에 주택담보대출을 해주는 지역 단위의 대규모 조 직에서 채용팀을 이끈 적이 있다. 나를 포함해 우리 팀의 임무는 성공 적인 주택담보대출 담당자로 성장할 인재를 뽑는 일이었다. 나는 그 일 자체도 좋았고, 더군다나 그 과정에서 멋진 사람들을 많이 만날 수 있는 특혜까지 누렸다. 그러나 지원자들로부터 "저는 사교적인 사람 이라 이런 일에 완벽한 적임자입니다."라는 말을 들을 때마다 1달러 씩 받았으면 부자가 되지 않았을까 싶다. 보통은 그러려니 하고 넘어 갔지만 이따금 나는 자제력을 잃고 그만 마음속 생각을 퉁명스럽게

내뱉곤 했다. "당신이 사교적인 성격이라고요? 그것 참 재미있군요. 사교적인 사람이라는 것이 정확히 무슨 뜻입니까?"

솔직히 말해 그들을 조금이라도 달라 보이게 만드는 대답을 들은 적은 한 번도 없었다. 사실 그들은 자신들이 생각하는 종류의 사교적인 사람이 아니었다. 그들은 사교적인 사람이 정확히 어떤 사람인가에 대해 잘못된 생각을 갖고 있었다. 흥미로운 사실은, 그들이 입을 맞추기라도 한 듯 사교적인 사람의 뜻을 설명하면서 **사랑**이라는 단어를 포함시켰다는 점이다. 하지만 그들은 하나같이 사랑이 실생활에서는 어떤 모습인지 명쾌하고 분명하게 설명할 수 없었다. 그래서 요점이 무엇이냐고?

어쩌면 당신은 명실상부 리더일 수도 있다. 그러나 슬프게도 사람들을 잘 이끌지 못하는 리더들이 많다. 우리는 인간관계와 관련하여 두 가지 가정을 한다. 첫째, 누구나 살아오면서 어느 순간에 다른 사람들과 놀이터에서 잘 어울려 노는 법을 배웠다고 여긴다. 둘째, 삶의 경험이 대인관계 역량을 향상시켜주었다고 짐작한다. 그런데 개중에는 이런 추정이 들어맞지 않는 사람들이 있다. 심지어 우리 자신조차 그런 가정에 해당되지 않을 수도 있다. 우리가 건강한 관계로 이어지는 본질적인 요소들을 다루는 일을 등한시하면 평범한 문화와 빈약한 결과로 귀결되고, 이로 말미암아 사람들이 고통 받고 조직들이 흔들린다.

지금부터 다음 질문들에 대해 생각해보라. 그런 다음 각 질문에 "예."나 "아니요."로 답하고, 덧붙이고 싶은 생각이 있다면 무엇이든 좋으니 적어보라. 질문 중 하나라도 "예."라고 대답한다면 이제는 기본으로 돌아가야 할 시간이지 싶다.

나는 2장을 시작으로 근본적이고 심오한 아이디어들을 몇몇 제시하려 한다. 내가 하고 싶은 말은 다섯 단어로 간단히 요약된다. "신사 숙녀 여러분, 이것이 관계입니다."

관계를 위한 핵심 질문

☐ 조직 내부의 프로젝트들이 대인 갈등 때문에 종종 갓길로 새거나 심지어 엎어지는가?

☐ 팀 내의 해결되지 않은 갈등으로 구성원들이 분열되는가?

☐ 신뢰 수준이 낮아서 구성원들 간에 불필요한 갈등이 생기는가?

☐ 다른 조직들에 좋은 인재를 빼앗기는 두뇌 유출이 심각한가?

☐ 의사소통에 공백이 생길 때 사람들은 최선을 믿기보다 최악을 가정하는 경향이 있는가?

☐ 조직 내부의 영역성territorialism[6]과 사일로silo[7] 때문에 어려움을 겪고 있는가?

☐ 작업 집단work group[8]들이 자원 배분을 두고 서로 경쟁하는가?

☐ 협업을 증가시키고 싶은가?

☐ 이직률을 낮추고 싶은가?

☐ 더 훌륭한 인재들을 유치하고 싶은가?

☐ 팀 구성원들이 자신의 일에서 더 큰 의미감과 성취감을 경험하기를 바라는가?

---

6 특정 대상 혹은 영역에 대해 권리를 주장하거나 책임의식을 가지는 것.

7 조직 안에서 성이나 담을 쌓고 외부와 소통하지 않는 부서.

8 각자의 책임 영역 내에 있는 일을 수행하는 데에 도움이 되는 정보를 공유하고 의사 결정을 하는 상호작용 집단.

□ 팀의 사기를 진작시키고 생산성을 증가시키고 싶은가?

□ 조직 내부에서 팀 구성원들이 매일 업무에 최선을 다하도록 영감을 주는 움직임을 촉발시키고 싶은가?

□ 구성원들이 조직 전체의 비전과 사명 그리고 목적에 깊이 헌신하기를 바라는가?

□ 모든 구성원이 서로에게 친절하고 함께 잘 어울리기를 바라는가?

□ 성과를 향상시키고 싶은가?

□ 정직한 발전적 피드백[9]이 필요한가?

□ 구성원들이 매일 출근을 고대하면서, 자신이 개인적인 성장과 조직의 성장에 헌신하는 팀의 구성원임을 인지하기를 바라는가?

---

9 관리자가 직원에게 직무 학습과 개인 발달에 도움이 되는 유용한 정보를 제공하는 것.

2장
자기 계발의 함정

이 세상에서 명예롭게 사는 가장 위대한 길은 우리가 표방하는 모습대로 사는 것이다.

소크라테스

대부분의 사람들은 성장하고픈 욕구를 갖고 있다. 하지만 성장하는 방법을 아는 사람은 거의 없다. 성장에는 변화가 필요하지만, 대부분의 사람들은 변화를 거부한다. 가장 빠르게 성장하기 위한 조건은 공동체의 일원이 되는 것이다. 왜 그럴까? 관계는 우리로 하여금 우리 자신에 관한 것 중 현실에서 전혀 도움이 되지 않는 것들을 변화시키게 만들기 때문이다. 또한 관계는 우리가 치유되고 완전해지며 성숙해질 수 있는 기회를 제공한다.

우리 각자는 특정한 방식으로 스스로를 바라보고자 하고 남들도 우리를 그렇게 바라봐주길 원한다. 하지만 그 방식이 다른 사람들이 실제로 우리를 경험하는 방식과 항상 일치하지는 않는다. 이런 불일치는 맹점이라고 부를 수 있다. 혹은 좀 더 위협적인 형태로 표출되는 자기기만일 수도 있다. 어느 쪽이든 한 가지는 확실하다. 우리는 자신에 관해서 우리와 가까운 사람들과 똑같은 방식으로 바라볼 능력이 없다. 더군다나 그들이 우리에게서 보지만 정작 우리는 자신에게서 보지 못하는 것들이 가끔은 그들과 우리의 관계에 악영향을 준다.

만약 관계가 견고하지 않다면 이런 경향의 결말은 둘 중 하나다. 스스로를 과대평가하거나, 반대로 자기비하의 길로 빠져서 의기소침해지는 것이다. 이런 왜곡된 인식은 우리와 다른 사람들 사이에 틈을 만들고, 그 틈은 다시 연결성을 저해하고 혼란을 가중시킨다. 그렇다면 그 틈을 메울 방법은 없을까? 해답은 대인관계에 있다. 오직 관계만이 그 틈을 메울 수 있다. 건강한 관계는 우리가 자신에 대해 갖는 비현실적인 환상을 깨고, 성숙해지는 데에 도움이 되는 객관적인 통찰을 제공한다. 또한 건강한 관계는 우리가 불안감을 극복할 때에 필요한 용기를 북돋워주고 자신의 가장 큰 두려움을 이겨내기 위한 자신감을 키워준다.

성숙을 이끄는 힘은 자기 인식self-awareness[1]이고, 성숙해지려면 정확한 자기 지각self-perception[2]과 진정성 그리고 겸손이 요구된다. 그래야 공동체에 실질적으로 참여하기 위해 반드시 필요한 변화를 만들어낼 수 있기 때문이다. 요컨대 성숙은 우리가 다른 사람들과 관계를 얼마나 잘 맺는가를 토대로 측정된다. 그러나 현실은 참으로 암담하다. 대

---

1 타인이나 환경으로부터 자신의 존재가 다르다는 사실을 인식하는 것.

2 자신의 행동을 관찰해 자신을 규정하는 것.

요컨대 성숙은 우리가 다른 사람들과 관계를 얼마나 잘 맺는가를 토대로 측정된다.

부분의 사람들이 타인에게서 정직한 피드백을 구할 정도의 깊은 관계를 맺지 않는다. 게다가 자기 자신이 더 좋은 방향으로 변하기 위해 어려운 관계에 적극적으로 뛰어들어야 하는데도 그렇게 하지 않는다. 갈등으로 점철된 관계는 대체로 한쪽 당사자나 양 당사자가 밖으로 보이는 자신의 이미지를 관리하고 통제함으로써 악화된다. 또한 이런 가식적 태도를 보일 때 대개의 경우 자기 성찰은 거의 하지 않은 채로 타인을 일방적으로 변화시키려는 교묘한 시도가 동반된다. 이런 시도는 단순한 편향deflection³에서부터 노골적인 요구와 조작에 이르기까지 다양할 수 있다. 그래도 그 모든 시도의 목적은 하나다. 더 깊고 성숙한 관계로 나아가는 데에 필요한 변화를 스스로 책임지고 만들어내는 고통스러운 과정을 회피하려는 것이다.

가식과 자기 보호 그리고 자기 증진self-promotion은 모두 관계에 유해한 독약이다. 그런 것들은 진정성이 들어설 자리를 없앤다. 진정성은 있는 그대로의 자신을 온전히 받아들이는 능력, 즉 자신의 강점을 이해하고 활용하는 동시에 자신의 결점에 대해 솔직해지는 능력이다.

---

3   말을 장황하게 하거나, 말하면서 상대방을 쳐다보지 않거나, 농담 등으로 얼버무리면서 타인과의 직접적인 접촉을 회피하는 행위. 부정적인 심리 상태를 피하기 위해 사용하는 적응기제의 하나다.

뿐만 아니라 진정성은 스스로의 강점과 약점을 타인에게 투명하게 밝히려는 의지까지 아우른다. 진정성과 투명성은 건강한 관계를 촉진하는 강력한 힘이 있다. 그러나 이것에 대해 좀 더 깊이 알아보기 전에 먼저 할 일이 있다. 좀 더 유의미한 관계를 추구하기 위해 제거해야 하는 몇몇 장애물부터 알아보자.

자기 계발의 함정

자기 계발서를 쓰고 판매하는 사람들은 건강한 관계를 방해하는 중대한 걸림돌을 만들어냈다. 쉽게 말해 자기 계발, 즉 자조self-help에 얽힌 거대한 함정이다. 서점에 가보면 자기 계발서로 가득한 책장이 즐비하다. 그런 책들이 약속하는 것은 뻔하다. 이 책을 읽으면 더 나은 사람이 될 것이다. 이런 원칙을 실천하면 더 강력한 사람이 될 것이다. 이런저런 일을 한다면 정말로 원하는 것을 얻을 수 있다. 최고의 자아best self를 실현하려면 다음의 7단계를 따르라.

그러나 위대함으로 안내하는 모든 자기 계발 지침에는 십중팔구 본질적인 요소 하나가 빠져 있을 것이다. 바로 자기를 계발하는 과정에 타인들이 미치는 영향력이다. 우리는 오래전부터 이런 말들을 들어왔다. "너 스스로 할 수 있어." "누구의 도움 없이 혼자 힘으로 해봐." "스스로 무언가를 이루어야 해." "너만이 네 운명의 주인이 될 수 있어." 물론 의도는 전부 좋다. 그런 메시지의 목적은 힘을 부여하고 권한을 강화하는 것이고, 그 과정에서 뚜렷한 길을 제시한다. 그러나

사람들을 성장시키려면 단순히 좋은 정보에 노출시키는 것 이상의 노력이 필요하다.

그런 지침은 대체로 인간관계의 역학을 배제하며, 우리가 더 나은 사람이 되기 위해 변화를 주도할 때 한계를 줄 수 있다.

내 말을 오해하지 마라. 스스로 책임지는 것은 중요하다. 주변을 둘러보라. 세상이 어떤 식으로든 자신에게 무언가를 빚졌다고 생각하는 '자칭' 피해자들이 보이지 않는가? 솔직히 세상은 그런 사람들로 차고 넘친다. 우리는 수동적으로 가만히 앉아 다른 누군가가 바람직한 변화를 시작해주길 기다리기보다 반드시 각자 자기주도성과 의도성을 발휘해 성숙해져야 한다. 나는 우리 모두가 자신이 세상에서 보고 싶은 변화를 몸소 실천하는 사람이 되어야 하고 또한 그 변화를 직접 시작해야 한다고 믿는다. 자신을 성장시키는 일에 흔들림 없이 헌신하려면 엄청난 노력이 필요하다. 그러나 **혼자 모든 걸 다 할 수는 없다.** 이는 누구도 부인할 수 없는 엄연한 현실이다. 우리는 혼자서 모든 걸 다 하도록 회로화되어 있지 않고, 세상도 그런 식으로 작동하지 않는다. 우리 모두는 서로 연결되어 있다. 본질적으로 볼 때 인간은 관계의 동물이고, 관계는 우리가 성숙해지도록 단련시켜주는 수도장修道場과 같다.

사람들을 성장시키려면 단순히 좋은 정보에 노출시키는 것 이상의 노력이 필요하다. 좋은 정보에 노출시키는 것이 성장의 유일한 열쇠라면, 지금쯤은 인터넷이 세상에 존재하는 모든 관계 문제를 해결했어야 하지 않겠는가. 컴퓨터 키보드를 몇 번 두드리기만 해도 우리는 정보의 바다를 마음껏 항해할 수 있으며, 그 정보들은 모든 관계상의 위기를 단박에 해결해줄 수 있을 것만 같다. 그러나 관계상의 위기는 지금도 넘쳐난다. 이는 무슨 뜻일까? 정보에 대한 접근성만으로는 현실에서 발생하는 관계의 문제들을 해결하는 데 필요한 모든 것을 절대로 제공하지 못한다는 뜻이다.

누구나 영감을 주는 훌륭한 연설을 들은 적이 있고 그 순간 감동을 받기도 한다. 하지만 그런 감동적인 메시지를 들은 후 연설장 문을 나서기도 전에 그 연설의 핵심적인 내용을 까먹은 적이 있지 않은가? 그것도 아주 자주 말이다. 나도 당연히 그랬다. 따라서 아무리 영감을 주는 정보일지라도 좋은 정보를 알게 되는 것이 반드시 변화로 이어진다고 볼 수는 없다. 그렇기 때문에 훌륭한 연사들이 강연하는 유명한 컨퍼런스에 가서 깨알같이 내용을 받아 적고는 몇 달 후 아무것도 변하지 않았고 모든 것이 예전 그대로라는 사실을 깨닫는 사람들이 아주 많은 것이다. 쓸데없는 잔소리 같더라도 다시 한 번 강조해야겠다. 좋은 정보에 대한 접근성만으로는 개인의 성장을 보장할 수 없다.

이 사실을 기업들이 경험하는 보편적인 딜레마를 통해 자세히 알아보자. 많은 조직에게 커다란 좌절감을 안겨주는 원인은 성장하고 싶은 사람들은 스스로 행동한다는 그릇된 생각에서 비롯한다. 기업들은 학습 관리 시스템을 계획하고 구축하는 일에 수백만 달러를 쏟아붓는다. 그들은 "우리가 만들면 그들이 올 것이다."라고 단정하는 '꿈의 구장 신화'[4]에 근거해 행동한다. 그들은 콘텐츠를 관리하고 정보 저장소를 채울 자원들을 축적하는데, 이 모든 노력의 목적은 구성원 각자가 지식을 불리고 역량을 키우도록 도움을 주기 위함이다. 그런 다음에는 어떻게 될까? 과연 원하는 대로 될까? 안타깝게도 조직 내에서 직원들의 교육훈련과 개발을 담당하는 사람들에게 유감스러운 상황이 빚어진다. 심혈을 기울인 그런 교육 프로그램이 출범했는데도 구성원들이 거의 참여하지 않는 것이다. 심지어 프로그램을 통해 진정한 성장을 경험하는 구성원들은 더 적다. 말인즉 구성원 대부분은 개인적인 성장과 직업적인 성장을 촉진하기 위해 사용될 수 있는 콘텐츠를 적극적으로 찾아 활용하지도, 두 팔 벌려 환영하지도 않는다. 애석하지만 구성원들이 이런 정보의 보고를 거의 찾지 않는다는 사실이 갈수록 명백해질 뿐이다. 그들은 컴플라이언스compliance[5]와 관련된 의무적인 교육 훈련을 위해서만 학습 관리 시스템을 사용한다. 소위 광물 '사냥꾼'들이 지하에 묻힌 광맥 줄기에 채 도달하기도 전에 버리고 떠난 유령 마을들처럼, 방대한 콘텐츠를 보유한 이런 정교한 저장소들은 대중들의 발길이 뚝 끊긴 채로 평화로운 적막만이 흐르는 개점휴업 상태를 이어간다.

파이프라인pipeline을 통한 콘텐츠 유통은 매우 비효과적이다. 파이

---

4 영화 《꿈의 구장》은 평범한 농부 레이(케빈 코스트너 분)가 '네가 만들면 그가 오리라'라는 계시를 듣고 옥수수밭에 야구장을 만든다는 내용을 담고 있다.

5 '준법'이라는 뜻으로 조직 구성원 모두가 제반 법규와 가이드라인을 철저하게 준수하도록 감독하는 체제.

프라인은 특정한 제품을 최종 사용자 1인에게 전달하도록 설계된다. 고로 파이프라인은 관계를 강화하고 공동체의 성장으로 귀결하는 대화를 생성하지 못한다.

반면에 **플랫폼**platform은 관계를 생성한다. 학습 시스템의 진정한 가치는 정보 저장소가 아니라 콘텐츠를 중심으로 상호작용하는 사람들 사이에 촉진되는 관계에 존재한다. 플랫폼은 사람들이 성장할 수 있는 무대를 제공하고 거기서 콘텐츠는 조연에 그친다. 학습 시스템의 매력은 그 시스템이 육성하는 공동체에 있다. 요컨대 콘텐츠가 아니라 관계가 핵심이다.

알다시피 파이프라인과 플랫폼의 콘텐츠 전송 접근방식에는 커다란 차이가 있다. 전통적인 학습 시스템은 사실상 파이프라인이다. 콘텐츠 저장소가 존재하고, 콘텐츠는 저장소에서 수신자에게로 전송된다. 다시 말해 수신자가 원하는 정보가 아니라, 발신자가 보기에 수신자가 성장하는 데 필요하다고 생각되는 정보의 식단을 짠 다음 수신자가 섭취하도록 보내주는 일방형 방식이다. 그러나 관계가 없는 파이프라인형 학습 시스템은 의도하는 결과를 거의 만들어내지 못한다.

반대로 플랫폼은 학습 공동체에 포함된 사람들이 상호작용할 수 있는 무대를 제공한다. 플랫폼은 정보가 앞뒤로 자유롭게 흐르는 쌍방형 방식이다. 이를 통해 모든 참가자가 배움과 적용과 가르침의 다양한 방식 사이를 유연하게 오갈 수 있다. 지식을 배우고, 배운 것을 실제로 적용하며, 다른 사람들에게 가르치는 이런 학습의 삼각 구도는 참가자들이 우정을 쌓고 서로를 강화해주는 환경을 조성한다. 공동체 차원에서 그리고 상호 격려의 맥락에서 정보가 공유되기 때문에, 학습 공동체 구성원들 사이에 학습이 신속하게 이뤄지고 배운 것을 실제로 적용하는 행위가 높이 평가된다. 플랫폼 비즈니스 모델들은 타인을 돕고자 하는 인간의 선천적인 욕구를 활용하며, 타인의 성장에서 가치를 창출하고 그들의 성장에 추가적으로 투자하도록 사람들에게 영감을 준다.

따라서 모든 학습 시스템의 목표는 단순히 콘텐츠 자체를 전달하려고 노력하는 것이 아니라 콘텐츠를 중심으로 건강한 관계를 촉진하는 것이어야 한다. 플랫폼 원칙들을 근간으로 설계된 시스템들은 공동체가 구성원들의 성장 과정에 개입하도록, 그리하여 다양한 수준에서 관계가 형성되고 발전하도록 돕는다. 물론 플랫폼이 양질의 콘텐츠를 효율적으로 전달하는 것은 맞지만, 그것의 주된 목적은 많은 사람들의 상호작용뿐 아니라 특정한 콘텐츠와 관련하여 통찰과 모범 사례를 제공할 때 형성되는 복리 효과compounding effect의 활용이다.

그렇게 함으로써 플랫폼은 플라이휠 효과flywheel effect[6]를 유발하고 관계적 연결성의 힘에 근거하여 개개인이 자기 계발을 할 수 있는 동력을 만들어낸다. 성장은 학습 공동체에서 가장 잘 촉진된다. 누구의 도움도 없이 스스로 하려는 자조 노력은 외부와 철저히 단절된 진공

---

6 플라이휠은 자동차에 쓰이는 장치로 한번 회전하면 동력에 의존하지 않고 관성에 의해 계속 돌아가며 엔진을 움직인다. 경영에서는 서서히 축적된 성과가 누적돼 다음 단계 도약의 동력이 되는 선순환 고리를 일컫는다.

상태에 우리를 덩그러니 방치한다. 사람들이 고립된 상태에서 가장 잘 성장하고 무엇이든 혼자 힘으로 해낸다는 생각은 근본적인 오류가 있는 잘못된 가정이다. 오히려 관계가 성장의 촉매 역할을 한다.

따라서 모든 학습 시스템의 목표는 단순히 콘텐츠 자체를 전달하려고 노력하는 것이 아니라 콘텐츠를 중심으로 건강한 관계를 촉진하는 것이어야 한다.

루시퍼주의적 거짓말

건강한 관계를 맺지 않을 때, 우리는 혼자 힘으로 성공적인 삶을 일굴 수 있다는 잘못된 생각과 자기기만의 희생양이 될 수 있다. 이것은 루시퍼주의적Luciferianism[7]인 커다란 거짓말이다. 잠깐 철학적인 이야기를 해보겠다. 고대 종교문학[8]은 인류의 창조에 관한 이야기를 들려준다. 당신은 이런 이야기를 믿을 수도 믿지 않을 수도 있지만, 분명한 사실은 그 이야기 속에 성숙하기 위한 필수 요건으로서의 관계에 관한 위대한 원칙이 포함되어 있다는 점이다. 그런 종교 문헌에 따르면, 하나님이 하늘과 땅 그리고 그곳에 포함된 만물을 창조하셨고, 그런 다음 인간을 창조하셨다. 그러나 인간이 혼자 있는 것이 좋지 않아 보였기

---

7 세속적 인본주의라고도 불리는 신념 체계로, 인간 자신이 하나님이고 인간의 본능과 바람이 모든 것을 판단하는 기준이라고 주장하며 탐욕, 권력 같은 욕망과 욕구에 의해 인간을 정의한다.

8 여기서는 성경을 말한다.

에 하나님은 창조 과정의 정점으로서 남자와 여자 한 쌍을 만드셨다. 남자는 아담, 여자는 하와라 불렸다. 뿐만 아니라 하나님은 한 걸음 더 나아가, 남자와 여자를 에덴동산에 살게 하셔서 서로가 함께 있는 것을 즐기고 자신들과 하나님과의 관계를 소중히 여기며 에덴동산의 방대한 자원을 마음껏 사용할 수 있도록 하셨다. 요컨대 하나님은 그들이 공동체 안에서 번성할 뿐 아니라 만족스럽고 충만한 존재를 경험토록 계획을 세우셨다. 남자와 여자는 서로의 관계와 하나님과의 관계 속에서 살았고, 그 관계는 순수하고 완전했다. 그들의 친밀한 공동체는 가식이 전혀 없었다. 그들은 서로에게 아무것도 숨기지 않고 온전히 드러냈고 서로에 대해 완벽히 알았으며 만물과 조화를 이루며 살았다. 한마디로 말해 그곳은 **낙원**이었다.

그러던 중 무언가가 끔찍하게 틀어졌다. 루시퍼가 뱀의 모습으로 나타나서 여자를 유혹했다. 루시퍼는 인간을 위한 하나님의 계획을, 그리고 인류의 행복을 바라는 하나님의 뜻을 의심했다. 교활한 그 뱀은 하나님이 인간들이 마땅히 가져야 하는 좋은 무언가를 숨기고 있다고 요사를 떨었다. 이는 사실이 아니었다. 오히려 하나님은 그들에게 만물의 완전함을 경험하기 위해 필요한 모든 것을 주셨다. 다만 그들에게 딱 한 가지를 금하셨는데, 선악을 알게 하는 나무의 열매, 즉 선악과를 따먹는 것이었다. 하나님이 그렇게 하신 뜻은 인간들을 제약하기 위해서가 아니라 보호하기 위해서였다. 그들은 이미 모든 선한 것들을 알았고 오직 선한 것들만을 알았으니, 그들의 삶은 평온하고 평화로웠다. 그런 마당에 악을 안다고 무슨 이득이 있었겠는가?

그러나 뱀의 세치 혀는 설득력이 있었다. 뱀은 여자에게 선악과를 먹으면 그녀도 하나님처럼 될 거라고 꼬드겼다. 뱀은 그녀가 굳이 하나님과 관계를 맺고 살 필요가 없고, 그녀 자신이 '하나님'이 될 것이라고 유혹하며, 확장된 지식이 그녀를 신의 경지로 오르게 해줄 것이라고 말했다.

그것은 거짓말이었다. 그렇지만 하와는 속아 넘어갔고 아담은 끝까지 침묵을 지켰다. 사실 아담은 하나님의 입에서 나오는 명령들을 직접 들었지만, 그 역시 뱀이 속삭이는 매력적인 제안의 먹이가 되었다. 밝은 빛 속으로 나가 뱀의 거짓말을 거부하는 대신 그는 그림자 속에 몸을 숨긴 채 자신의 힘을 강화할 수 있다는 유혹에 굴복했다. 그들은 자신들에게 생명을 주신 창조주와 신뢰 관계를 유지하기보다 자기 증진을 모색하는 길을 따르기로 선택했다. 그들은 관계를 회피함으로써 자신의 지식 창고를 불리고 자신의 지위를 향상시키고자 했다. 그렇게 함으로써 그들은 결국 공동체를 파괴했고 낙원을 빼앗겼다. 관계가 무너지자, 아담은 에덴동산에서 쫓겨났다(창세기 3장을 보라).

위 이야기에는 인간 본성의 가장 핵심적인 측면을 보여주는 원칙이 담겨 있다. 우리의 내면에는 앎과 깨달음을 추구하고픈 선천적인 욕구가 꿈틀거린다는 원칙이다. 하지만 다른 사람들과 어울려 사는 공동체의 바깥에서 앎과 깨달음을 얻을 수 있다는 주장은 거짓말이다. 관계의 테두리 바깥에서 자기실현을 추구하는 인간의 능력에 대한 믿음은 루시퍼주의의 특징이다. 많은 사람들은 독자성이 성숙의 특징이라는 잘못된 믿음을 갖고 있다. 절대 그렇지 않다. 오히려 성숙은 우리가 건강하고 상호의존적인 관계 속에서 다른 사람들과 더불어 잘 사는 것을 뜻한다.

잠깐 생각해보자. 우리 각자는 가족의 구성원으로 태어났다. 그리고 가족이라는 공동체 내에서 사람들과 어떻게 관계를 맺는지를 배웠다. 부모 형제들과의 상호작용 하나하나가 우리를 만들었다. 대개의 경우 우리의 가치관과 믿음 그리고 행동은 어릴 적 가족 구성원들과의 상호작용에 의해 형성되었다. 우리가 성장함에 따라 친구와 지인으로 이루어진 교제 범위도 덩달아 확대되었고, 모든 만남이 우리가 생각하는 자신에 대한, 전반적인 세상에 대한, 다른 사람들에 대한 진실을 구체화하는 데 도움을 주었다. 요컨대 우리는 이제껏 관계가 있었기에 성장할 수 있었다. 그리고 미래에도 계속 성장하고 싶다면, 이 또한 관계가 있어야 가능할 것이다.

관계의 힘을 이해하라

비즈니스의 시작과 끝도 결국 관계와 맞닿아있다. 비즈니스 세상의 관계는 양 당사자에게 혜택을 주는 가치의 교환으로, 무언가가 필요한 사람들이 그것을 제공할 수 있는 사람들과 연결된다. 관계는 사실상 비즈니스의 토대다. 게다가 번창하는 비즈니스의 중심에는 언제나 건강한 관계가 자리한다. 나는 한 술 더 떠서, 좋은 비즈니스는 단순히 돈을 버는 것과는 하등의 관련이 없다고 말하고 싶다. 좋은 비즈니스는 정말이지 관계를 구축하고 사람들의 삶에 차이를 만드는 데에 달려 있다. 관계를 더 잘 구축할수록 당신은 그 관계 속의 사람들을 위해 더 많은 가치를 창출할 것이고 당신 자신은 더 많은 돈을 벌 것이다. 사람들과 개인적으로 연결될수록 당신의 비즈니스는 번창할 것이다.

나는 그것을 **관계의 경제학**relationomics이라고 부른다. 무슨 뜻인지 찾아보려고 수고하지 마라. 내가 그 용어를 만들었기 때문이다! **관계의 경제학**은 관계가 경제활동에 미치는 관찰 가능한 영향을 조사하는 학문이다. 다시 말해 단순한 재정상의 거래 분석과는 달리 관계가 창출하는 가치를 평가한다. 시장에서는 관계의 강도와 자원의 흐름 사이에 중대한 인과관계가 존재한다. 말인즉 관계가 굳건하고 건강할수록 관계 당사자들 사이의 거래에서 생산성과 수익성 모두가 증가하는 경향이 있다.

개인적인 수준에서 볼 때 최고의 자아를 실현하고 싶다면 관계를 통해 당신의 세상을 향해 말해주는 누군가가 필요하다. 가령 운동선수가 잠재력을 온전히 발휘하려면 코치와의 관계가 필요하다. 학생이 배움을 극대화하고 싶다면 학교 선생님이나 개인 교사와의 관계가 반드시 필요하다. 직업적인 삶에서 성장하고 싶다면 멘토와 관계를 맺는 것이 최선이다. 성숙해지고 싶은 사람에게는 가족과 친구들과의 긴밀하고 건강한 관계가 필요하다. 우리 모두는 우리의 세상을 향해 진실을 말해주는 사람들이 필요하다. 우리가 주변에서 가장 뛰어난 사람일지라도, 우리에게 용기를 북돋워주고 도전 의식을 불러일으키며 갈고닦아주는 사람들이 없다면 우리는 자신이 가진 최고의 자아를 꽃피우지 못할 것이다.

관계는 우리가 어떤 사람이 되는가에 심대한 영향을 미친다. 예일 대학교 아동연구센터Yale Child Study Center의 아동정신의학과 교수 제임스 P. 커머James P. Comer의 말을 들어보자. "중요한 관계 없이는 중대한 배움을 얻을 수 없다."[i] 경제적으로 낙후된 지역에 소재한 학교들과 함께 일하면서 커머 교수는 그런 지역의 학생들이 잦은 결석, 학습 부진, 행동 문제 등으로 힘들어한다는 사실을 알게 되었다. 커머는 그 학생들을 실패자로 규정짓는 대신에 그들의 부족한 경험이 낮은 성과로 귀결되었다는 관점에서 접근했다. 그리하여 그는 학생들의 학교 환경과 가정환경이 그들의 학습에 어떤 영향을 미쳤는지 확인하기 위해 그 환경들을 평가하기 시작했다. 결과적으로 말해 커머 교수는 학생들이 성공적인 학교생활을 위해 필요한 적절한 기술을 갖추지 못한 채로 학교에 온다는 사실을 발견했다.

학생들이 학습 능력을 개발하는 데 도움을 주는 강력한 관계적 유대감relational bond은 어디서도 찾아볼 수 없었다. 예전에 공동체와 교육 시스템에 존재했던 사회적 연결성이 이제는 크게 약화되었다. 그래서 커머는 1968년 학부모와 교사 그리고 행정관들과 손잡고 SDP(학교 발전 프로그램School Development Program)를 발족시켰다. 프로그램의 목표는 학교들이 사회적 유대감을 재구축하고 학생들의 발전을 촉진하도록 도움을 주는 것이었다. 결과부터 말하면 SDP는 성공이었다.

SDP는 학생들의 학업 성취도를 크게 끌어올린 동시에 행동 문제를 감소시켰다. 커머 교수가 개발한 SDP 모델은 오늘날 미국 50개 주의

절반에 걸쳐 1,000개 이상의 학교에서 활용되고 있다. 이해관계자들이 아동과 청소년들의 발전을 촉진하기 위해 힘을 합칠 때마다, 학습에 대한 동기부여와 자신감 그리고 학습 능력이 동반 상승할 뿐 아니라 학습을 더욱 편안하게 생각하는 개선된 학교 문화가 생겨난다.

우리에게 용기를 북돋워주고 도전 의식을 불러일으키며 갈고닦아주는 사람들이 없다면 우리는 자신이 가진 최고의 자아를 꽃피우지 못할 것이다.

그런 식의 성공을 거두었으니, 반대자들이 뜻을 굽히고 학교들은 관계에 초점을 맞추며 관계적으로 더욱 연결된 학습 환경을 구축하는 방향으로 나아갔을 거라고 생각해도 무리가 아니다. 그러나 예나 지금이나 현실은 그렇지가 않다. 커머 교수가 예일대학교가 있는 코네티컷주 뉴헤이븐New Haven의 학교들과 공동으로 획기적인 프로그램을 출범시키고 거의 40년 동안, 개선된 교육 관행들은 교과과정, 학생 지도, 평가, 서비스 전달 방식 등에 지속적으로 초점을 맞추었을 뿐이다. 반면에 관계적 유대감이 아동과 청소년의 발달에 미치는 영향에 대해서는 충분히 관심을 기울이지 않았다. 학교 시스템이 우리를 위험에 빠뜨릴 가능성을 무릅쓰면서까지 잘못된 사안들에 계속 초점을 맞춘다는 말이다.[ii]

개인의 성장은 단순히 지식을 습득하는 데에만 있지 않다. 개인의 성장은 관계를 증진시키기 위해 지식을 어떻게 활용하는가와 관련 있다. 관계가 없이도 우리가 위대해질 수 있다는 개념은 거대한 속임수다. 또한 건강한 관계 없이도 강력한 리더가 될 수 있다는 그릇된 전제도 거대한 속임수에 포함된다. 그런 거짓말에 속지 마라. 만약 리더라는 지위가 외로운 자리라고 생각한다면 정말 잘못 생각하는 것이다. 건강한 관계가 리더십의 본질이요 또한 삶의 본질이다.

어쩌면 당신은 이런 말들이 그야말로 초보 수준의 내용이라고 생각할지 모르겠다. 그리고 그렇게 보인다고 해도 어쩔 수 없다. 그러나 한번 생각해보자. 당신은 아래와 같은 오류들에 얼마나 자주 속는가?

정상에 있는 사람은 외롭다.
아랫사람들과 가까이 지내면 그들을 잘 이끌 수 없다.
개인적인 삶과 직업적 삶을 철저히 구분해야 한다.
직장에서는 가까운 친구들을 만들기가 어렵다.
남들에게 내 약점을 드러내 보일 수 없다.
리더의 지위는 외로운 자리다.
도움 요청은 나약함의 징후다.
나는 이것을 혼자 할 수 있다. 누구의 도움도 필요 없다.
아랫사람들이 나를 따르기 위해 굳이 나를 좋아할 필요는 없다.
아랫사람들이 내게 도전하도록 내버려둘 수 없다. 그렇게 된다면 나를 존중하지 않을 것이다.

이런 감상 중 하나라도 속으로 생각하거나 입 밖으로 낸 적이 있는가? 그랬다면 당신은 속은 것이다. 이런 믿음을 받아들인다면 외로움과 고립으로 이어지는 길을 걷게 될 것이고, 그 길의 끝은 절망일 수밖에 없다. 단언컨대 우리는 더 이상 시장에서 절망에 빠진 절박한 리더가 필요하지 않다.

공동체가 해결책이다. 관계가 해결책이다.

관계를 위한 핵심 질문

□ 성숙을 어떻게 정의하는가?

□ 자조, 다른 말로 자기 계발이라는 개념은 제한적이다. 그 이유는 무엇일까?

□ 좋은 정보에 노출되는 것만으로는 성장을 촉진할 수 없다. 왜 그럴까?

□ 루시퍼주의는 깨달음과 독자성 그리고 인간 진보를 촉진하는 신념 체계다. 당신은 개인적인 발전을 위한 수단인 루시퍼주의를 어떻게 평가하는가?

□ 성장의 촉매로써 진정성 있고 투명한 관계가 필요한 이유는 무엇일까?

□ 리더는 깊은 관계 없이 외딴 섬처럼 고립된 상황에 빠지기가 아주 쉬운데, 그 이유가 무엇일까?

3장
멀리 바라보라

환경이 변할 필요보다 자신이 변할 필요가 있을 때가 훨씬 더 많다.

아서 크리스토퍼 벤슨Arthur Christopher Benson, 작가

건물을 올리기 전에는 기초가 탄탄하게 놓이고 초단礎段[1]이 지반에 단단히 고정되었는지 철저히 점검해야 한다. 그런 다음에야 건물이 오랜 세월의 시련을 견디고 폭풍우 치는 계절과 약화된 지반에도 꿋꿋이 버틸 거라는 확신을 가지고 다음 단계로 나아갈 수 있다. 이 책의 거의 모든 부분은 새로운 무언가를 건설하는 일, 즉 건강한 관계를 구축하는 일에 관한 이야기로 채워진다. 그렇지만 건강한 관계를 추구하는 일을 어렵게 만드는 환경이 현실에 존재하는 만큼, 그런 환경의 조성에 영향을 미치는 요소들이 무엇인지부터 알아보자.

---

[1] 건물의 무게가 지반에 고루 퍼지게 하기 위하여 벽, 기둥, 교각 따위의 아래쪽을 넓게 만든 부분을 뜻한다.

건강한 관계를 방해하는 가장 큰 단일 요소는 근시다. 의학용어인 근시는 가장 간단히 설명하면 단거리 시각shortsightedness이라고 할 수 있다. 안과학에서 근시는 멀리 있는 물체가 흐릿하게 보이는 시각 결손이다. 물체의 상像이 망막에 정확히 초점이 맺히는 것이 아니라 망막 앞쪽에 맺혀서 근거리 시각nearsightedness이 나타나기 때문이다. 가까이 있는 물체들은 또렷이 보이지만 좀 더 멀리 있는 물체들은 흐릿하게 보인다. 카메라 렌즈 같은 역할을 하는 수정체가 두꺼워져 빛의 굴절이 커진 결과로 나타나는 증상이니만큼, 근시를 치료하는 방법은 수정체의 두께를 조정해서 물체의 상이 망막에 정확히 맺혀 적절한 시각을 얻게 하는 것이다.

의학적인 설명은 이 정도로 마무리하고 지금부터 문화적 근시에 대해 알아보자. 문화에서 근시는 종종 미래를 내다보는 능력이 없는 상태를 의미하며, 선견지명 결여 혹은 식별력 부족이라고 설명할 수도 있다. 또한 근시는 편협함일 수도, 누군가가 세상에 남기는 흔적을 알아보는 능력이 없는 상태일 수도 있다. 어쨌든 문화적 근시는 당장의 개인적 편안함과 편리를 위해 미래 세대들에게 지속적으로 부정적인 영향을 미칠 가능성이 있는 선택을 하는 행위를 지칭한다. 다시 말해 문화적 근시가 있는 사람들은 단기적인 이득을 위해 장기적인 가치를 희생하고, 우리 세대의 나쁜 결정에 따른 부담을 미래 세대에 지운다. 문화적 근시는 환경 의식의 결여에서부터 옳지 못한 당파 정치에 이르기까지 다양한 방식으로 나타날 수 있다. 그러나 모든 문화적 근시에는 하나의 공통점이 있다. 화석화된 이념(오래전에 이미 생명력을 잃었음이 입증되었음에도 돌처럼 굳은 믿음)을 위해 협업을 희생시킨다는 것이다.

한편 관계적 측면의 근시는 '나부터me-first' 사고방식으로 설명하면 가장 적절할 것이다. 관계에서

관계적 측면의 근시는 '나부터me-first' 사고방식으로 설명하면 가장 적절할 것이다.

의 근시는 자신에게 가장 좋은 방향을 선택하면서 그런 선택이 주변 사람들에게 어떤 영향을 미칠지에 대해서는 전혀 개의치 않는 경향이다. 이는 또한 갈수록 단절되어가는 사회가 부추기는 독자성의 결과물이기도 하다. 아둔한 세대는 나만 잘 먹고 잘 살면 된다는 생각에서 '잇속 차리기'에 집착한다. 자기 자신 너머를 볼 능력이 없는 이런 성향은 관계의 다리relational bridge를 약화시키고 사회 자체의 근간을 무너뜨리는 결과로 이어졌다. 우리가 세상을 보는 렌즈를 교정하려고 진심으로 노력하지 않는다면 우리의 미래상, 즉 미래에 대한 우리의 통찰은 언제까지나 흐릿할 것이다. '나부터' 사고방식은 건강하지 못한 다양한 방식으로 시장에 나타난다. 그런 파괴적인 관점들 중 몇 가지를 자세히 살펴보자.

자기 보호: 들키는 것에 대한 두려움

예전에 경영자 직급의 한 리더와 일한 적이 있는데, 당시 그는 직속 직원들과의 관계에서 커다란 어려움을 겪고 있었다. 세일즈 리더로서 그의 경력은 그야말로 화려했다. 그는 개인적으로 조직의 성공에 크

게 기여했고 덕분에 팀 구성원으로서 많은 존경을 받았다. 기존 거래처에 서비스를 제공하는 동시에 자신이 책임지는 모든 영역에서 신규 고객들을 유치하는 등 세일즈 전문가로서 눈부신 활약을 펼친 그는 마침내 제품 라인과 세일즈 과정에 대한 해박한 지식을 인정받아 세일즈 조직을 관리 감독하는 총책임자로 승진했다. 처음 약 9개월 동안에는 모든 것이 순조로웠다. 그는 팀에 전반적인 방향을 제시했고 구성원들에게 오늘날 자신을 있게 해준 성공적인 세일즈 기법들을 전수해주었다. 그러던 중 언젠가부터 서로 맞물린 관계의 톱니바퀴들에서 끽끽거리는 소리가 나면서 세일즈 엔진이 고장을 일으키기 시작했다. 팀은 동력을 급격하게 잃어갔다. 팀 구성원 간의 내분과, 세일즈와 운영 사이의 불협화음은 지위고하를 막론하고 팀 전반에 걸쳐 불만을 야기했고 이 불만은 시간이 흐를수록 쌓여갔다. 중대한 여러 관계선상에서 감정이 누출되었고, 결국에는 엔진이 아예 멈춰 섰다. 상황이 이런데도 그는 어떻게 하면 멈춰 선 엔진을 다시 가동시킬 수 있을지 전혀 몰랐다.

그 경영자는 똑똑했고 열정적이었으며 똑 부러지는 성격에다가 잡담에도 일가견이 있었다. 또한 유머 감각이 있어 마음만 먹으면 어디서든 분위기를 띄울 수 있었고 모든 사회적 상황에서 평정심과 침착함을 잃지 않았다. 어느 모로 보나 그는 매력적이고 자신만만했다. 하지만 좋은 시절은 어려운 시절이 드러낼 것을 감추는 법이다. 그의 리더십에는 흠이 있었지만, 압박으로 팀이 심각하게 분열하기 전까지는 눈에 잘 띄지 않았다. 그는 세일즈 영역에서는 유능했지만 팀 구성원들의 마음을 섬세히 읽고 그들과 건강한 관계를 효과적으로 맺기 위한 감성 지능emotional intelligence[2]이 모자랐다. 또한 감성적 의지도 부족해 갈등과 건강하지 못한 행동이 팀 전체의 성과를 강탈한 주범이었음에도 갈등을 적극적으로 헤쳐나가고 건강하지 못한 행동을 관리 감독할 수 없었다. 한마디로 감성적 역량이 두루 함량 미달이었다.

내가 그를 코칭하는 동안 깊숙이 가라앉아 있던 비밀이 수면 위로 떠오르기 시작했다. 그 비밀이 결국 그의 효과성(목표의 달성도)을 무너뜨린 범인이었다. 한번은 그가 언제고 자신이 사기꾼임이 밝혀질 거라는 끝없는 두려움에 시달렸다고 솔직히 고백했다. 딱따구리가 무른 나무를 골라 쪼듯, 그의 자신감에 무자비한 공격을 연신 퍼부었던 질문이 하나 있었다. 그를 끊임없이 따라다니며 괴롭혔던 그 질문은 무엇이었을까? "내가 겉으로 보여주는 모습과 내 진짜 모습이 전혀 다르다는 사실을 그들이 알아차리기까지 얼마나 걸릴까?"

이 하나의 질문이 그가 편향 심리를 통해 정교한 자기 보호 시스템을 구축하게끔 만들었다. 쉽게 말해 그는 갈등이 나타날 때마다 피하는 길을 선택했고, 갈등이 사라질 것이라는 헛된 희망으로 갈등을 최소화하고 무시했다. 그는 갈등의 한쪽 당사자나 양 당사자 혹은 모든 관련자들에 대한 변명거리를 찾았고, 사안들을 한 번도 효과적으로 다루지 않은 채로 갈등의 모든 당사자들에게 책임을 '공평'하게 돌렸

---

2 자신과 타인의 감정과 정서를 점검하고 그것의 차이를 식별하며, 생각하고 행동하는 데 정서 정보를 이용할 줄 아는 능력. 정서 지능이라고도 한다.

다. 혹은 자신은 쏙 빠지고 팀 구성원 중 누군가에게 궂은 뒷설거지를 시켰는데, 결과적으로 갈등만 고조될 따름이었다. 그런 행동의 근원에는 종종 두려움이 깔려 있었다. 어쨌든 확실한 사실은 그가 사안들을 직접적으로 다루지 않았고, 이로 말미암아 불가피한 일을 뒤로 미루고 상황만 악화시켰다는 점이다.

자신의 본모습을 들킬 거라는 두려움 때문에 그는 사실상 팀에게 필요한 강력한 리더십을 제공할 능력을 잃고 말았다. 그는 성과라는 허울 아래에 숨어서 자기 증진을 모색하고 자신을 보호하는 법을 배웠다. 또한 자신의 손을 더럽히지 않으려고 성가시고 궂은 일에서 멀찍이 떨어지는 법을 터득했다. 그러나 그는 자신의 겉모습은 보호했을지언정 그 과정에서 중요한 무언가를 희생시켰다. 바로 건강한 관계다. 관계가 건강하려면 진정성과 취약성이 반드시 필요하다. 솔직하게 자신의 약점을 드러내야 한다는 뜻이다. 또한 진실을 말할 수 있는 능력으로 무장하여 어려운 상황에 기꺼이 발을 담글 뿐 아니라, 필요에 따라서는 누군가가 나쁜 행동을 못 하도록 응분의 대가를 치르게 하는 강인함이 필수적이다. 리더십에는 인간성의 혼란스럽고 어두운 측면을 적극적으로 파헤치는 능력이 요구된다. 그러나 그는 자신의 두려움에 손발이 꽁꽁 묶여 어려운 리더십 과제들에서 아무 힘도 쓸 수 없었다.

약점을 가리고 감추는 성향은 가식을 만들어내고, 가식은 다른 사람들과의 깊은 연결을 방해한다. 자신을 정직하게 대면할 수 없다면 다른 사람들도 효과적으로 이끌 수 없다. 우리가 사람들에게 보여주는 이미지와 현실 사이에 괴리가 존재할 때 우리는 그 괴리를 메우기 위해 가식을 만든다. 가식에는 언제나 생존을 위한 자기 보호가 수반된다. 우리는 자신의 취약성을 숨기기 위해 남들에게서 거리를 두고 멀찍이 떨어져 있다. 이렇게 할 때 우리는 자신이 노출되지 않도록 잘 보호한다고 생각할지 몰라도 실상은 남들과 유의미한 방식으로 연결되는 것을 차단하는 깊고 큰 틈을 만들고 있을 뿐이다.

약점은 인간다움의 일부다. 고로 약점을 숨기려는 시도는 무의미하다. 반대로 약점을 인정하고 약점을 극복하기 위해 노력하면 호감을 줄 뿐 아니라 건강한 공동체의 구성원들로부터 칭찬과 지지를 이끌어낼 것이다. 또한 다른 사람들과 건강한 방식으로 나아가기 위해서는 자기 수용self-acceptance이, 개방적이고 솔직한 신뢰 관계를 구축하기 위해서는 진정성이 절대적으로 필요하다. 특히 진정성에 대해서는 나중에 좀 더 자세히 알아보자.

자기 증진: 경쟁 대 협업

게임은 '이것'을 토대로 한다. 사회는 '이것'을 강화한다. 기업은 '이것'을 활용하려고 애쓴다. 어떤 사람들은 '이것'을 즐기고 '이것'을 통해 성공한다. 또 어떤 사람들은 어떤 대가를 치르더라도 '이것'을 추구한다. 하지만 '이것'으로 인해 피해를 입는 사람들이 무수히 많다. 이것이 무엇인지 짐작이 가는가? 맞다, 경쟁이다. 경쟁은 인간의 타고난 성향이다. 사람들은 상賞이나 유명하고 명성 높은 자리를 얻기 위해 서로 맞붙어 싸운다. 게임이 재미있으려면 승자와 패자가 있어야 한다. 그러나 게임의 결과는 본질적으로 실재하지 않는다. 최소한 우리 대부분이 참가하는 수준의 게임에서는 그렇다. 행여 당신이 슈퍼볼Super Bowl(NFL 챔피언 결정전)에 출전해 우승하더라도, 당신의 승리에 오랫동안 긍정적인 영향을 받는 사람들은 극히 일부에 불과하다.

그렇다면 우리가 경쟁하는 이유는 무엇일까? 그 도전에 따라오는 스릴을 사랑하는 데다가 경쟁이 우리와 남들을 비교할 수 있는 수단을 제공하기 때문이다. 누구나 자신이 승리자로 보이길 바란다. 그러나 경쟁의 욕구가 지나쳐서 자신을 돋보이게 하려고 다른 사람들을 무시하거나 그들의 기여를 최소화하는 수준까지 이른다면, 우리는 협업을 파괴할 수 있다.

이런 경쟁의 욕구는 내가 '더' 요인'ER' Factor이라고 부르는 것에 기반을 둔다. 자신을 남들보다 '더' 강력하거나 '더' 똑똑하거나 '더' 빠르거나 '더' 예쁘거나 '더' 부유하거나 '더' 현명한 사람으로, 아니 사실상 남들보다 '더' 나은 사람으로 자리매김하려고 시도할 때마다 우리는 경쟁자의 역할을 수행한다. '더' 요인의 'ER'은 경쟁을 부채질하는 두 가지 요소의 영어 단어에서 첫 번째 철자를 딴 것이다. 바로 자아를 뜻하는 'ego'와 맞겨룸을 의미하는 'rivalry'다. 이 두 요소는 경쟁을 견인하는 동시에 관계를 파괴한다. 잠시 생각해보자. 만약 당신보다 더 강하고 더 똑똑하며 더 낫다는 사실을 끊임없이 증명해야 하는 누군가와 관계를 맺고 있다면 당신들의 관계는 오래가지 못할 것이다. 누군가의 그늘에 가려진 채 살도록 강요받는 것을 좋아하는 사람은 없다. 서번트 리더십servant leadership[3]의 정반대 개념인 '더' 요인은 자신에게 가장 좋은 것만 추구하게 만들고 자기 증진을 위해 관계를 희생시킨다.

이런 현상은 비단 개인 관계에서만 나타나지 않는다. 성과를 개선한다는 좋은 의도에서 인간의 이런 경쟁 욕구를 적극적으로 활용하는 조직들이 많다. 이에 대해 세일즈 세상에서 보편적인 '도전 과제'를 통해 알아보자. 조직은 최고의 결과를 달성하는 팀이나 개인을 포상한다. 문양이 세공된 유리잔이든 특별상여금이든 아니면 이국적인 휴양지로의 여행이든 간에 말이다. 그리하여 다른 모든 사람들을 이기기 위한 치열한 경쟁이 시작된다. 조직의 입장에서 볼 때 상을 내거는 논리는 빤하다. 경쟁이 성과를 촉진한다고 생각하기 때문이다. 그렇다면 실제로는 어떨까? 거의 언제나 의도하지 않은 부수적 피해를 낳는다. 좋은 성과를 내는 개인이나 팀은 다른 구성원이나 팀들이 자신의 '비법'이나 최고의 관행을 알아내지 못하게 방해 공작을 펼칠지도 모른다. 그래야만 자신의 승리를 보장할 수 있기 때문이다. 이렇듯 경쟁은 협업을 희생한다. 특정 개인이나 팀이 자신들만 자유롭게 사용할 수 있는 지식이나 자원을 앞세워 정상에 오르는 반면, 나머지 구성원이나 팀들은 그런 지식이나 자원이 부족해서 어려움에 처할지도 모른다.

---

3 타인을 위한 봉사에 초점을 두고 자신보다 구성원들의 이익을 우선시하는 리더십으로 '섬김의 리더십'이라고도 한다.

나는 어떤 대규모 세일즈 조직에서 이런 현상을 똑똑히 목격했다. 한 영업 사원이 사실상 독식하다시피 거의 모든 경쟁의 승리를 싹쓸이했는데, 그녀의 근무 경력은 동료들보다 상당히 긴 편이었다. 그녀는 오랜 경력과 성공에 힘입어 두 명의 조수로 팀을 꾸렸고, 그들이 그녀의 전화 업무와 서류 업무 대부분을 처리했다. 그녀의 영업 실적이 워낙 출중했기에 운영 부서 직원들은 그녀에게 더 많은 재량권을 주었음은 물론이고 심지어 특별 대우까지 해주었다. 이런 상황이니, 모든 일을 스스로 해야 했던 데다가 운영 부서 직원들의 환심을 사기 위해 치열하게 경쟁해야 했던 다른 영업 사원들보다 그녀가 더 좋은 성과를 올리는 것은 자명한 이치였다. 분명 기울어진 운동장에서의 경쟁이었다. 그러나 누구도 그런 불공정함에 신경을 쓰는 것 같지 않았다. 조직이 그런 불공정한 경쟁 환경을 만들고 일선 영업 현장의 모든 사람들이 묵인한 것이나 진배없었다. 그녀가 시작부터 경쟁의 승자가 될 수밖에 없는 상황이라는 점을 인정하기는커녕 모두가 자신이 열등하다는 태도를 자처했다. 그 경쟁은 어느 모로 보나 비생산적이었고 역효과를 불러왔다.

최고의 관행을 공유하는 사람들을 보상해주는 방식으로 업무 환경을 구축했더라면 어땠을까? 훨씬 더 강력한 영향을 미칠 수 있지 않았을까? 또는 다른 사람들이 성공하도록 멘토링하고 코칭하는 데에 시간을 투자하는 사람들의 공로를 인정해주거나 비결을 공유하는 행동을 보상해주었더라면 어땠을까? 팀 구성원들이 각자 자신의 자원을 독점하는 대신에 모두의 성과를 증가시키는 협업 차원에서 자원을 서로 교환했더라면 어땠을까? 이런 접근법으로 조직이 얼마나 많은 이득을 얻을 수 있을지 생각해보라.

당연한 말이지만 모든 경쟁이 나쁘다는 뜻이 아니다. 그렇다고 단지 참여했다는 이유만으로 트로피를 골고루 나눠줌으로써 모두의 자존감을 고양시키자는 말도 분명 아니다. 내가 정말로 하고 싶은 말은 거의 언제나 경쟁보다는 협업을 통해 더 많은 것을 얻을 수 있다는 것이다. 특히 '큰 판돈'이 걸려 위험 부담이 상당한 분야에서는 더욱 그렇다. 그렇다면 가장 효과적인 경쟁이란 어떤 것일까? 남들을 이기기 위해서가 아니라 목표 고객들을 위해 가능한 한 최고의 가치를 창출하기 위한 경쟁이어야 한다. 여기에는 예외가 없다. 또한 다른 구성원들을 **상대로** 경쟁하는 것이 아니라 조직 안팎의 모든 고객들의 성장과 이득을 **위해** 경쟁해야 한다. 우리는 내일 조직에 오늘보다 더 많은 가치를 기여하기 위해 우리 자신과 경쟁하면서 더 나아지기 위한 노력을 멈추지 않아야 한다. 마지막으로, 우리는 성장하기 위해 다른 사람들과 협업해야 한다. 성장의 태도는 이런 메시지를 전달한다. "나는 어제보다 오늘 더 나아질 것이고, 내일은 오늘보다 두 배 더 나아질 것이다!"

체스말 신세로 전락한 사람들

오늘날 비즈니스의 한 축을 이루는 인적 요소에 관한 태도들이 변하고 있다. **인적 자본**human capital 같은 용어가 **동료**associate와 **팀 구성원**team member 등으로 대체되고 있다. 또한 **인적자원부**Human Resources 같은 부서명들이 **인재문화부**Office of People and Culture로 바뀌는 추세다. 이런 명칭의 변화에 발맞추어 구성원들을 조직의 자산으로만 생각하는 관점에서 탈피하는 움직임도 감지된다.

구성원들을 자산으로 생각하는 경향은 **과학적 관리 원칙**Principles of Scientific Management을 적용하면서 파생된 의도치 않은 결과였다. 20세기 초창기 프레더릭 윈즐로 테일러Frederick Winslow Taylor가 창안해서 테일러리즘Taylorism이라고도 불리는 과학적 관리 원칙은 미국 경제가 농업 기반에서 제조업 기반으로 옮겨감에 따라 공장의 작업 효율성을 증가시키기 위해 만들어졌다. 농업에서는 개개인이 일상적인 생존을 위해 필요한 특정 기술들을 터득했다. 이런 기술은 도제 과정을 통해 전수되었고 가끔은 가족 대대로 계승되기도 했다. 따라서 사람들은 거의 대부분 무슨 일을 하는가를 토대로 알려졌고, 직업이 곧 신분증이었다. 당연한 말이지만 도제는 개인적인 과정이었고 일을 직접 해보면서 익혔다. 그러다가 농업에 종사하던 사람들이 도시의 제조·생산직으로 옮겨갔다. 그러자 집안의 전통과 전문성에 기초한 개인의 신원 확인이 대규모 신원 확인에 자리를 넘겨주었다. 농부, 대장장이, 점원, 상인, 낙농업자들은 공장 노동자가 되었다. 일은 운영의 효율성을 높이기 위해 표준화되었고, 노동자들은 생산성 극대화를 위해 활용되어야 하는 자산이나 시스템의 일부로 여겨졌다.

일대일의 멘토십은 대규모 관리로, 개인적인 관계는 반복적이고 정해진 일과로 각각 대체되었다. 또한 시스템화가 도입되면서 많은 영역에서 생산성이 증가했지만 개개인의 중요성은 최소화되었고 노동자들은 큰 바퀴의 톱니 같은 존재로 전락했다. 최고의 매니지먼트는 진정한 과학으로 취급을 받았으며 명확히 정의된 법률, 규칙, 원칙 등을 효율성의 토대로 삼았다. 또한 각 개인의 가치는 자신의 정체성을 버리고 생산 라인에 동참하려는 의지의 강도에 비례했다. 그런 생산 라인에서는 동조성同調性[4]이 생산성으로 이어졌다.

과학적 관리론은 린 경영Lean Management[5]과 식스 시그마Six Sigma[6]같이 공정 개선과 조직 효율성을 위해 만들어진 시스템들의 선행자 역할을 수행함에도 불구하고, 사실상 가치중립적이다. 가치중립성이란 과학적 관리 원칙들이 그 자체로는 도덕적이거나 윤리적인 영향력을 거의 혹은 전혀 수반하지 않는다는 뜻이다. 과학적 관리론에서 가치란 낭비 요소의 제거와 이를 통한 생산 시간과 비용의 절감으로 여겨진다. 고객 입장에서의 가치는 절감된 비용으로 생산되는 무결점 제품이나 서비스다. 하지만 그런 가치가 반드시 기업의 책임의식이나 개인의 도덕 의식을 수반하지는 않는다. 만약 더 저렴한 제품이 그것을 생산하는 노동자들의 삶에 어떤 식으로든 부정적인 영향을 미친다면, 그 제품에는 그 부작용을 상쇄할 만한 가치가 거의 없다.

이것을 다른 식으로 생각해보자. 프레더릭 테일러의 관리론이 초창

---

4 개인이 집단의 압력 하에 집단이 기대하는 대로 생각이나 행동을 바꾸는 것.

5 '얇은', '마른'이라는 뜻의 lean에서 알 수 있듯 자재 구매에서부터 생산, 재고 관리, 유통에 이르기까지 모든 과정에서 손실을 최소화한다는 새로운 경영 기법.

6 1980년대 말 미국 모토로라사의 품질 혁신 운동으로 시작된, 품질 혁신과 고객 만족을 달성하기 위한 과학적이고 합리적인 문제 해결 방법.

기 미국 공장들의 생산성을 증가시키는 데 지대한 영향을 준 것은 틀림없는 사실이다. 그런데 공정 효율성 제고를 위해 탄생한 그 관리론은 제2차 세계대전 당시 나치의 강제수용소에서 인명을 살상하는 목적으로도 사용되었다. 관리론 자체는 도덕성이나 윤리성을 인지하는 감수성이 전혀 없다. 과학적 관리 원칙들이 낭비 요소를 제거하고 품질을 향상시키는 효과를 거두기 위해서는 전제 조건이 있다. 건강한 관계들로 이뤄진 문화의 테두리 안에서 적용되어야 한다는 것이다. 그러나 사회적 책임이 없다면, 그리고 개인의 가치관과 조직의 가치관을 정렬시키지 않는다면, 그런 원칙들은 노동자들을 양심 없는 조직이 마음대로 조종하는 로봇 신세로 전락시킬 수 있다.[i]

이런 현상을 많은 사람들은 '이탈과 탈진churn and burn'의 조직 문화라고 부른다. 조직에서는 구성원 모두가 나름의 역할을 수행하고 조직의 사다리를 올라간다. 그러나 어디까지 승진할지는 자신을 얼마나 희생시킬 수 있는가에 달려 있다. 개중에는 이것을 조직의 '업 오어 아웃up-or-out'[7] 접근법이라고 부르는 사람들도 있다. 쉽게 말해 종종 위험을 무릅쓰거나 다른 사람들을 희생시키면서 조직의 사다리를 올라가든지, 아니면 조직에서 쫓겨나 다른 벽에 기대고 있는 다른 사다리를 찾든지 둘 중 하나다. 이런 유형의 기업 문화에서는 동료애를 찾아보기 힘들다. 이런 작업 환경의 구성원들은 배고픈 곰을 피하면서 산란을 위해 강의 상류를 거슬러 올라가는 연어의 신세와 다르지 않다. 더욱

---

7 일정 연한 내에 승진하든지 아니면 그 조직에서 떠나야 한다는 불문율.

깊은 관계의 알들을 낳을 수 있는 안전한 수역을 찾기 힘들다는 말이다. 승진에 유리한 위치를 차지하기 위한 이전투구泥田鬪狗는 종종 구성원들 사이의 협업을 제약한다. 자기 보호와 자기 증진이 넘쳐나고, 깊은 관계는 천연기념물이 된다. 기업을 체스 게임이라고 치면 사람들은 가장 약한 말인 폰pawn이 되어 이리저리 옮겨지다가 결국에는 더 귀중한 말들의 더 큰 이득을 보호하기 위해 희생된다. 그런데도 일각에서는 직원 몰입도에 관한 통계 수치가 어째서 그토록 낮은 수준을 벗어나지 못하는지 의아하다는 볼멘소리가 나오니 황당한 노릇이다.

독자성과 고립

정보의 시대를 맞이해 이제는 무게 중심이 개인주의를 강조하는 방향으로 이동했다. 정보의 시대에는 개인이 필요한 모든 정보를 키보드 몇 번 두드리는 것만으로 얻을 수 있고, 이런 명백한 사실에 입각해 경쟁의 장이 공평해졌다. 우리에게 필요한 것이 정보뿐이라면 우리는 더 이상 서로가 필요하지 않을 것이다. 예전에는 생존을 위한 정보가 세대에서 세대로 전해졌다. 그런 관계의 연결성은 생존을 위한 필수 조건이었다. 하지만 이제는 세상이 달라졌다. 이제 우리에게 필요한 것은 인터넷 접속뿐이다. 오늘날에는 누구와도 굳이 직접 대면할 필요 없이 정보에 접근하고 전 세계 어디서나 팀 구성원들과 전화 회의를 진행하며 고객들을 위해 웨비나webinar[8]를 제공할 수 있다. 요컨대 기술은 우리를 누구에게나 연결시킬 수 있고 누구와도 연결시키지 않을 수 있다.

우리는 페이스북을 통해 수백 혹은 수천의 친구들을 가질 수 있되, 그들과 진정한 의미의 친분은 없을 수 있다. 우리는 링크드인LinkedIn 같은 거대한 비즈니스 인맥 관리 소셜 네트워크를 통해 연결될 수 있지만, 그럼에도 생산적인 비즈니스 관계는 부족할 수 있다. 우리는 트위터에서 많은 팔로워들을 거느리고도 개인적이거나 유의미한 것은 무엇도 노출시키지 않을 수 있다. 한마디로 거품 인기다. 이렇듯 기술은 수백만 명을 연결시킬 수 있는 능력을 가졌으나 그런 수백만의 연결이 여전히 비개인적impersonal 수준에 머문다.

기술은 우리에게 독자성을 실현시켜준 동시에 고립감을 유발했다. 여기서 말하는 독자성은 우리에게 무언가를 보여주거나 가르쳐줄 사람이 전혀 필요하지 않다는 의미다. 우리는 생존에 필요한 정보를 비롯해 우리가 알아야 하는 모든 것을 혼자 힘으로 충분히 획득할 수 있다. 그런 정보를 얻기 위해 선생님이나 코치나 멘토, 심지어는 부모조차도 필요해 보이지 않는다. 그 역할은 이제 인터넷이 대신해준다. 구글은 우리가 상상할 수 있는 모든 주제를 탐구할 수 있게 해주고, 유튜브는 다양한 볼거리로 즐거움을 줄 뿐 아니라 일을 어떻게 하면 되

---

8 웹web과 세미나seminar의 합성어로 인터넷 웹 사이트 상에서 진행되는 세미나, 회의, 실시간 정보 교환, 쌍방향 프레젠테이션 등을 말한다.

는지도 알려주고, 위키피디아는 집단 지성을 제공한다.

기술은 우리를 누구에게나 연결시킬 수 있고 누구와도 연결시키지 않을 수 있다.

한편 기술로 인해 개인 간 소통의 성질도 몰라보게 변했다. 가족들은 저녁 식탁에 둘러앉아서도 말한 마디 주고받지 않고 각자 스마트 기기에 온 정신이 팔려 있다. 물론 요즘에는 저녁 식사를 함께하는 가족 자체가 매우 드물지만 말이다. 친구들은 여러 명과 동시에 문자 메시지로 대화하지만 서로의 목소리를 직접 들으며 대화하는 경우는 거의 없다. 동료들은 복닥복닥한 근무 공간에서 함께 머물지만 음성 대화보다 문자 메시지를 선호한다. 겨우 몇 미터 떨어져 있거나 기껏해야 층만 다를 뿐인데도 말이다. 인터넷 공간에서 만나는 다양한 부류의 친구들에게 둘러싸인 우리는 의미 있는 관계들로부터 고립되었음을 깨닫는다. 우리는 얼굴을 맞대고 소소하게 대화를 나누는 기술을 잃어버렸다. 또한 대화를 통해 사람들을 깊이 알기보다 소셜 미디어만 열심히 좇아다니며 파헤친다. 요컨대 우리는 사람들로 가득한 바다에 몸을 담근 채로 혼자 헤엄치는 신세다.

오해를 사기 전에 분명히 짚고 넘어가야 할 점이 있다. 나는 기술을 폄훼하려는 마음은 조금도 없다. 솔직히 기술은 과학과 사회 분야에서 앞선 세대들이 상상조차 할 수 없었던 진보를 일궈냈다. 그러나 기술은 하나의 도구일 뿐, 그 이상도 그 이하도 아니다. 그리고 도구로서의 기술은 양날의 검과 같다. 매우 유익하게 사용될 수도, 우리의 자멸을 불러올 만큼 오·남용될 수도 있다는 말이다. 기술의 부정적인 영향은 관계에서도 나타날 수 있다. 방치할 경우 기술은 실제로 우리가 사람들과 의미 있는 방식으로 관계를 구축하는 능력을 저해할 수 있기 때문이다. 우리는 반드시 기술의 주인이 되어야 한다. 그렇지 않으면 기술이 우리의 주인이 될 것이다.

우리 모두는 '프리 에이전트'다

잠시 내 처갓집 이야기를 하려 한다. 장인인 타이러스 액턴Tyrus Acton 은 한 직장에서 31년을 근무하셨고 '은퇴' 이후에도 몇 년간 그 회사의 고문으로 활동하셨다. 4개 주를 담당하는 외판원으로서 장인은 주중에는 고속도로에서 살다시피 하시다가도 주말이면 어김없이 집으로 돌아오셨다. 속된 말로 '도로의 전사road warrior'이셨던 장인은 자신의 일을 즐겼고 영업에 뛰어난 재능을 보이셨으며, 회사에 헌신했고 회사도 장인어른께 헌신적이었다. 무엇보다 장인은 회사에 감사하는 마음이 아주 컸고 회사를 침이 마르도록 칭찬하셨는데 이는 다음 세대에도 영향을 미쳤다. 처남 타이Ty는 대학을 졸업하자마자 장인이 다니시던 회사에 입사했고 올해로 34년째 근무 중이다. 현재 그는 팅그 브라운 앤 컴퍼니Tingue Brown and Company의 사장이다.

내 아내인 루앤도 비슷한 길을 걸었다. 대학생 시절 루앤은 칼턴 잭슨Karlton Jackson을 만났다. 그가 아파트 단지들에 서비스를 제공하는 부동산 관리 회사를 창업하기로 결정했을 때 그는 루앤에게 아파트 단지 중 한 곳의 임대 담당자로 일해달라고 제안했다. 그 회사가 바로 JMG 리얼티JMG Realty이다. 그로부터 30년이 더 지난 오늘날 루앤은 비즈니스 개발과 고객 관리를 담당하는 부사장으로 일한다. 그동안 여러 회사들로부터 고연봉의 일자리를 제안받았지만 JMG에 대한 루앤의 충성심은 예나 지금이나 한결같다. 루앤에게 칼턴은 오빠와 같은 존재이고 전체 팀은 가족과 마찬가지다. 그들은 함께 일하고 함께 논다. 그들은 서로에 대해 속속들이 알고 서로에게, 회사에게, 고객들에게 헌신한다. 이런 문화는 그들의 모든 활동에 고스란히 드러난다. JMG 리얼티의 직원들이 보여주는 충성심과 장기근속은 오늘날 시장에서는 찾아보기 힘든 것이다.

예전 세대들은 열심히 공부해서 좋은 대학에 들어가 좋은 성적을 얻으라는 말을 들었다. 그러면 기업에서 경력을 쌓으며 기업의 사다리를 착실히 오르다가, 노후를 약속해줄 상당한 연금을 챙겨 은퇴할 수 있다는 것이다. 이제 더는 그것이 불가능하다. 한 직장에서 30~40년 헌신하고 회사 차원의 축하와 금시계를 부상으로 받으며 은퇴하는 평생 경력을 찾기란 조금 과장해서 하늘의 별 따기만큼 어렵다.

오늘날에는 사회 초년생들이 보편적으로 경력의 첫 10년간 대여섯 개의 직장을 거친다. 게다가 요즘에는 금시계를 받으려고 애쓰는 사람도 없다. 그것은 지나간 시대의 유물일 뿐이다. 노후에는 회사의 시간표에 얽매이지 않고 자신의 시간표대로 산다는 금시계의 상징성이 더 이상 중요하지 않은 탓이다. 오히려 오늘날의 사회 초년생들은 처음부터 회사가 직원들의 정해진 시간표를 엄격히 지키고 직원들의 안건을 따라주기를 기대한다.

또한 요즘에는 회사에 충성을 바치는 모습도 거의 찾아볼 수 없다. 조직들이 충직한 장기근속 직원들에게 의존할 수 있던 시절은 오래 전에 사라졌다. 평생 한 직장에 뼈를 묻는 사람들은 신화 같은 존재다. 현 시대에는 모두가 자유 계약 선수, 즉 프리 에이전트free agent[9]다. 시 즌을 어떻게 정의하는지는 각자의 마음이지만, 어쨌든 그들은 각 시 즌마다 특정 팀에 독점적으로 소속되어 활동하고 시즌이 끝난 후 기 존 팀과 재계약할지 아니면 좀 더 매력적인 제안을 하는 다른 팀으로 이적할지 결정한다. 그 결정에는 많은 변수들이 작용한다. 그러나 가 장 중요한 요인들은 거의 언제나 자신과 나머지 팀 구성원들의 관계 가 얼마나 건강하고 깊은가와 관련이 있다.

오늘날의 시장 환경에서 최고의 인재들을 유치하고 유지하고 싶다 면, 하나의 팀으로 똘똘 뭉쳐 일하고 구성원들을 가족처럼 사랑할 수 있는 법을 배워야 한다.

신뢰의 중요성

신뢰는 리더십의 필수품이다. 건강한 관계는 신뢰라는 견고한 토대 위에 구축된다. 다른 말로 신뢰가 부족하면 건강한 관계가 구축될 수 없다. 신뢰가 낮을 때 저항은 거세진다. 사람들은 리더십에 의문을 제

9　전문화된 지식과 도구를 사용하여 조직에 얽매이지 않고 독창적·창조적으로 일하는 개인.

기하고 강하게 반발하며 소통의 공백을 부정적인 추정들로 가득 채운다. 또한 다른 사람들의 동기에 회의적이고 의심의 눈초리를 보낸다. 결과적으로 불필요한 갈등이 생겨나고, 그런 갈등은 비록 조직의 모든 활동을 무력화시키지는 않아도 활동 속도를 크게 떨어뜨린다.

반대로 신뢰가 높을 때 저항 수준은 낮다. 신뢰가 높으면 무엇보다 협업이 촉진되는데, 사람들이 서로의 가장 좋은 점을 믿고 좀 더 신속하게 합의에 이르기 때문이다. 생산적인 조직들은 지위고하를 막론하고 조직 전반에서 높은 신뢰 관계를 구축하기 위해 노력한다.

가장 중대한 관계는 리더와 직속 구성원들과의 관계다. 사람들이 조직을 떠나는 이유가 조직 자체에 있지 않다는 사실은 널리 알려져 있다. 사람들은 오히려 관리자들 때문에 조직에 등을 돌린다. 어떤 조직에서건 관리자와 직속 구성원 간의 관계가 인재 유지를 좌우하는 가장 중요한 연결 고리일 것이다. 이런 관계의 질이 가장 중요하다. 여기서의 문제는 잘 준비된 리더를 육성하기 위해 적절히 투자하는 조직이 거의 없다는 사실이다. 되레 가끔은 개인 차원에서 조직에 크게 기여했다는 이유로 인간관계의 역학을 다룰 준비가 전혀 되지 않은 사람들이 팀을 진두지휘할 리더로 낙점되기도 한다. 그들은 개인으로서의 성과가 좋았기 때문에 다른 사람들을 이끄는 데 필요한 역량과 자질 그리고 감성 지능을 보유했다고 여겨진다. 이것은 분명 잘못된 가정이다. 게다가 가끔은 값비싼 대가를 불러오는 오판이다. 그렇다면 기업들이 리더를 육성하는 데 많이 투자하지 않기로 선택한다면 이를 어떻게 해석해야 할까? 인재들에게 장기적으로 헌신하지 않겠다는 명백한 선언문으로 봐도 무방하지 싶다.

조직들은 차세대 리더들에게 투자하고 조직의 지속 가능성과 성장을 적절히 준비하기 위해 반드시 '잠재적 리더 후보군'을 육성해야 한다. 비결은 간단하다. 향후 어떤 자리를 맡던지 성공할 수 있는 잠재력이 큰 후보 구성원들에게 크게 **향후 어떤 자리를 맡던지 성공할 수 있는 잠재력이 큰 후보 구성원들에게 크게 투자하는 동시에, 그들에게 커다란 애정을 보여줌으로써 조직을 떠나고 싶다는 생각을 아예 못 하게 만들면 된다.** 투자하는 동시에, 그들에게 커다란 애정을 보여줌으로써 조직을 떠나고 싶다는 생각을 아예 못 하게 만들면 된다.

많은 조직에서 구성원들의 신뢰를 심각하게 갉아먹는 또 다른 요인은, 고위 리더들이 다른 사람들의 피와 땀을 철저히 무시한 채로 오직 자신의 금전적 이득만 챙기는 모습을 보여주는 빈도수다. 고위 리더들을 위한 속칭 '황금 낙하산'[10]들은 조직이라는 천을 갈기갈기 찢은 다음, 커다란 개인적 희생을 감수하고 조직에 매진한 사람들의 너덜너덜해진 마음의 실로 그 조각을 이어서 만들어졌다. 이런 일을 한두 번 목격하기만 해도 사람들이 리더에 대한 신뢰를 거두고 냉소적인 생각을 갖기에 충분하다. 리더들의 자기 보신이 명백해질 때 그들을 따르고픈 사람들의 욕구는 크게 줄어든다. 고로 리더들은 성공에

---

10 임기가 종료되지 않은 경영진들에게 지급하는 거액의 퇴직금이나 스톡옵션.

이르는 가장 빠른 지름길은 구성원들의 성공을 보장하는 것임을 명심하는 편이 좋다.

덤불을 쳐내다

사람들에게 매일 최선을 다하도록 영감을 주는 작업 환경을 구축하기 위해서는 이런 모든 파괴적인 요인들이 반드시 그리고 말끔히 해결되어야 한다. 나무가 늘어선 시골길을 따라 제멋대로 뻗어가는 칡넝쿨처럼, 이런 요인들은 종류를 불문하고 모든 조직 문화를 질식시켜 죽일 수 있는 덤불이다. 해로운 덤불이 눈에 보이면 그것을 말끔히 쳐내버려야 건강한 관계들이 성장할 비옥한 토양을 일굴 수 있다.

관계를 위한 핵심 질문

□ 리더들이 근시적 사고를 하게 만드는 요인이 몇 가지 있다. 무엇일까?

□ 결과를 도출하기 위해 경쟁을 활용할 때의 장점과 단점은 무엇일까?

□ 당신의 조직은 구성원들을 어떻게 생각하는가?

□ 공정의 효율성을 추구하면 작업 환경의 비인간화를 유발할 수 있다. 이유는

   무엇이고 이것에 대한 효과적인 대응책은 무엇일까?

□ 일터에서의 고립감이 갈수록 증가하는데, 무엇 때문일까?

□ 신뢰를 리더십의 필수품이라고 말하는 이유는 무엇일가?

4장
조직 문화의 중요성

어쩌다 휘말린 삶에 발목을 잡혔다는 생각보다 더 견디기 힘든 고통은 없다.

미카엘라 알렉시스Michaela Alexis, 칼럼니스트

문화는 사람들이 모이는 모든 곳에서 찾을 수 있다. 조직도 팀도 고유한 문화가 있고, 헬스클럽과 교회에도 나름의 문화가 존재한다. 자원봉사자들이 시간과 에너지를 쏟는 자선 단체도 독특한 문화를 갖고, 심지어 각자의 가정에도 문화가 존재한다. 그렇다면 문화란 무엇일까? 간단히 정의하면, 문화는 가치와 믿음 그리고 행동의 집단적 표현으로 구성원들은 거기에 어떤 식으로든 기여한다. 문화는 또한 집단 공동의 우선순위와, 구성원들이 서로 어떻게 관계를 맺기로 선택했는지가 표출된 것이다. 더 쉽게 말하면 문화는 우리가 놀이터에서 다른 사람들과 어떻게 놀이하는지를 일컫는다. 문화는 각 조직을 차별화시켜주는 가장 중요한 단일 요소이다. 어떤 이들은 문화가 전략을 능가한다고 말한다. 나도 그 말에 전적으로 공감한다. 아니, 나는

문화는 우리가 놀이터에서 다른 사람들과 어떻게 놀이하는지를 일컫는다.

문화가 전략을 그저 능가하는 정도가 아니라 압도적으로 넘어선다고 생각한다. 제품은 역逆공학적'으로 설계하여 다시 조립할 수 있고, 공정은 흉내 내고 모방할 수 있다. 그러나 문화는 당신이 무엇을 가지고 있는지 혹은 당신이 무엇을 하는지를 훨씬 초월하는 개념이다. 그것은 모든 기업의 본질이요 심장과 영혼이며, 모든 조직의 진정한 본성이다. 또한 문화는 반드시 깊고 세심한 주의를 기울여 열과 성을 다해 의도적으로 구축해야 한다.

리더들은 강력한 문화를 의도적으로 육성하는 것을 최우선순위로 두어야 한다. 비록 형태는 달라도 문화가 없는 조직은 없기 때문에, 문화와 관련하여 정말 중요한 것은 문화가 있느냐 없느냐가 아니라 "문화를 의도적으로 설계할 것인가? 아니면 기본 설정을 관성적으로 따를 것인가?"이다. 리더들은 반드시 처음부터 의도적이고 신중하게 문화를 설계해야 한다. 동시에 조직 전반에 걸쳐 구성원들의 신체적, 심리적 건강은 물론이고 관계의 건강과 질에 지속적으로 관심을 기울여야 한다. 번창하는 조직들의 공통점은 진정성과 신뢰에 토대를 두는 문화가 있다는 점이다. 또한 조직 전반에 깊은 연결감과 높은 책무

---

1   완성된 제품을 상세하게 분석하여 그 기본적인 설계 내용을 추적하는 것.

성accountability²이 존재한다는 것도 또 다른 공통점이다. 이런 환경에서 사람들은 매일 업무에 최선을 다하도록 영감을 받는다. 리더들은 강력하고 건강한 문화의 지킴이인 동시에 옹호자이다. 그들은 문화를 최우선순위에 둔다.

만약 리더들이 문화를 최우선시하지 않는다면 문화는 뒷전으로 밀려나기 십상이다. 그들이 크고 작은 일거리들을 처리하느라 이리 뛰고 저리 뛰는 모양새가 눈에 선하게 떠오른다. 리더들은 급한 불을 끄고 이니셔티브initiative³를 이끌고 각종 서류와 안건 더미에 파묻힌다. 그런 상태로 일상 업무를 처리하는 데 온 정신을 빼앗긴 나머지 건강하고 활기찬 관계를 구축하는 일이 얼마나 중요한지 쉽게 잊을 수 있다. 이런 상황이 실제로 벌어진다면 그들은 어느 날 불현듯 자신의 무관심 속에서 팀이 관성화된 문화에 빠져들었다는 사실을 깨닫게 될지도 모르겠다. 어느 아침 눈을 떴을 때 자신의 현재 위치도, 주변 사람들과의 관계에서 얻는 경험도 마음에 들지 않는다는 생각이 머리를 짓누를 수도 있다. 이런 일은 비단 직업적인 삶에만 국한되지 않고 개인적인 삶에서도 일어날 수 있다. 이에 대해서 좀 더 자세히 알아보자.

다들 알겠지만 오늘날에는 이혼 풍조가 만연하다. 나는 우리가 정도의 차이는 있겠지만 모두 이혼의 영향을 받았다고 말해도 무방하

---

2 책무성이란 어떤 일이나 업무에 주인의식을 갖고 책임지는 태도를 말하며, 일이 그렇게 된 이유를 밝히고 그에 대한 자신의 행동을 설명하는 데 집중한다. 자주 혼동되는 책임감 responsibility은 주어진 의무에 따라 어떤 자극이나 상황에 반응하고 대처하는 태도를 말한다.

3 조직의 성과 달성을 위한 프로그램 혹은 전략적 성과를 달성하기 위해 집중해야 하는 활동.

다고 생각한다. 어떤 사람들은 이혼 당사자로서 삶을 바꿔놓는 이혼의 결과들에 온몸으로 부딪쳐야 했고, 또 어떤 사람들은 부모님이 이혼했을 수 있다. 또 친구나 가족 중에 이혼의 고통을 경험한 사람들이 있을지도 모르겠다. 이렇듯 이혼의 부정적인 영향은 우리 사회에 가슴 아픈 생채기를 남긴다.

내 고객 중에도 이혼의 아픔을 경험한 사람들이 있다. 가끔 나는 흉금을 털어놓고 솔직한 대화를 나눌 만한 여건이 조성되고, 또한 그 주제가 적절하다는 판단이 설 때 그런 고객에게 "어쩌다가 이혼하게 되셨습니까?"라고 단도직입으로 묻곤 한다. 개중에는 트라우마나 비극적인 사건 혹은 배신이 얽힌 뒷이야기를 들려주는 사람도 있다. 하지만 대개는 이런 식의 대답을 듣게 된다. "정말 모르겠습니다. 어쩌다 보니 서로에게서 멀어졌을 뿐입니다. 각자 직장 생활을 하고 아이들을 키우느라 정신없이 바빴고, 관심사도, 중요하게 생각하는 일들도 달랐습니다. 마침내 우리 부부는 우리가 한밤중에 서로 스쳐지나가는 두 척의 배처럼 각자 다른 방향으로 가고 있음을 깨달았습니다. 그러던 중 어느 날 아침 한 침대에 누운 서로를 바라보던 순간, 더 이상 진실을 외면할 수 없었지요. 현재 상황이 마음에 들지 않을뿐더러 이제는 서로에게 딱히 애정도 없다는 사실을 인정했습니다. 그래서 우리는 각자의 길을 가기로 결정했습니다."

그들은 특별한 계기가 있었던 것이 아니라 어쩌다 그저 사이가 멀어지고 소원해졌을 뿐이었다. 이처럼 부지불식간에 소원해지는 관계가 바로 관성화된 문화의 전형적인 예다. 그들은 아주 쉽게 자신의 근시안적이고 사소한 일들에 깊이 사로잡혔다. 그리하여 어떻게 하면 상대방이 자신과의 관계에서 깊은 만족감을 얻고 성장하도록 힘과 용기를 북돋워주는 환경을 만들 수 있을지 고민하려는 시도조차 하지 않게 되었다. 오히려 그들은 누가 먼저랄 것도 없이 어느 틈엔가 평범함의 세상으로 흘러들었고, 결국에는 무미건조한 일상의 늪에 빠져 허우적대는 자신을 발견했다. 그들은 자신들의 관계를 방치했고 수동적인 사람이 되었다. 어쩌면 상대방의 필요와 욕구에 민감하게 반응을 보이지 못했을 수도 있고, 자신의 행동에 책임을 지지 못했을 수도 있다. 또한 인격을 계속 연마할 필요가 있는데도 개인적인 변화를 시도하려 하지 않거나 자신을 돌아보며 스스로 평가하기를 거부했을지도 모르겠다.

무슨 이유였건 간에 그들 사이에 감정의 연결 고리가 뚝 끊어졌다. 그 결과 그들의 열정이 잦아들었고, 건강한 관계를 구축하고 발전시키기 위해 무엇이 필요한지 잊어버렸다. 이처럼 현실의 부부들에게 일어나는 일이 기업 환경에서도 일어날 수 있다. 리더들은 반드시 **리마커블**remarkable,[4] 다른 말로 **주목할 만한** 조직 문화의 지킴이이자 옹호자가 되고자 전념해야 한다. 그들은 관계의 온전함에 관한 한 수동적으로 행동해서는 절대 안 된다. 그들은 반드시 건강한 관계를 육성

---

4 사전적 정의로는 주목할 만한, 놀라운, 훌륭한, 새로운 등등의 여러 의미가 있지만 단어를 풀어보면 '이야기할 만한 가치가 있다'는 뜻이 된다. 이 책의 지은이가 특히 강조하는 가치로, 지은이는 리마커블!Remarkable!이라는 이름의 회사를 설립하고 동명의 책을 낸 바 있다.

하는 데에 초점을 맞춰야 할 뿐 아니라 그러기 위해 투사가 되어 싸워야 한다. 그렇게 하지 않는다면 어느 날부턴가 자신 주변의 사람들과 환경에 크게 신경 쓰지 않게 될 가능성이 매우 크다.

문화의 이런 속성을 제대로 처리하는 리더가 되고 싶다면 자신이 만들고 싶은 문화가 어떤 것인지 명확하게 그릴 수 있어야 한다. 나는 강력한 문화가 세 가지 특징으로 구성된다고 생각한다. 특징 하나하나가 다 중요하며, 세 가지 특징이 합쳐지면 쉽게 끊어지지 않을 단단한 헌신의 끈을 만든다. 또한 각 특징은 서로 물리고 물려서 무슨 활동이든 가능한 견고한 토대를 제공한다. 간단히 말해, 주목할 만한 문화에서 사람들은

서로의 가장 좋은 점을 믿는다.
서로를 위해 가장 좋은 것을 원한다.
서로에게서 가장 좋은 것을 기대한다.

서로의 가장 좋은 점을 믿다

서로의 가장 좋은 점을 믿는다는 것은 한마디로 신뢰를 말한다. 신뢰는 사람 사이에 이뤄지는 모든 상호작용의 토대다. 신뢰가 없다면 건강한 관계도 있을 수 없고, 신뢰하지 않는 누군가와의 협업은 사실상 불가능하다. 신뢰와 저항은 반비례한다. 신뢰가 높으면 저항이 낮고, 결과적으로 변화와 진전이 신속하게 이뤄질 수 있다. 반대로 신뢰가

낮으면 저항 수준이 높고, 이런 환경에서는 변화와 진전이 가능하다 해도 더디게 일어난다.

신뢰가 부족할 때는 회의적인 생각과 혼란이 팽배해진다. 사람들은 서로를 의심하고, 미심쩍어 보이는 사람들이 이끄는 이니셔티브를 적극적으로 지지하지 않는다. 각자의 동기가 뒤죽박죽 얽히고설켜 혼란스럽고, 구성원늘이 단결했더라면 생성되었을 힘도 기대할 수 없다. 그렇기에 어떤 일에도 그런 힘을 활용하지 못한다. 지나치게 정치화된 환경에서는 사람들이 가식의 탈을 쓴 채 자기 증진에 몰두하며, 결과적으로 프로젝트의 진행 속도가 느려지고 갈등이 만연해진다. 또한 냉소주의가 조직 전반을 지배하며 회의는 갑론을박 속에 쉽게 결론을 도출하지 못하고 회의 시간만 늘어난다. 게다가 구성원들은 실패를 인정할 때 불어닥칠 후폭풍을 두려워하면서 몸을 사리고 스스로를 보호할 방법을 모색할 뿐 아니라, 힘을 가진 사람들의 보복이 무서워 솔직해질 수도 용감하게 행동할 수도 없다. 팀 내부에 신뢰 수준이 낮을 때, 이런 증상 말고도 여러 부정적인 징후가 수면 위로 부상하기 시작한다.

반대로 신뢰 수준이 높으면 협업이 강화된다. 서로의 가장 좋은 점을 믿는 사람들은 마음에 걸리는 것이 있어도 서로에게 유리하게 해석하고, 최악을 예상하기보다 최상의 시나리오를 가정한다. 이런 종류의 신뢰는 진정성과 투명성 그리고 명명백백한 의사소통을 통해 형성된다. 이 경우 팀은 긍정적이고 생산적이며, 구성원들은 비록 생각은 다를지라도 마음을 맞추면 힘이 생긴다는 사실을 안다. 또한 그들은 다양성을 받아들이고 서로의 사고력을 높여주며, 상대방에게 무안을 주지 않으면서도 그 사람과 다른 의견을 주장할 수 있다. 게다가 일단 합의를 도출하면 모두가 그 활동을 전적으로 지지한다. 그들은 다른 사람들이 실패하기를 남몰래 바라는 수동적 공격성passive-aggressive[5]이 전혀 없다. 오히려 자원과 최고의 관행들을 공유하고 각자의 활동이 반드시 성공할 수 있는 방법을 모색한다. 잘한 일에 대해서는 적절한 보상이 이뤄지고 공로를 기꺼이 인정해주며, 서로를 자주 칭찬하고 축하해준다. 그들은 실패를 배움의 기회로 생각하고 그저 혁신적인 환경의 일부로 본다. 투명성과 진정성은 개인 간의 연결성을 강화하는 수단으로서만이 아니라 성장과 발전을 이루기 위해 반드시 필요한 자질로 높이 평가된다.

감성 지능은 신뢰가 높은 환경에서 육성된다. 감성 지능은 자기 통제력의 핵심으로서 자기 자신을 잘 읽고 효과적으로 이끄는 능력인 동시에, 다른 사람들을 이끄는 리더십의 토대다. 자기 인식과 진정성은 감성 지능의 양대 주춧돌이다. 진정성은 자신의 감정과 생각 그리고 행동을 인지할 뿐 아니라 그런 것들에 대한 주인 의식을 갖고 책임을 지는 능력을 수반한다. 또한 진정성은 솔직해질 수 있는 능력과 자신감을 포함한다. 진정성 있는 사람은 위지위그WYSIWYG[6], 즉 "보이는

5　겉으로 잘 드러나지 않는 소극적인 방식으로 적대감이나 공격성을 표출하는 행동. 마음에 들지 않는 의견이 있을 경우 아무 말 하지 않고 있다가 후에 이에 따르지 않는 행동 등이 해당된다.

6　IT업계에서 사용하는 용어로 워드 프로세싱이나 전자 출판에서 컴퓨터 화면에 나타나는 문자와 그림의 형상이 프린터로 최종 인쇄한 문서의 모양과 똑같게 나타나는 방식을 말한다.

그대로What You See Is What You Get”의 화신이다. 그들은 가식적으로 행동하거나 자신을 보호하거나 혹은 자기 증진을 꾀할 필요가 없다. 오히려 자신의 모습에 있는 그대로 만족하고 자신감 있고 자연스럽게 행동하며 그 결과에 스스로 책임을 진다.

한편 투명성은 사람들에게 기꺼이 노출되고 알려지겠다는 의지를 말하며, 신뢰가 높은 환경의 또 다른 중요한 특징이다. 투명성은 진실을 말하고 진실을 실천하며 사는 것, 쉽게 말해 현실 속에서 사는 것이다. 가족 문제 전문 치료사이자 랍비인 에드윈 프리드먼Edwin Friedman이 한 저서에서 투명성을 아주 잘 설명해주었다. “어떤 상황에서건 남이나 환경을 탓하지 않고 현실을 가장 정확히 설명할 수 있는 사람은 자의든 타의든 언젠가 리더가 될 것이다.”[i] 왜 그럴까? 진실은 결국 드러날 것이기 때문이다. 여기에 예외는 없다. 그리고 진실이 드러날 때 진실에 가장 부합하게 행동하는 사람들이 존경을 받으며 리더로 부상할 것이다.

사람들이 진정성과 투명성을 추구하면 명확성이 넘쳐난다. 이처럼 현실을 정확히 정의하는 능력인 명확성까지 갖춘다면, 당신은 신뢰 수준이 높은 환경을 창조하기 위한 모든 구성 요소들을 손에 넣을 수 있다.

또한 동전의 양면처럼 신뢰에도 두 얼굴이 있음을 주목할 필요가 있다. 한편으로, 신뢰는 반드시 획득해야 하는 것이다. 자신의 신뢰성을 스스로 증명할 때 신뢰를 얻을 수 있다. 인성과 역량 그리고 연계성을 행동으로 보여줄 때 신뢰성을 불러일으킨다. 인성은 옳은 일을 할 때에, 역량은 적절한 지식과 기술을 적용하면서 결과를 지속적으로 생산할 때에 각각 드러난다. 그리고 깊은 감정적 연계는 공감과 배려 그리고 사람들과 효과적으로 맺은 관계를 통해 형성된다.

또 한편으로, 신뢰는 반드시 주어져야 한다. 사람들에게 책임을 위임하는 성향과 그렇게 하겠다는 의지가 반드시 있어야 한다. 비록 상대방이 아직까지 자신의 신뢰성을 완벽히 입증하지 못했거나 행여 과거에 실패한 경험이 있을지라도 말이다. 솔직히 말해 사람들에게 책임을 위임하기를 주저하는 리더들이 많다. 예전에 책임을 위임했다가 좋지 않은 경험을 했던 리더들은 가장 편한 길을 선택하는 경향이 있다. 그들은 책임을 감당할 수 있다고 확신하는 사람들에게만 책임을 위임한다. 이렇게 하면 바라는 결과를 얻을 수 있을지는 몰라도, 사람들이 자신의 능력이나 리더십 역량을 키울 기회는 주지 못한다. 이런 식으로 위임 문제를 해결하는 것은 단기적인 관점이다. 말인즉 당장은 바라는 결과를 획득할 수 있어도 장기적인 생산성의 측면에서는 사람들을 적절히 준비시키지 못한다. 위임을 효과적으로 사용하면, 구성원들의 발전으로 이어지는 주요 경로가 된다. 위임의 목적은 그저 일을 더 많이 진행하는 것이 아니라 다른 사람들을 성장시키는 데에 있다.

사람들에게 책임을 적절히 나눠주는 위임은 강력한 리더 후보군을 양성하는 가장 효과적인 수단이 될 수 있다. 반대로 사람들이 성장하기 위해 필요한 책임을 적절히 위임하지 못하면 두려움에 기초한 문화가 만들어지고, 이런 문화에서는 가끔 저조한 성과가 구성원들의 경력에 장기적인 영향을 미친다.

일부 조직들은 사실상 실패를 치명적인 결함으로 규정하고, 그래서 실패한 구성원들에게 더 적은 책임을 부여한다. 하지만 강력한 리더는 위임이라는 카드를 현명하게 사용하고 실패가 그저 성장 과정의 일부일 뿐이라는 사실을 받아들인다.

위임을 효과적으로 사용하면, 구성원들의 발전으로 이어지는 주요 경로가 된다.

그들은 자신이 즉각적인 결과에 지나치게 집착하지 않도록 경계한다. 건강한 성장과 매력적이고 협업적인 문화를 만드는 일은 장기적인 게임이라는 사실을 잘 알기 때문이다. 고로 그들은 안전한 환경을 제공해 구성원들이 실패로부터 교훈을 얻고, 그런 다음 자신과 팀의 성과를 향상시키는 데 도움을 주게 한다. 그들은 사실상 현재의 실패를 미래에 대한 투자로 생각한다. 그들은 실패한 이후에 가장 획기적인 돌파구가 만들어지는 경우가 상당히 많다는 사실을 잘 안다. 또한 위대한 리더는 혁신적이고 영감을 불어넣는 환경을 촉진하기 위해 실패에서 배운 모든 교훈을 활용한다. 그들은 실패를 자신은 물론이고 팀 전체가 성숙해질 수 있는 계기로 삼는다. 그들은 실패했다고 해서 사람들을 신뢰하기를 주저하지 않는다.

정리하자면, 서로의 가장 좋은 점을 믿는 것은 신뢰를 의미한다. 신뢰는 반드시 획득해야 하고 또한 주어져야 한다. 신뢰가 높을 때 변화와 진전이 신속하게 이뤄지고 혁신이 촉진될 수 있으며, 신뢰가 높은 환경에서는 관계도 활짝 꽃을 피운다.

마지막으로 한 가지 더, 신뢰는 영감을 부여하는 문화인지를 검증하는 리트머스 종이다.

서로를 위해 가장 좋은 것을 원하다

경영진들과 일할 때 나는 가끔 이런 질문을 한다. "직원들로부터 무엇을 원합니까?" 그들은 내 말이 떨어지기가 무섭게 명확한 대답을 들려준다. 그들은 성과를 제일 원하고, 팀 구성원들이 책임감 있게 행동하고 꾸준한 실적을 달성하며 재무적 수치를 향상시켜주길 원한다. 대개 고객들에게 뛰어난 서비스를 제공하고 사람들을 잘 대우하는 것에 관한 내용을 포함시키기도 한다. 하지만 이러쿵저러쿵해도 언제나 결론은 하나다. 바로 성과를 만들어내는 것이다. 물론 성과를 원하는 데는 아무 문제도 없다. 나도 충분히 이해한다. 그들은 고위 리더로서 회사를 성장시킬 책임이 있고, 성장은 수익을 올바른 방향으로 이끈다는, 다시 말해 수익을 증대시킨다는 뜻이기 때문이다.

그런 다음 나는 이런 질문을 던진다. "좋습니다. 직원들**로부터** 무엇을 원하는지 잘 알았습니다. 그렇다면 직원들을 **위해서는** 무엇을 원하십니까?" 이 질문의 끝에는 대개 길고 어색한 침묵이 찾아온다. 그들 대부분은 이제까지 이 질문에 대해 생각해본 적조차 없는 것이다. 그러다가 마침내 침묵을 깨고 이런 식으로 대답한다. "직원들이 자신의 일을 통해 성취감과 만족감을 느끼길 바랍니다." 겉으로만 보면 흠잡을 데 없는 훌륭한 대답이다. 그러나 내가 "그게 무슨 뜻입니까?"

혹은 "그들이 성취감과 만족감을 느끼는지 당신은 어떻게 알 수 있을까요?"라고 재차 물으면 이번에도 긴 침묵이 찾아오고 대개는 멍한 시선이 돌아온다.

고용주와 팀 리더 대부분은 자신이 직원들을 **위해** 무엇을 원하는지에 대해 깊이 생각해본 적이 전혀 없다. 그들에게는 정교하게 만들어진 직무 기술서가 있고, 기술서에는 책임과 역할이 분명하게 명시되어 있다. 또한 성과를 측정하기 위한 뚜렷한 목표치와 지표도 마련되어 있다. 게다가 각 직원이 목표와 기대를 명백히 이해할 수 있도록 업무 개선 계획Performance Improvement Plan, PIP을 수립하고 평가서를 작성하며 컴퓨터용 회계 처리 프로그램도 운영한다. 그렇다면 직원들에게 영감을 부여하는 문제는 어떨까? 전부는 아니어도, 영감을 주는 일에서는 사실상 손을 놓다시피 하는 조직이 더러 있다.

사람들이 당신을 따르도록 영감을 주려면, 그들에게 무엇이 가장 이로운지 당신이 진심으로 고민하고 있다는 사실을 반드시 알게 해야 한다. 쉽게 말해 그들이 잘되기를 진심으로 바란다는 사실을 반드시 알게 하라. 그들에게 가장 이로운 것이 무엇인지 알기 위해서는 그들을 먼저 깊이 알아야 한다. 그들에게 기쁨을 주는 것이 무엇이고 그들의 꿈이 무엇인지 알아야 한다. 또한 그들의 열정과 강점과 관심사가 무엇인지도 알아야 하고, 어떤 도전에 직면해 있고 어떤 어려움을 겪고 있는지도 알아야 한다. 뿐만 아니라 업무 경험에 영향을 미치는 업무 환경 외적인 요소들에 대해서도 명확히 파악해야 한다. 그들의 가족을 아는가? 그들의 출신 배경을 이해하는가? 미래에 대한 그들의 희망과 열망을 고려하는가? 그들을 잘 알수록 더 잘 이끌 수 있다. 다른 식으로 말하면, 당신이 사랑하지 않는 사람들을 이끌 수는 없다. 그리고 사람들을 깊이 알게 되고 그들에게 일대일로 반응할 준비가 되어야만 비로소 그들을 진심으로 사랑할 수 있다. 사람들을 깊이 알 때, 그들에게 영감을 줄 수도 있고 그들의 열정과 강점을 활용해 일에서 의미를 찾고 성취감을 느끼도록 도울 수도 있다. 리더십의 묘미는 구성원 각자의 독특한 재능을 기업의 목표와 유의미한 방식으로 연결하는 데에 있다.

그렇다면 유의미한 방식이란 어떤 것일까? 성공을 축하하는 경우를 예로 들어 알아보자. 구성원들이 성과를 향상시키도록 영감을 주고 싶다면, 천편일률적으로 적용되는 보상 및 인정 프로그램rewards and recognition program으로는 만족스러운 결과를 얻기가 매우 힘들다는 사실을 알아야 한다. 그럼에도 감사패와 상패를 수여하고 싶다면 그렇게 하되, 그런 것의 영향력이 오래가지 못한다는 점을 명심하기 바란다. 오해하지 마라. 기존의 연례 시상식을 중단하라는 말이 아니다. 다만, 개인적인 의미가 담기지 않은 피상적인 기념품과 잠깐의 박수갈채로는 신중하게 고른 정성어린 선물이나 마음을 보여주는 친근한 제스처와 똑같은 반응을 절대 얻을 수 없다는 사실을 알아달라는 말이다.

나는 결혼 생활을 하는 내내 아내에게서 이것을 똑똑히 배우고 있다. 물론 루앤은 성탄절과 특별한 기념일에 선물을 받으면 늘 정중하게 예의를 갖추고 감사를 잊지 않는다. 하지만 아내는 마음이 담긴 선물들을 가장 소중하게 생각한다. 예를 들어 특별한 날에 찍은 추억이 담긴 사진들과 감사 편지들로 꾸며진 스크랩북, 특별히 애착을 느끼는 활동과 장소를 중심으로 계획된 특별 여행, 더 많은 에너지와 창의성이 요구되는 직접 만든 선물, 정성 들여 만든 손 편지 카드 같은 것들 말이다. 그녀는 이런 선물을 가장 가치 있게 생각하고 '추억의 보물' 상자에 고이 간직한다. 이런 선물은 편하게 돈으로 해결하는 어떤 선물보다도 훨씬 의미가 깊다.

리더십의 묘미는 구성원 각자의 독특한 재능을 기업의 목표와 유의미한 방식으로 연결하는 데에 있다.

뛰어난 성과를 인정해주거나 잘한 일에 대해 감사를 표현할 때도 마찬가지다. 받는 사람에게 무엇이 가장 의미 있을지 생각하도록 노력하라. 개인적으로 의미 있는 보상일수록 영향력이 더 클 것이다. 가령 부부에게 특별한 의미가 있는 레스토랑의 외식 상품권이나 특별한 장소로의 주말여행 상품권을 선물하는 식이다. 그러면 상품권보다 3배나 더 많은 액수의 돈 봉투를 줄 때보다 훨씬 고마워할지도 모른다. 혹은 가족 전부가 좋아하는 스포츠 경기 입장권이나 콘서트 티켓을 선물한다면 아무 기프트 카드를 선물할 때보다 훨씬 고마워할 것이다. 단순히 상을 준다는 생각을 뛰어넘어 받는 사람에게 무엇이 가장 의미 있을지 알아내려고 고민함으로써, 당신은 그 사람의 꿈을 실현시켜주고 싶은 마음과 그가 더 나은 삶을 개척하도록 도와주기 위해 할 수 있는 일은 다 하겠다는 의지를 표현한다. 이것이 바로 '그들을 **위해** 가장 좋은 것을 원한다'라는 원칙이다. 뛰어난 성과를 인정해줄 때도 상대방의 열정과 관심사를 적극 활용하라. 그리한다면 그들에게 가장 큰 이득이 되는 것을 진심으로 바란다는 사실을 그들에게 확실히 알릴 수 있을 것이다.

한편 일과 관련해서 잊지 말아야 할 사항은, 건전한 사람들은 세상에 변화를 가져오고 싶어 한다는 점이다. 우리 인간은 선천적으로 가치 있는 명분에 중대한 기여를 하고픈 욕구를 타고난다. 리더들이 개인의 선천적인 재능과 열정을 세상에 변화를 가져올 수 있는 일과 잘 일치시킬수록, 각자의 성취감과 헌신 수준이 올라간다. 리더가 이렇게만 할 수 있다면 굳이 사람들의 마음에 억지로 불을 붙일 필요가 없다. 이미 그들 마음속에는 선천적으로 하게끔 되어 있는 무언가를 하려는 불이 활활 타오르고 있기 때문이다.

결론적으로 말해, 구성원들을 깊이 알고 사랑하며 그들을 위해 가장 좋은 것을 원하지 않는다면 그들을 효과적으로 이끌기는 불가능하다. 고로 나는 당신에게 묻고 싶다. "구성원들을 **위해** 당신은 무엇을 원합니까?"

서로에게서 가장 좋은 것을 기대하다

문화를 구성하는 세 번째 축은 서로에게서 가장 좋은 것을 기대하는 것이다. 이것은 책임감과 책무성을 말한다. **서로의** 가장 좋은 점을 믿음으로써 높은 신뢰 수준을 구축하고 나면, **서로를 위해** 가장 좋은 것을 원함으로써 깊이 연결될 필요가 있다. 문화라는 건물을 짓기 위한 이런 두 가지 기본적인 재료가 확실히 자리를 잡으면, 사람들에게 책무를 맡기고 서로에게서 가장 좋은 것을 기대해도 좋다. 각 요소를 이 순서대로 차곡차곡 쌓아올리는 것이 절대적으로 중요하다. 사람들의 가장 좋은 점을 믿고 그들을 위

영감을 주는 리더는 구성원들이 리더 자신을 위해서 일하는 것이 아니라 자신과 함께 일한다는 사실을 절대 잊지 않는다.

해 가장 좋은 것을 마련해 주기도 전에 그들에게서 최선을 먼저 기대한다면, 당신이 바라는 최고의 결과를 얻지 못할 것이다. 그들에 대한 당신의 신뢰와 그들을 위하는 당신의 마음을 표현하기 전에 그들에게 무언가를 요구하면 반발을 불러오기 십상이다. 사람들은 자신이 하는 활동의 목적을 이해하고 그것을 자신의 강점 그리고 열정과 어떻게 연결시킬지 알기도 전에 구체적인 성과를 만들어내라고 압박 받는 기분을 느낄 때 자신이 이용당한다고 생각하기 쉽다. 또한 자신이 있어도 그만, 없어도 그만인 하찮은 존재라고 믿기 시작할 수도 있다. 심지어는 다른 누군가에게 이로운 결과를 생산해내는 큰 바퀴의 톱니 같은 존재일 뿐이라는 인상을 받을지도 모르겠다. 그저 누군가의 승진과 자기 확대를 위해 이용당하는 기분을 좋아하는 사람은 세상에 없다. 영감을 주는 리더는 구성원들이 리더 자신을 위해서 일하는 것이 아니라 자신과 함께 일한다는 사실을 절대 잊지 않는다.

신뢰 수준이 높은 환경을 구축하고 구성원들과 깊이 연결되어 그들에게 인정을 베푸는 리더라면, 구성원 각자에게 가장 좋은 것을 제

공하라고 당당히 요구해도 좋다. 우리가 리더로서 그들에게 가장 좋은 것을 진심으로 생각하고 각자의 역할과 책임을 키우도록 힘이 되어 주고 싶어 한다는 사실을 구성원들이 알 때, 우리는 그들이 더 큰 성과를 내도록 지도할 뿐 아니라 바람직한 결과를 도출하는 책무도 지울 수 있다.

좋은 리더의 한 가지 특징은 개인의 열정과 기업의 목표를 확실히 연결시키는 능력이다. 문제를 해결하기 위해 자신의 강점과 열정을 활용할 기회가 주어질 때 사람들은 의미 있는 방식으로 변화를 만들 힘과 권한을 부여받았다는 기분을 느낀다. 자신이 창출하는 가치가 조직의 목적과 직접적으로 연결된다는 사실을 확인할 때 그들은 열심히 일하도록 동기를 부여받는다. 고로 개인의 강점을 조직의 목적과 정렬시키면 동기를 부여하는 강력한 힘이 될 수도 있다.

좋은 리더는 차이를 만들고 싶어 하는 구성원들의 선천적인 욕구를 활성화시키고 개개인이 성장할 수 있는 기회를 제공하기 위해 노력한다. 영감을 주는 리더는 구성원들이 팀을 위해 최선을 다하도록 코칭하고 격려하며, 도전 의식까지 자극할 뿐 아니라 구성원 각자의 자기 통제 욕구를 성과를 가속화시키는 동기부여 요인으로 삼는다. 생각이 올바른 사람들은 자신의 일을 더 잘 하고 지식 창고를 불리며 다양한 기술을 획득하고자 한다. 또한 자신의 일에서 최고의 경지에 오르고 생산적이라는 기분을 느끼길 원한다. 더욱이 그들은 자기 가치감을 증진시키고픈 깊은 욕구가 있는데, 자기 가치감은 자신이 가치 있는 명분에 중대한 기여를 했다고 확신할 때 강화된다.

문화의 3대 구성 요소가 순서대로 구축될 때 책무성은 절로 제자리를 찾아간다. 그 결과 당연히 서로에게서 가장 좋은 것을 기대하게 된다. 누군가를 위해 가장 좋은 것을 원할 때 당신은 그 사람이 거기에 미치지 못하는 무언가에 만족하도록 내버려두지 않을 것이다. 그렇게 하려면 가끔은 치어리더나 코치 혹은 규율에 죽고 사는 속칭 '군기 반장'이 되어야 한다. 또 가끔은 그 사람을 더 나은 경로로 이끄는 상담자의 역할도 수행해야 한다. 하지만 어떤 역할에서건 한 가지는 절대 빠지지 않는다. 각자에게 가장 좋은 것을 제공하라고 요구하는 것이다.

　사람들이 책임감 있게 행동하기를 기대하고 또한 그 행동의 결과에 대해 스스로 책무성을 지도록 하면 그들은 자신의 일에 주인 의식을 갖게 된다. 그들에게 목표를 달성할 수 있는 권한을 부여하고 목표 달성에 필요한 자원을 제공한다면, 당신은 사실상 그들이 일을 완수할 거라 신뢰한다는 사실을 몸소 증명하는 셈이다. 게다가 주인 의식은 가치를 창출하는 일에 스스로 책임을 지게 만드는 긍정적인 효과가 있다.

구성원들이 따르고 싶은 리더

구성원들은 리더를 평가할 때 딱 세 가지를 묻는다. 이런 세 질문에 "그렇다."라고 대답할 수 있을 때 구성원들은 가타부타 따지지 않고 마음에서 우러나는 충성심을 보여줄 가능성이 훨씬 높다.

1. 나는 이 사람을 신뢰하는가?

앞서 말했듯이 신뢰는 모든 관계의 토대다. 신뢰는 당사자의 인성에 크게 좌우된다. 이 사람이 옳은 일을 할 거라고 신뢰할 수 있을까? 상황이 안 좋아져서 다급해지면 이기심에 판단력이 흐려져 실수를 저지르지는 않을까?

신뢰할 수 있는 사람은 모두가 온당한 대우와 존중을 받을 수 있는 안전한 환경을 창조한다. 비록 언제나 일정한 형태로 반응하지는 않더라도, 신뢰할 수 있는 사람이라면 그가 다양한 상황에 어떻게 반응할지 그의 가치관에 입각하여 어렵잖게 예측이 가능하다. 그런 사람은 감정의 기복이 거의 없다. 다른 말로 정서적으로 안정되어 있다.

2. 나는 이 사람을 존중하는가?

이 질문은 능력과 관련이 있다. 이 사람은 자신이 하고 있는 일에 대해 잘 알까? 팀 구성원들에게 믿음을 주는 지식과 기술을 보유했을까?

신뢰성이란 다른 사람들이 누군가에게 의존할 수 있는 정도를 말한다. 이 사람은 중도에 포기하지 않고 완주할까? 어려움과 시련이 닥쳐도 꿋꿋이 이겨내며 계속 나아갈까? 아니면 첫 번째 저항의 징후가 나타나자마자 꽁무니를 뺄까? 주어진 일을 끝까지 해낼까? 뛰어난 결과와 온전한 관계를 지향하며 주어진 일을 성실히 완수할까? 이런 질문에 긍정적으로 대답할 수 있다면 그 리더는 신뢰할 수 있는 사람이다.

3. 이 사람은 내가 잘되기를 진심으로 바랄까?

안정성은 신뢰를 통해 얻을 수 있고, 신뢰성은 존중으로 이어진다. 그리고 안정성과 신뢰성 모두는 강력한 문화를 구축하는 데 결정적인 역할을 한다. 하지만 강력한 문화를 구축하는 가장 중요한 요소는 따로 있다. 바로 연결성이다. 리더가 나에 대해 잘 알고 나의 행복에 관심이 있을까? 바로 여기에서 상황이 개인적인 것으로 변한다. 이 사람은 나를 이해할까? 내가 그와 관계를 맺을 수 있을까?

물론 신뢰와 존중도 필수 요소이지만 우리가 관계에 더욱 깊이 발을 담글수록 관계의 영향력은 더 세어진다. 구성원들이 리더에 대해 확인하고 싶은 가장 중요한 질문은 "내게 진심으로 신경을 쓸까?"이다. 누군가에게 신경을 쓴다는 것은 그 사람을 챙기고 돌본다는 의미를 함축한다. 그렇다고 리더가 긍정적인 결과를 보장하는 요인들에 언제나 영향을 미칠 수 있다는 말은 아니다. 솔직히 상황에 따라서는 리더가 그렇게 하지 말아야 하는 경우도 간혹 있다. 그렇지만 리더가 구성원 각자를 더 깊이 알수록, 틀림없이 그들을 개인적으로 더 잘 돌볼 수 있다. 또한 리더가 구성원들에게 더 많은 관심과 인정人情을 보여줄수록 그들은 리더를 더 편하게 생각할 것이다. 구성원들과 더욱 깊은 관계를 구축한 리더들은 어려운 결정을 해야 할 때에도 구성원들로부터 결정에 대한 재량권을 부여받을 것이다.

신뢰는 안정성을 낳는다.

능력은 신뢰성을 생성한다.

관심과 인정은 연결성을 만들어낸다.

안정성과 신뢰성 그리고 연결성이 있을 때 생산성은 향상된다. 관계의 깊이는 대부분 성과 향상과 정반대 방향이다. 즉 관계가 깊을수록 성과는 더욱 향상된다.

관계를 위한 핵심 질문

□ **문화**를 어떻게 정의하겠는가?

□ 문화는 어떤 조직이든 가장 중요한 차별화 요소다. 왜일까?

□ 주목할 만한 문화를 구성하는 세 가지 요소는 무엇이고, 각 요소가 중요한 이유는 무엇일까?

□ 리더십의 묘미가 구성원 각자의 열정을 기업의 목표와 연결시키는 것에 있다면, 리더로서 당신이 어떻게 해야 그 역할을 효과적으로 잘할 수 있을까?

□ 구성원들을 더욱 개인적인 방식으로 인정하고 보상해줄 수 있는 방법은 무엇일까?

□ 구성원들이 리더와 관련하여 알고 싶은 세 가지 질문은 무엇일까? 당신의 팀 구성원들은 당신의 리더십을 평가하는 그런 질문에 어떤 대답을 할까?

2부 ———————————— 겸손
관계를 차곡차곡 쌓아가라

5장
정상적인 사람은 없다

당신은 당신이 되고자 하는 사람의 모습대로 될 것이다.

랠프 월도 에머슨Ralph Waldo Emerson, 시인

미국의 영화감독이자 배우인 멜 브룩스Mel Brooks가 메가폰을 잡은 코미디 영화의 고전 《영 프랑켄슈타인Young Frankenstein》에서 진 와일더Gene Wilder는 외과의사 프레더릭 프랑켄슈타인Frederick Frankenstein 역할을 맡았다. 그는 2미터가 넘는 거구에 탭댄스를 추는 "문화적 소양과 교양을 갖춘 멋쟁이 신사"를 창조했다는 오명을 쓰게 된다. 그 영화에서 내가 좋아하는 장면 하나는, 프랑켄슈타인이 하인인 이고르Igor에게 좀 전에 이식했지만 어딘가 수상쩍어 보이는 뇌를 어디서 가져왔는지 묻는 부분이다.

"이제 말해보게나. 내게 가져다준 뇌가 한스 델브뤼크Hans Delbrück[1]

---

1   한스 델브뤼크는 실제로 존재했던 독일의 전쟁사학자다.

건가?"

"아닙니다." 이고르가 대답한다.

"잘됐군! 그럼 내가 누구 뇌를 이식했는지 말해주겠나?"

"화내지 않으실 겁니까?"

"화내지 않겠네." 프랑켄슈타인 박사가 단단히 약속한다.

"애비 머시기입니다."

"애비 머시기? 애비의 성이 정확히 뭔가?" 프랑켄슈타인 박사가 계속 따지고 묻는다.

"애비 노멀Abby Normal입니다."

"애비-노멀Abi-Normal이라고?"

"그 이름이었던 게 거의 확실합니다." 이고르가 히죽거리며 대답한다.

"하, 하, 하." 프랑켄슈타인 박사가 자리에서 벌떡 일어나더니 두 손으로 숨통을 조를 듯 이고르의 목을 움켜쥔다. "자네 지금 내가 비정상인abnormal의 뇌를 230센티미터의 키에 가슴너비가 140센티미터에 육박하는 고릴라에게 이식했다고 말하는 것인가? 정말 그런 건가?"[i] 자신의 절박한 외침이 공기 중에 떠도는 가운데 프랑켄슈타인이 이고르의 목을 부여잡고 그를 위아래로 흔든다. 그러자 이고르의 두 눈알이 우스꽝스럽게 튀어나오기 시작한다.

이 장면은 정말로 웃기다. 그러나 사실 이 장면은 그저 웃기기 위한 것이 아니라, 좀 더 무거운 내용의 원작을 재미있게 포장해서 코미디물로 재해석한 《영 프랑켄슈타인》의 전체적인 스토리를 받쳐주는 배경 설정이다. 이 장면을 재미있다고 생각하든 아니든, 리더는 종종 구성원들 사이에서 나타나는 수많은 관계상의 도전과 잘못된 행동들에 직면할 때 **애비 노멀**, 즉 비정상적인 사람들을 상대하고 있는 듯한 기분을 느낀다. 유치한 태도, 수동 공격적인 행동, 솔직하지 못한 대화, 노골적인 무례함 등은 협업을 죽이는 독약일 수 있다. 건강하지 못한 관계의 역학은 팀에 치명적인 타격을 입힐 수 있고, 구성원들에게 좌절감을 안겨주며 그들이 당면한 일에 집중하지 못하게 만들 수 있다.

　가끔은 다루기 힘든 사람들을 비정상적이라고 규정하는 것이 온당하고 심지어 편리해보일지도 모르겠다. 그렇지만 나는 사람들에게 어떤 꼬리표든 붙여서 범주화해서는 안 된다고 생각한다. 그런 식으로 낙인을 찍는 행위는 리더들이 골치 아프고 어려운 사람들을 직접 상대하고, 어려운 사안들을 정면으로 부딪쳐 해결하는 것을 방해할지도 모른다. 관계에 관한 한 **정상적인** 것은 없다. 다르게 말하면, 모든 사람이 다 독특하다. **정상적**이라는 단어의 사전적 의미는 "① 지능, 성격, 감정 조절 같은 심리적인 모든 특징이 거의 평균에 해당함, ② 정신적인 장애가 없음, ③ 정신이 온전함"[ii]으로 정의된다. 이성적 지능을 수치화한 지능 지수는 통계적인 방법으로 평균을 구할 수 있을지 몰라도, 성격은 물론이고 심지어 감정 조절과 관련해서는 평균을 찾기가 훨씬 더 어렵다. 게다가 내 경험에서 보면, 대다수 사람들이 자기 자신을 평균 이상으로 생각한다고 봐도 무방하다. 정말로 그들은 그렇게 믿는다. 고로 다른 사람들을 **정상적이지 않다**고 말하기 시작할 때 우리는 인식의 문제와 더불어 리더십과 관련된 온갖 종류의 문제에 직면하게 된다.

까놓고 말해, 많고 적음의 차이만 있을 뿐 우리 모두는 결함이 있는 존재다. 즉 정상적인 사람은 아무도 없다. 당신이 아는 사람들 중에 가장 냉철하고 또한 처음 만났을 때 완벽해 보였던 사람들조차 십중팔구 어느 정도는 자신의 부족한 점 때문에 힘들어한다. 자신이 되고자 하는 이상적인 모습에 미치지 못하기 때문이다. 말인즉슨 좀 더 면밀히 관찰할 기회가 있기 전까지는 모두가 정상인처럼 보인다는 이야기다. 현미경 같은 시선으로 관찰당하면 우리 모두가 인성의 결함을 하나둘씩 드러내 보이기 마련이다.

사람들을 정상적이지 못하다고 낙인찍는 것보다 더 나은 리더십은 리더로서 자신의 공감능력과 진정성을 키우는 것이다.

겸손은 진정성을 낳는다

겸손humility은 서번트 리더십과 가장 자주 연결되는 성격적 특성이다. 겸손은 리더십에 관한 대화에서 단골로 거론되는 소재임에도 불구하고 크게 오해받는 개념이기도 하다. 어떤 사람들은 겸손이 온순함이나 온화함을 뜻한다고 생각하고, 어떤 사람들은 겸손이 오만함이나 자존심과 반대되는 개념이라고 주장할 것이다. 또 어떤 사람들은 겸손을 설명하기 위해 "겸손은 스스로를 낮춰 생각하는 것이 아니라 자신에 대한 생각을 덜 하는 것이다." 같은 상투적인 문구를 들먹일지도 모르겠다. 어쨌든 이런 아이디어들이 겸손이라는 이 중요한 성격적 특성의 의미를 약간은 설명해줄 수도 있다. 그러나 겸손은 똑 부러지게 정의하기 어렵고, 실천하기는 훨씬 더 어렵다.

겸손의 핵심은 아무런 가식 없이 자신을 정직한 눈으로 바라보는 능력이다. 겸손한 사람은 인간의 나약함을 명백히 인정하고 우리 자신의 불완전함을 인식한다. 역설적이게도 우리는 자신을 있는 그대로 받아들이기 전에는 자신을 변화시킬 수 없다. 우리는 자신이 완벽하지 않을 뿐 아니라 완벽한 것처럼 행동할 이유가 없다는 사실을 마음 편히 받아들여야 한다. 우리가 자신의 강점을 받아들이고 자신의 모습 중에서 리더로서의 역량을 제한할 수도 있는 측면들을 개선하기 위해 노력한다면, 우리는 다른 사람들에게나 자신에게나 정직해질 수 있다. 요컨대 우리는 진짜가 될 수 있고 우리가 아닌 다른 사람인 양 꾸며낼 필요가 없다.

좋은 리더는 자신이 완성품이 아니라 재공품在工品, 다른 말로 미완성 제품이라는 사실에 조금도 마음 쓰지 않는다. 또한 비록 실패의 잡티로 뒤범벅된 모습일지라도 있는 그대로의 자신에 만족하고 편안해한다. 뿐만 아니라 자신의 능력에 대한 확신이 있고 자신의 단점을 신속하게 드러내며, 자신이 모든 분야의 전문가가 될 수는 없다는 사실에 당황하지도 부끄러워하지도 않는다. 솔직히 말해 겸손한 사람들은 다른 사람들이 가진 강점 때문에 스스로의 자아감이 상처를 입기는커녕 그들의 강점을 진심으로 인정하고 아껴줄 수 있다.

자신의 약점이나 단점을 이해하고 흔쾌히 인정할 수 있는 리더는 구성원들에게 영감을 준다. 가장 똑똑한 사람인 척 가장할 필요가 없는 리더는 다른 사람들의 재능을 활용해 자신의 노력을 보완하고 강화할 수 있다. 구성원 각자의 강점을 인정하고 사용할 수 있는 능력은 창의성이 자유롭게 흐르고 집단 지성이 효과적으로 활용되는 협업 환경을 창조한다.

좋은 리더는 자신이 완성품이 아니라 재공품在工品, 다른 말로 미완성 제품이라는 사실에 조금도 마음 쓰지 않는다. 또한 비록 실패의 잡티로 뒤범벅된 모습일지라도 있는 그대로의 자신에 만족하고 편안해한다.

그 반대의 경우도 진실이다. 즉 진정성이 부족하면 무능력으로 이어진다. 가령 사람들에게 스스로를 증명해보이기 위해 끊임없이 고군분투하는 불안한 경영자가 있다고 하자. 그가 참석하는 모든 회의는 감정적인 싸움이 소중한 시간을 갉아먹는 전쟁터로 변질될 가능성이 크다. 그런 리더는 구성원들을 각자가 '마땅히 있어야 하는 장소'에 두기 위해 힘의 논리를 전면에 내세운다. 구성원들이 불안정할 때 협업은 제한된다. 그리고 신뢰 부족은 종종 군대식 지휘 통제 구조로 이어지고, 그런 구조에서는 위치와 지위에 따라오는 힘이 관계의 영향력을 대체한다.

얼마 전 나는 이와 같은 기업 환경을 직접 경험할 기회가 있었다. 어떤 회사가 나를 외부 컨설턴트로 고용했다. 그 회사의 리더는 상당히 반듯한 사람으로 전략적인 성향이 강했고, 머리도 아주 좋았다. 그의 아이디어 중에는 깊은 생각 끝에 탄생한 것들이 많았고, 그런 아이디어는 중대한 영향을 미칠 잠재력이 있었다. 그런데 그 회사에는 모두가 알지만 누구도 말하지 않는 커다란 문제가 있었다. 그가 고위 리더 팀으로부터 실질적인 지지를 많이 이끌어내지 못한다는 점이었다. 그리고 그 문제의 근원은 그가 자신이 **자신감 있고 침착하게 상황을 통제하거나 지배한다**는 것을 끝없이 증명할 필요를 느낀다는 사실에 있었다. 많은 사람들이 그를 카리스마 있고 친절한 사람이라고 생각한 반면, 그와 가까이서 일해 본 사람들은 그가 어떤 사람인지 그 민낯을 잘 알았다.

그가 침착한 태도 속에 숨겼던 성격적 결함들은 반발에 직면하거나 압박을 받을 때에 뚜렷하게 드러났다. 특히 그를 잘 아는 사람들은 최악의 경우를 직접 목격했다. 회의는 걸핏하면 일련의 유도 질문으로 시작했고, 얼마 지나지 않아 참석자들은 회의의 목적이 브레인스토밍과 문제 해결이 아니라는 사실을 확실히 깨달았다. 모든 참석자가 착석하기도 전에 회의의 안건이 명확히 정해졌고 결론도 이미 확정된 것이나 진배없었다. 다양한 해결책을 모색하면서 잠재적인 선택지의 범위를 확대하기보다 리더 본인이 승인하고 싶었던 아이디어들로 범위가 신속하게 좁혀졌다. 그의 방향에 반발하거나 의문을 제기하는 행위는 사실상 불복종으로 여겨졌다. 그는 자신이 가장 똑똑한 사람인지의 여부에 의혹이 제기될 만한 조짐이 보이는 순간 사람이든 무엇이든 가리지 않고 위협으로 간주했다.

그러나 훨씬 더 흥미로운 사항은 따로 있었다. 나는 그에게 그 자신이 진짜 문제라는 사실을 지적했고, 그 말에 그가 보여준 반응은 참으로 가관이었다. 내 피드백을 받아들일 수 없었던 그는 쟁점이 된 문제들의 진정한 본질을 파악하는 내 능력에 의문을 제기하기 시작했다. 다른 말로 그는 나를 팀 구성원들을 대변하는 앞잡이로 여겨 저격하려 했다. 그가 나를 고용한 이유는 다른 모든 사람들을 '고치기' 위해서였다. 그런데 내가 기대대로 행동하지 않았던 것이다. 그는 자신이 생각과 감정 그리고 동기를 정확히 분석할 능력이 없었고, 엉뚱하게도 나를 포함해 자신이 가려는 길에 걸림돌이 될 것으로 보이는 모든 사람들에게 비난의 화살을 돌리기 시작했다. 나는 해임되었고, 그로부터 채 반 년도 지나기 전에 한 명을 제외한 고위 리더 팀 전원이 자신의 귀중한 시간과 에너지를 투자할 다른 조직을 찾았다. 장담컨대 그는 그것을 반대 집단을 숙청할 절호의 기회로 생각했을 것이다. 하지만 이후 그 회사는 조금도 성장하지 못했다. 아니, 정확히 말하면 죽음의 소용돌이에 갇혀 천천히 그리고 지속적으로 죽음을 향해 나아가고 있다.

사람들이 위의 경영자 같은 리더들을 따르기는 어렵다. 그런 리더들은 어떤 대가를 치러서라도 체면을 살리고 자신의 이미지를 지키려 애쓰지만, 실상은 자신에 대한 아랫사람들의 신뢰를 갉아먹는다. 천국의 문을 여는 열쇠가 오직 그들의 손에만 있지 않다는 사실을 모두가 안다. 그런데도 그들은 존경을 받기 위해 자신의 권위를 행사해야 한다는 착각에 빠진다. 여기에 흥미로운 반전이 있다. 진실은 정확히 그 반대라는 것이다.

리더 한 사람이 모든 것을 다 잘할 수는 없다. 영리한 리더는 자신의 한계를 잘 알고, 그래서 자신보다 지적 능력이 뛰어나고 더 유능한 사람들을 의도적으로 가까이한다. 그런 다음 그런 인재들로부터 각자의 전문성과 경험을 빌린다. 그런 리더는 어지간해서는 위협받는다는 기분을 느끼지 않는다. 오히려 그 반대이며 자신이 무엇을 모르고 무엇을 잘 하지 못하는지 신속하게 밝힌다. 그래야 기여할 능력이 되는 사람들의 도움을 얻을 수 있기 때문이다. 이런 태도는 다른 사람들이 업무 과정에서 주인 의식을 가질 뿐 아니라 결과에 책무성을 가지도록 만든다. 또한 그 과정 내내 훨씬 깊은 참여를 유도하고, 이는 다시 헌신을 이끌어낸다. 모두가 자신의 강점과 열정을 활용해 집단적으로 생산할 수 있을 때 시너지 효과가 생겨나고 더 큰 가치가 창출되며, 이제껏 각자의 기여를 모았을 때보다 더 많은 것을 생산할 수 있다.

진정성은 거짓된 겸손의 먹이가 되지 않으면서 자기 자신의 독특한 재능과 강점을 신속하게 인정하고 활용할 수 있는 능력이다. 또한 진정성은 자신이 열정이나 지식 혹은 전문성을 갖지 못한 분야들이 있다는 사실을 훨씬 더 빨리 인정할 수 있다는 뜻이다. 요컨대 진정성 있는 사람은 진실한 사람일 수 있다. 뿐만 아니라 진정성 있는 좋은 리더는 자신이 틀렸을 경우 재빠르게 인정하고 사과할 수 있고, 적절한 순간에 무너진 관계를 회복하기 위해 화해의 길을 모색한다.

모든 것을 종합해볼 때, 겸손은 자신의 인간성을 효과적으로 다루는 능력이다. 겸손은 진정성을 낳고, 진정성은 공감을 불러일으킨다.

진정성은 공감을 불러일으킨다

진정성이 자신의 인간성을 받아들이는 능력이라면 공감은 서로의 인간성을 인정하고 연결하는 기술이다. 자신의 인간성을 효과적으로 다룰수록 우리는 너그러운 마음으로 다른 사람들과 더 많은 관계를 맺는다. 솔직히 자신에게 더 엄격할수록 다른 사람들에게도 엄격해질 가능성이 커진다. 다른 누군가의 결함 중에서 가장 참기 힘든 것은 어쩌면 우리 안에서 먼저 해결할 필요가 있는 문제일지도 모른다. 심리학 용어로 이것은 **투사**projection라고 불린다. 투사는 불안이나 죄책감에 대한 무의식적인 방어책으로, 자신의 태도나 감정 혹은 추정을 다른 누군가의 탓으로 돌리는 경향을 일컫는다. 우리가 다른 사람들에 대해 이러쿵저러쿵 판단하는 경향이 있는 영역들은 알고 보면 우리 자신이 성장해야 하는 영역일 가능성이 매우 높다. 고로 다른 사람들을 무턱대고 비난하기 전에, 충분한 자기 성찰을 통해 스스로의 성격적 결함부터 다룰 필요가 있는지 확인하는 편이 현명할 것이다.

성숙은 자신에게 성장할 기회를 너그러이 허락하는 동시에 자신의 나약함을 흔쾌히 수용하는 능력을 포함한다. 공감은 다른 사람들의 불완전성을 이해하고 그들이 스스로 성장을 추구하도록 용기를 북돋우면서 그들을 사랑하고 이끄는 것을 포함한다.

공감은 우리가 생색내지도 판단하지도 않으면서 다른 사람들과 감정적으로 연계할 수 있는 정도를 말한다. 공감은 다른 사람의 감정을 느끼고 또한 다른 사람의 입장이 되어봄으로써 그 사람의 견지에서

공감은 우리가 생색내지도 판단하지도 않으면서 다른 사람들과 감정적으로 연계할 수 있는 정도를 말한다.

상황을 이해하는 능력이다. 이런 공감은 섣부른 판단을 보류하도록 도와주어 주어진 상황을 철저히 이해하고 그 상황에 작용하는 역학을 조사할 기회를 갖게 한다. 공감은 우리가 무언가를 결정할 때 연민을 갖게 해준다. 공감 능력이 있으면 힘든 소식을 전달하는 상황에서도 연민이 따라온다. 요컨대 공감한다는 말은 우리가 어렵고 힘든 결정을 회피한다는 뜻이 아니다. 오히려 공감은 유대감을 주어서 힘든 소식도 동정적인 태도로 전달할 수 있게 만든다.

자신의 나약함을 받아들이고 자신의 감정에 더욱 솔직해질수록 우리는 다른 사람들과 있는 그대로 연계할 가능성이 커진다. 인성과 능력이 관계에서 신뢰를 생성한다면, 공감은 관계에서 더욱 깊은 감정적 연결 고리를 만들어낸다. 신뢰와 공감 수준이 높은 관계에서는 각 당사자가 서로를 존경하기 때문에 폭풍우가 몰아치는 어려운 시간조차도 꿋꿋하게 견뎌낼 수 있을 것이다.

불완전함을 다루다

우리 모두가 불완전하다는 사실을 인정할 수는 없을까? 누구도 자신이 되고 싶은 대로 다 될 수는 없다. 그러니 우리 모두에게 성장의 여지가 있는 것이다. 건전한 사람들은 성장할 방법을 지속적으로 찾는다. 그리고 앞서 말했듯이 관계는 우리가 성장하고 인성을 함양할 수 있는 환경을 제공한다. 그러나 문제는 대부분의 조직이 단기적인 생산성에 지나치게 초점을 맞추는 바람에 구성원들의 장기적인 발전과 성공에 투자하지 않는다는 점이다. 이로 인해 비단 구성원들만 피해를 보는 것이 아니다. 조직 스스로도 그렇게 함으로써 자멸할 수 있는 위험을 무릅쓴다.

다들 테플론Teflon[2]이라는 물질을 알 것이다. 눌어붙지 않는 성질이 있는 테플론은 달걀부침을 하는 프라이팬에 코팅하면 더할 나위 없이 좋다. 그러나 건강한 조직 문화를 설명하는 용어로는 좋지 않다. 쉽게 말해 '테플론 문화'에서 사람들은 들러붙지 않을 뿐 아니라 공동체에서 곧장 미끄러져나가는 모습을 보인다. 특히 명백한 실패를 저지른 후에는 더욱 그렇다. 한편 테플론으로 코팅된 리더들은 비난이나 비판에 눈도 꿈쩍하지 않는다. 그들은 일이 계획대로 되지 않고 옆길로 샐 때 책임지지 않고, 평판이 손상될 위험을 무릅쓰니 차라리 사람들을 팀에서 내보낸다. 그들은 누구를 위해서도 목숨을 걸지 않을 것이고 구성원들을 지지하고 도와주기 위해 팔을 걷어붙이지도 않을 것이다. 주변 사람들은 그들의 이런 성향을 익히 잘 알기 때문에 두려움 속에서 일한다. 그런 리더는 실패를 용납하지 않고 사람들을 있어도 그만 없어도 그만인 하찮은 존재로 여긴다. 두 번째 기회를 주는 경우는 거의 없고 행여 주더라도 마지못해 허락할 뿐이다.

---

2 미국 듀폰사Dupont가 개발한 불소 수지로 상표명이기도 하다.

그러나 두 번째 기회는 종종 리더가 구성원들의 활력과 기운을 북돋우기 위해 사용할 수 있는 가장 효과적인 카드다. 리더로서 우리가 실패한 사람들에 대한 믿음을 표현하고 그들에게 투자하는 것은 아주 강력한 메시지를 보여주는 행동이며 더 큰 헌신을 이끌어내는 환경을 창조한다. 말인즉, 자신은 문제의 첫 번째 징후가 나타나자마자 사람들을 헌신짝처럼 버리지 않으며 아무리 어려운 상황이 닥쳐도 서로의 성장과 발전에 깊이 헌신한다고 강변하는 셈이다. 이렇게 할 때 두 번째 기회를 선물받은 사람들은 그 상황을 바로잡도록 동기를 부여받는다. 생각이 똑바른 사람들은 그런 대우를 받으면 감사의 마음이 커진다. 감사의 마음은 사람들을 결속시키는 가장 중요한 구성 성분 중 하나다. 구성원들이 두 번째 기회를 부여받고 그에 대해 감사의 마음을 가질 때 우리는 리더로서 그들에게 억지로 불을 붙이지 않아도 된다. 이미 그들 안에 타오르는 열정의 불길에 부채질을 했기 때문이다.

구성원들이 성숙하고 서로 깊이 연결되어 있어 서로를 믿을 뿐 아니라, 다른 구성원들이 자신에게 가장 이로운 것을 진심으로 고려한다고 생각하는 팀은 많은 이익을 낸다. 그러나 구성원들을 체스의 폰처럼 하찮게 취급하는 기업들은 그런 팀이 가져다주는 혜택을 온전히 즐길 수 없다. 오히려 그런 기업은 무결점의 성과를 특별 대우하고 존재할 수 없는 수준의 완벽함을 위해 개인의 발전을 희생시킨다. 당연한 말이지만 이런 상태는 오래 지속될 수 없고 불확실성이 넘쳐나는 환경을 창조한다. 구성원들은 자신의 체면을 지키기 위해 가식적이고 위선적으로 행동하기 시작한다. 어쩌면 생산성이 단기적으로는 최대치까지 오를지도 모르겠다. 그러나 그 상태가 오래 지속될 가능성은 없다. 그런 환경에서 문화는 갈수록 비인간화되다가 결국 관계 부족으로 붕괴하고 만다. 인재들은 오래지 않아 조직을 떠나고 직원 이탈에 따른 대체 비용이 치솟으며,

실패에도 또 다른 기회를 허락하는 관용적인 환경에서 명백하고 건설적인 발전적 피드백이 제공될 때 중대한 성장이 이뤄질 수 있다.

안정성의 결여로 말미암아 팀 만족도가 떨어지고 고객 경험이 악화된다. 이 모든 것의 종착지는 어디일까? 결국 비즈니스는 판에 박힌 듯 진부해지고 관계가 자랄 수 없는 불모지가 된다. 그리고 고객 충성도는 아침 햇살을 받은 안개처럼 순식간에 사라진다.

그러나 구성원들에게 다시 일어설 두 번째 기회를 주고 그들의 성장에 투자하는 위험을 무릅쓰는 기업들은 소위 특급 인재들보다도 조직에 대한 충성심이 깊고 오래 근무하는 구성원들을 확보할 가능성이 매우 높다. 두 번째 기회가 허락된 사람들은 종종 자율적인 노력과 헌신으로 보답한다. 실패에도 또 다른 기회를 허락하는 관용적인 환경에서 명백하고 건설적인 발전적 피드백이 제공될 때 중대한 성장이 이뤄질 수 있다. 그리하여 더 나은 구성원으로서 조직에 헌신하게 된다면 결과 향상은 당연지사다.

리더들은 테플론보다 일명 '찍찍이'라 불리는 벨크로Velcro로 특징지어지는 작업 환경을 창조하는 것이 좋다. 구성원들에게 두 번째 기회를 부여하는 위험을 감수하는 리더들은 그런 관용을 신중하게 베

풀 수만 있다면 상당한 도움을 받을지도 모른다. 추가적인 시간과 관심을 받을 만한 자격이 있는 사람들은 장차 가장 강력한 리더로 성장할 가능성이 매우 높다. 두 번째 기회는 팀이 우수 인력을 유지하기 위해 필요한 접착제와 같은 역할을 한다. 그리고 구성원들을 성장시키는 법을 아는 좋은 리더는 이 기회를 붙잡고 상응한 투자를 할 것이다. 비결은 리더로서 당신이 누구에게 그런 신뢰를 주어야 할지 명확히 구분하는 것이다.

부적절한 사람들에게 투자하면 방종을 조장하는 환경을 생성할 수 있고, 그런 환경에서는 나쁜 행동이 제대로 다뤄지지도 해결되지도 않는다. 물론 나는 어떤 조직이든 구성원들을 너무 성급하게 해고하지 말도록 권유한다. 그러나 가끔은 관계를 정리하고 각자 제 갈 길을 가야 할 때도 있다.

누구에게 두 번째 기회를 주어야 할까?

이 책의 후반부는 리더가 직원을 연마할 때 효과적으로 사용할 수 있는 특별한 도구들을 제공함으로써 리더들에게 실질적인 도움을 주는 데 초점을 맞춘다. 리더가 풍요로운 관계를 촉진함으로써 조직의 문화를 강화하는 데 투자할 때, 좋은 일들이 생기리라 기대해도 좋다. 씨를 뿌리기 전에 묵혀둔 땅을 갈아엎듯 좋은 리더는 대풍년을 맞으려면 팀을 어떻게 준비시켜야 할지 잘 안다. 하지만 **주목할 만한 결과**를 거두기 위해서는 먼저 **주목할 만한 사람들**로 팀을 꾸릴 필요가 있다.

당연한 말이지만 주목할 만한 사람들이라고 해서 완벽한 사람들은 아니다. 사실 누구도 완벽할 수 없다. 하지만 성장 잠재력이 크고 두 번째 기회를 최대한 활용할 줄 아는 사람들에게는 공통된 태도와 가치관이 있다. 이런 특정한 행동들을 확인할 수 있을 때, 당신이 투자한 시간과 에너지가 상당한 보상으로 돌아오리라고 확신할 수 있다. 누군가를 상대로 위험한 모험을 할지 말지 결정할 때 고려해야 하는 7가지 사항을 소개한다.

1. 피드백을 잘 받아들이는가?

피드백은 성장을 촉진한다. 일을 더 잘 하고 싶은 사람들은 조언은 물론이고 비판까지도 환영한다. 특히 믿을 수 있는 동료나 관리자의 조언이거나 비판일 경우에는 더욱 그렇다. 그들은 그런 의견을 스스로의 약점에 대해 깊이 생각해볼 기회로 생각한다. 자기 자신은 명확히 볼 수 없을지도 모르는 그런 약점 말이다. 그들은 누구나 맹점이 있음을 알기에 비판을 선물로 생각할 뿐 아니라 거기서 통찰력을 얻고, 자신을 더 나은 사람으로 만들어줄 관행들을 스스로에게 적용하려 노력한다. 심지어 신뢰하기 힘든 사람의 조언일지라도 성급하게 묵살하지 않는다. 오히려 저의가 의심스러운 피드백에 숨어 있을지도 모르는 진실의 일면을 찾으려 애쓴다. 그들은 적군조차도 자신이 개선해야 하는 약점을 확인하는 일에서는 아군이 될 수 있음을 안다.

그들은 피드백을 잘 받아들이는 정도를 넘어 실제로 피드백을 추구한다. 그들은 자신이 일을 어떻게 하고 있는지 그리고 발전하기 위해 무엇을 할 수 있을지 알고 싶어 한다. 자신의 불안정성을 이유로 피드백을 회피하기보다 자신의 한계를 뛰어넘기 위해 스스로에게 도전하고 스스로를 채찍질함으로써 성공한다. 그들은 피드백을 통해 어떤 통찰을 얻든 감사하게 생각하며, 그런 통찰을 통해 다른 사람들과 더욱 의미 있는 방식으로 연계하는 자신의 능력을 증진시킨다. 그렇다고 모두를 만족시키려 노력한다는 뜻은 아니다. 그럴 정도로 어리석지는 않다. 게다가 그렇게 하기는 사실상 불가능하다. 모두를 만족시키려는 사람들은 자신의 개인적 정체성은 물론이고 진실성까지 잃게 된다. 이와 다르게 두 번째 기회를 받을 만한 사람들은 가능한 한 모든 사람에게서 통찰을 얻고, 그런 다음 새로운 통찰을 적절히 검증하는 과정을 거친다. 금광의 광부가 흙모래에서 사금을 채취하듯, 그들은 자신을 더 큰 관계의 부자로 만들어줄 가장 작은 진실의 알갱이라도 찾기 위해 거르고 또 거른다.

피드백을 받았을 때 방어적인 태도를 취하면서 자신의 문제를 왜곡하거나 다른 사람에게 투사하는 사람들은 두 번째 기회를 가질 자격이 없다고 볼 수 있다. 되레 그들은 그 기회를 낭비할 가능성이 크다.

2. 진실한가?

리더로서 당신이 위험을 감수할 가치가 있는 직원은 진실에 직면했을 때 그 진실을 부인하지 않는다. 그들은 진실이 아무리 큰 상처를 주더라도 혹은 아무리 큰 대가를 치러야 할지라도 진실을 추구하고 진실을 말한다. 또한 에둘러 말하거나 애매한 태도를 취하지 않고, 대안적인 현실을 날조해내지 않는다. 뿐만 아니라 주변 여론의 변화무쌍한 동향에 동요하거나 흔들리지 않는다. 그들은 뿌리 깊은 나무처럼 솔직하게 말하는 것에 대해 한결같이 강한 집념을 보여준다.

반대로, 사람들을 헷갈리게 만들거나 속임수를 쓰거나 주의를 엉뚱한 데로 돌림으로써 문제를 왜곡시키려 하는 사람은 이제껏 투명성을 통해 생성되었을 신뢰를 손상시킨다. 진실을 왜곡해 현실을 변화시키려는 시도는 장담컨대 불가피한 일을 뒤로 미룰 뿐이다. 머잖아 진실이 드러나기 마련이고, 그렇게 될 때 진실의 편에 서는 사람은 그 솔직한 태도 덕분에 존경의 대상이 될 것이다. 드러난 사실들이 그들에게 유리하지 않을 때조차도 말이다.

관계는 신뢰를 기반으로 구축되고, 신뢰는 진실이 있을 때에만 얻을 수 있다. 진실이 아닌 다른 모든 것은 거짓말이 드러날 때 사라질 환상에 지나지 않는다. 거짓과 속임수는 반드시 관계를 파괴하는 요소 그 자체로서 심각하게 다뤄져야 한다. 대체로 볼 때 진실을 말하고 진실을 실천하는 사람들은 다시 시작할 새로운 기회를 가질 자격이 충분하다.

3. 자신의 실패에 책임을 지거나 실패를 인정하는가?

솔직히, 실패를 인정하기보다 돌아선 마음을 더 빨리 돌릴 수 있는 방법은 거의 없다. 어떤 사람들은 책임을 숨기거나 피하려 들지 몰라도, 실패에 대한 주인 의식은 성숙함의 상징이다. 실패를 인정하는 사람은 실패를 바로잡기 위해 무언가를 할 수 있는 기회를 환영한다.

자신의 문제를 인정하기 거부하는 사람들은 문제를 바로잡기 위해 행동하는 것도 거부할 가능성이 크다. 만약 그것이 애당초 그들의 문제가 아니라면 그 뒤치다꺼리를 강요당할 일도 없지 않겠는가? 그들은 자신들이 그 문제의 일부가 아니라고 항변하고, 해결책의 일부가 되기도 거부한다. 결과적으로 그들은 가치 창출에 아무런 역할도 하지 않는다. 가치를 거의 창출하지 못하는 사람들은 두 번째 기회를 주는 위험을 감수할 만한 그릇이 되지 못한다고 해도 틀리지 않다.

4. 책임을 지고 상황을 바로잡기 위해 노력하는가?

가치를 창출하는 사람들은 상황을 개선하려고 노력한다. 비록 문제를 만든 장본인이 아닐지라도 그들은 세상에 긍정적인 흔적을 남기고 싶어 한다. 그들은 도전을 가치 창출의 기회로 받아들이고, 문제를 해결하기 위해 자신의 강점과 열정을 사용하고자 하며, 지체 없이 도움의 손길을 내민다. 그들은 책임 소재 따지기에 신경 쓰기보다 잘못된 것을 바로잡고 상황을 바로 세우는 데 훨씬 더 깊이 관여한다.

문제를 기꺼이 인정하고 또한 흔쾌히 그것을 바로잡는 책임을 지는 사람들은 당신의 시간과 에너지를 투자할 가치가 있다.

5. 성장하고 싶어 하는가?

이상하게 들릴지 몰라도 모든 사람에게 성공의 욕구가 있지는 않다. 개중에는 성숙해지려고 노력하기보다 현재의 특정 모습을 유지하는 데 더 신경 쓰는 사람들이 있다. 그들은 자기 보호와 자기 증진을 성장과 발전보다 더 중요하게 생각한다. 알맹이가 아니라 겉치레에 초점을 맞추는 이런 태도는 결국 가식으로 이어진다. 그리고 가식은 자기 인식의 싹을 잘라버린다. 자기 인식이 없다면 성장은 사실상 불가능하다. 만약 어떤 것에도 자극받지 않아서 변화하지 못하는 사람이 있다면, 극단적인 상황이 발생해 환상이 깨짐으로써 신속히 행동해야 하는 처지에 몰려서야 변화가 일어날 것이다.

건전하게 사고하는 사람들은 성공하고 싶어 한다. 그들은 더 나은 사람이 되고픈 선천적인 욕구가 있기 때문에 문제에 기꺼이 맞서고 능력을 최대한 발휘하며 도전을 흔쾌히 받아들인다. 자신의 현재 능력을 뛰어넘어 성장하고 싶은 욕구를 행동으로 보여주는 사람은 당신의 자원을 안심하고 투자할 만하다. 그런 사람은 고高성과자로 발돋움할 가능성이 매우 높다.

6. 신속하게 사과하는가?

자존심과 사과는 말하자면 앙숙 관계다. 다시 말해 자존심이 있는 곳에서는 사과를 찾아보기 힘들다. 성경에 이런 말이 있다. "교만에서는 다툼만 일어날 뿐이라 권면을 듣는 자는 지혜가 있느니라."(잠언 13장 10절)

교만, 즉 자존심은 다툼으로 이어진다. 자존심의 본질은 자신의 실수를 인정할 수 없고 그 실수에 영향을 받은 사람들에게 사과할 수 없는 마음이다. 자신의 태도와 행동이 타인의 삶에 어떻게 영향을 미쳤는지 노골적으로 무시하는 사람들은 독약과 다를 바가 없다. 그리고 독약처럼 유해한 사람들은 격리시켜 다른 사람들과 떨어뜨려놓을 필요가 있다. 그런 사람들을 조직에서 내보내면 더욱 건강한 문화를 구축하는 데에 커다란 도움이 될 것이다.

갈등이 지속되는 곳에는 필히 건강하지 못한 행동이 존재한다.

7. 화해의 손을 먼저 내미는가?

제대로 생각할 줄 아는 사람들은 타인들과 더불어 상황을 바로잡기 위해 솔선수범할 것이다. 그들은 건강한 관계의 힘은 물론이고 그런 관계의 필요성을 이해한다. 무언가가 틀어질 때 그들은 자기 몫의 책임을 인정하고 관계를 재구축하기 위해 가능한 모든 노력을 다한다.

하지만 그렇다고 자신의 책임이 아닌 것에 책임을 진다는 뜻은 아니다. 다른 사람들의 행위에 대한 책임을 대신 지면 나쁜 행동에 면죄부를 줄 뿐이다. 화해에는 전제 조건이 있다. 각 당사자가 해당 문제에서 반드시 자기 몫의 책임을 부담해야 한다는 것이다. 그래야만 완전한 관계 회복이 가능하다.

만약 누군가가 특정 문제에 있어서 자신의 역할을 인정하고 그것에 책임을 지는 자세를 보이지 않고 계속해서 발을 뺀다면 그 문제는 재발할 가능성이 있다. 핑계는 당신이 향후 그 문제를 또다시 다루게 될 거라는 명백한 신호이다. 끊임없이 변명을 만들어내는 사람은 독약과 같고, 그런 사람과는 멀찍이 거리를 두는 것이 상책일 수 있다.

여기서 핵심은 정신이 건강한 사람들은 화해를 모색한다는 점이다. 화해가 가능할지의 여부는 모든 당사자의 행동에 달려 있다고 봐야 한다. 상황을 바로잡고 관계를 회복시키기 위해 열과 성을 다하는 사람들을 찾아라.

물론 조직을 구축할 때는 벨크로 성질은 더 강하고 테플론 특성은 더 약해야 한다. 그러나 가끔은 강력한 문화를 만들기 위해 부적절한 사람들과 과감히 작별할 필요가 있다. 그리고 어차피 작별해야 한다면, 나쁜 행동이 조직을 지속적으로 오염시키도록 방치하기보다 신속하게 관계를 끊는 편이 현명하다. 좋은 리더는 누구에게 두 번째 기회를 줄지 그리고 누구에게 조직을 떠날 자유를 줄지 반드시 결정해야 한다. 위의 7가지 성격적 특성을 토대로 사람들을 평가한다면 그런 결정을 하는 데에 도움이 될 것이다.

준비, 조준, 발사!

누군가를 책임에서 벗어나게 해줄 필요가 있다고 판단될 때, 쉽게 말해 누군가를 조직이나 팀에서 내보낼 필요가 있다고 판단될 때는 그 일을 어떻게 하는가가 절대적으로 중요하다. 당사자에게는 물론이고 팀의 나머지 구성원들에게도 명백한 메시지를 전달하게 될 것이기 때문이다.

내가 예전에 함께 일했던 어떤 리더는 사람들을 해고하면서도 그들과 강력한 연결감을 유지하는 탁월한 재주가 있었다. 그녀는 상대방의 입장에 깊은 연민을 갖고 각각의 상황을 처리했다. 나는 공공장소에서 사람들이 그녀에게 다가가 비굴하다 싶을 만큼 그녀의 비위를 맞추는 장면을 목격한 적이 한두 번이 아니었다. 그들이 자리를 떠나고 나면 그녀는 종종 이런 식으로 말하곤 했다. "저 사람은 캐시Kathy예요. 예전에 나와 일한 적이 있었는데 내 손으로 해고할 수밖에 없었어요. 요즘 그녀는 '○○○'이라는 회사에서 일하는데 일을 아주 잘하고 있어요!"

이런 상황을 처음 보았을 때 솔직히 나는 약간 어리둥절했다. 그리고 속으로 "별 희한한 경우가 다 있군."이라고 가볍게 치부했다. 그러나 두 번째로 그런 장면을 목격했을 때는 몹시 궁금해졌다. 도대체 어떤 식으로 해고했기에 자신의 목을 자른 예전 상사를 다시 만난 것을 진심으로 기뻐할 뿐 아니라 혼잡한 실내에서 사람들을 비집고 일부러 찾아와 인사하게 만들까? 나는 그녀에게 묻지 않을 수 없었다. 그러자 그녀는 고맙게도 자신의 비결을 기꺼이 들려주었다.

"사람들을 효과적으로 이끄는 리더가 되려면 그들을 깊이 사랑해야 해요." 그녀가 말했다. "나는 우리 직원들을 사랑해요. 팀 구성원은 당연하고 그들의 가족까지 다 잘 알아요. 나는 그들이 무엇에 동기가 부여되는지 알고 싶고 그들의 희망과 꿈 그리고 포부를 이해하고 싶어요. 또한 그들이 매일 어떤 도전에 직면하는지, 업무 외적으로 어떤 활동을 즐기는지도 알고 싶죠. 이 모든 것이 내가 그들을 어떻게 이끌지, 그들이 잘한 일에 어떻게 보상해줄지를 좀 더 확실히 파악하는 데 도움이 된답니다. 나는 진심으로 그들에게 가장 좋은 것을 해주고 싶고, 규칙적으로 그들의 상황을 확인해요. 나는 그들이 어떤 일을 하는지는 물론이고 어떻게 일하는지도 알고 싶어요. 당연한 말이지만 그들이 자신의 책임을 다하는지도 알고 싶어요. 하지만 그게 다가 아니에요. 그들이 일에서 개인적인 성취감을 느끼는지도 꼭 알아야 직성이 풀리죠. 내게는 구성원 각자가 자신의 일을 즐길 뿐 아니라 나머지 구성원들과 즐겁게 잘 지내는 것이 아주 중요하지요. 자신의 일을 즐기고 함께 일하는 동료들을 좋아할 때 더 나은 삶을 살 수 있기 때문이에요."

그런 다음 나는 그녀에게 성과가 부진한 직원들은 어떻게 다루는지 물었다. 그녀의 대답을 직접 들어보자.

"누군가의 성과가 뒤처지는 원인은 대개 둘 중 하나에서 비롯해요. 개인적인 삶에서 힘든 일이 있거나 그저 자신이 하는 일에서 행복을 느끼지 못하기 때문이죠. 그래서 나는 그들에게 이런 식으로 물어요. '저기, 최근에 지켜보니 상황이 어딘가 약간 불안정해 보여요. 업무에 최선을 다하지도 않고 업무 성과도 떨어졌더군요. 저랑 얘기 좀 해요.'"

"대개의 경우 처음에는 모든 게 다 좋다는, 아무 문제 없다는 인상을 주려고 할 거예요. 하지만 대화를 시작하고 얼마 지나지 않아 열에 아홉은 내가 그동안 무엇을 눈치챘는지 묻죠. 이렇게 되면 공이 내게 넘어온 거예요. 내가 좀 더 깊이 파고들 수 있는 기회죠."

"어떻게 하시는데요?" 내가 물었다.

"이런 식으로 말할 거예요. '내가 보기에 당신은 일을 하면서 정말로 행복해하는 것 같지 않아요. 행복한 사람은 자신이 맡은 일을 잘하는 경향이 있거든요. 최근 당신의 업무 성과를 보면 당신이 행복하다는 생각이 들지 않아요. 일에서 성취감을 느끼세요?'"

"대화를 주고받으며 어느 정도 탐색전을 벌인 후 거의 대부분은 자신에게 어려운 도전을 야기한 무언가를 털어놓아요. 그게 개인적인 수준의 문제라면 나는 먼저 공감을 표현하고 아무리 사소한 것일지라도 내가 해줄 수 있는 모든 지원을 해주려고 노력해요. 하지만 그것이 업무와 관련된, 중대한 장애를 가져오는 문제라면 대화를 다른 방향으로 이끌어야 해요."

"먼저 이렇게 물어요. '무엇이 당신을 정말로 행복하게 해줄까요? 만약 마술 지팡이가 있고 그것을 휘둘러서 당신의 이상적인 업무를 짠 하고 만들 수 있다면 그 업무는 어떤 것일까요?'"

"가끔은 그런 질문을 통해 우리는 그 사람의 강점과 열정에 더 어울리는 업무가 수반되는 보직을 찾기 위해 회사 전체를 샅샅이 조사할 기회를 가져요. 만약 보직 이동으로 그들의 재능을 더욱 효율적으로 활용할 수 있다면, 해당 직원과 조직 모두에게 윈-윈입니다. 그런데 조직 내부에서 그들의 강점과 열정에 적합한 업무가 없다면, 나는 그 사람이 더 큰 성취감을 느낄 기회가 있을지 조직 바깥으로 눈을 돌려 함께 찾아보자고 제안할지도 모르겠어요. 만약 그 사람과 더 잘 맞을 것 같은 조직에 아는 사람이 있으면, 나는 기쁜 마음으로 그를 소개시켜 주고 추천서를 써주기로 해요. 조직 바깥에서 그에게 더 잘 맞는 일자리를 찾을 수 있다면 그것 역시도 당사자와 조직 모두에게 윈-윈이에요. 직원과 조직 모두에게 더욱 생산적인 방식으로 진전할 수 있는 기회를 주기 때문이죠. 나는 언제나 직원과 조직 모두에게 가장 이로운 방향으로 행동했고, 그들도 그런 내 노력을 알아주었어요."

그녀의 접근법은 깊은 혜안이 돋보인다. 그녀는 행복한 사람들이 일을 잘한다는 사실을 정확히 꿰뚫는다. 그리고 좋은 리더는 팀 구성원들을 위해 가장 좋은 것을 원하는 법이다. 그것이 지금 몸담고 있는 조직에 잔류하는 것이든, 아니면 그들이 더 큰 성취감을 느낄 수 있는 다른 조직으로 옮기는 것이든 간에 말이다. 리더로서 당신이 구성원들에게 무엇이 가장 좋은지 진심으로 생각한다는 사실을 알 때, 그들은 리더로서 당신의 가장 좋은 점을 믿을 가능성이 커진다. 또한 두 가지 요소가 충족될 때, 즉 서로**를 위해 가장 좋은 것을 원하고** 서로**의 가장 좋은 점을 믿을** 때, 여러분은 서로**에게서 가장 좋은 것을 기대할** 수 있다.

모든 사람이 최고의 자산은 아니다

나는 리더들의 모임에 참석하면 가끔 이런 질문을 한다. "사람들이 당신의 가장 큰 자산이라고 정말로 믿는 분들은 손을 들어주십시오." 내 말이 끝나기가 무섭게 거의 모든 리더가 손을 번쩍 들어 올린다. 당신이 그 자리에 있다면 당신도 손을 들지 싶다. 우리 모두는 사람들에게 높은 가치를 부여하는 경향이 있다. 최소한 립 서비스로는 그렇다. 어쩌면 우리는 본능적으로 이렇게 할 수도 있고, 또 어쩌면 조건 반사적으로 이렇게 반응하도록 훈련되어 있을 수도 있다. 그렇다면 현실은 어떨까? 어떤 조직에서건 사람들은 가장 큰 자산이 **아니다.**

내 말에 동의할 수 없어 책을 확 덮어버리고 싶어도 잠깐만 내 설명부터 들어달라. '자산asset'의 사전적 정의는 "교환 가치가 있는 소유물"iii이다. 사전적 정의야 무엇이든 나는 구성원들과 관련해서는 자산이라는 용어 자체가 경멸적인 의미를 갖는다고 생각하고, 그래서 사람들이 자산이라는 개념에 동의할 수가 없다. 하지만 사람들이 자산이라는 주장이 틀렸음을 보여주는 더 명백한 이유가 있다. 어쩌면 당신은 사람들을 지칭할 때 **자산**이라는 용어를 계속 사용하고 싶을 수도 있다. 그렇다면 이 말은 어떻게 생각하는가? **적절한 사람들**은 당신의 가장 큰 자산이 될 수 있되 **잘못된 사람들**은 당신의 가장 큰 부채liability다. 나는 당신이 이 말에는 동의하리라고 본다. 따라서 모든 사람이 자산은 아니다. 조직에 가치를 제공하는 **적절한 사람들**이 자산이다.

리더로서 성과를 향상하도록 영감을 주는 건강한 문화를 촉진하고자 할 때, 우리는 반드시 적절한 사람들과 잘못된 사람들을 구분할 수 있는 지혜와 관계적으로 성숙한 시각을 갖추어야 한다. 그런데 그렇게 할 수 있는 능력이 없고, 동시에 팀 혹은 조직의 나머지 구성원들과 가치관의 결이 달라 조화를 이루지 못하는 사람들을 조직에서 떼어놓기 위한 결정을 내릴 수 없다면 어떻게 될까? 결국에는 그런 무능력이 건강한 관계가 무럭무럭 성장해서 탄탄한 열매를 맺을 수 있는 환경을 조성하는 데에 악영향을 미칠 수도 있다.

관계를 위한 핵심 질문

___

☐ **겸손을** 어떻게 정의하겠는가? 겸손은 리더가 갖추어야 하는 매우 중요한 덕
   목이다. 왜 그럴까?

☐ 진정성은 약간의 불안감을 안겨줄 수도 있다. 주변 사람들을 진정성 있게 대
   해야 한다는 생각을 하면 약간 불안해지는가? 자세히 설명해보라.

☐ 당신 조직의 문화가 테플론과 벨크로 중에서 어디에 가깝다고 생각하는가?
   자세히 설명해보라.

☐ 가끔은 사람들을 조직에서 내보낼 필요가 있다. 당신은 언제 누군가의 탈출을
   도와주어야 하는지 아는가?

☐ 어떻게 하면 사람들을 우아하게 퇴장시킬 수 있을까? 다른 말로, 품위를 손상
   시키지 않고 해고할 수 있을까?

☐ 행복이 성과와 어떻게 연결되어 있다고 생각하는가?

6장
4단계 성장 나선

알고 싶지 않으면 배울 수가 없다.

제리 가르시아Jerry Garcia, 록밴드 그레이트풀 데드Grateful Dead 창립 멤버

좋은 피드백은 선물 같아서 마땅히 감사하게 받아야 한다. 피드백은 성장을 촉진할 뿐 아니라 성숙으로 이어지는 변화를 추구하기 위해 필요한 통찰과 관점을 제공하고, 격려로 용기를 북돋워준다.

우리 모두는 성장할 여지가 있다. 피드백은 다른 방법으로는 발견하지 못했을 우리의 단점을 보여준다. 그 단점 혹은 맹점은 우리가 이제까지 꿈에도 몰랐던 자신의 성격적 결함, 또는 성장이 필요한 영역이라고 설명해도 무리가 없다. 피드백은 매우 귀중하다. 또한 우리 내면을 들여다보는 거울을 제공해서 다른 사람들의 눈에는 아주 뚜렷이 보여도 정작 우리는 보지 못할 수도 있는 무언가를 보게 해줄 수 있다.

피드백의 어려운 점이 무엇인지는 다들 짐작하지 싶다. 피드백이 언제나 쉽게 받아들여지지는 않는다는 점이다. 우리 모두는 긍정적인

피드백의 혜택을 누리고, 그런 피드백이 필요하며 긍정적인 말을 듣기를 좋아한다. 그러나 별로 긍정적이지 않은 피드백은 감당하기 어려울 수 있다. 그것은 바늘이 비눗방울을 터뜨리듯 자기기만을 터뜨리고, 우리의 민낯을 드러낸다. 그런 피드백은 우리로 하여금 감추고 싶은 무언가를 억지로 보게 만들기 때문에 마음에 생채기를 남긴다. 혹은 우리가 조금 더 연고를 바르며 치유하고 싶은 묵은 상처의 딱지를 벗겨낼지도 모르겠다. 어떤 경우든 중대한 결함을 건드리는 피드백은 양 당사자 모두를 힘들게 한다. 받는 사람은 기꺼운 마음으로 받아들일 수 없고, 주는 사람은 효과적으로 제공하기가 쉽지 않다.

피드백을 효과적으로 제공하는 문제는 나중에 자세히 알아보기로 하자. 피드백을 효과적으로 제공하기 위해 반드시 먼저 해야 하는 일이 있다. 바로 피드백을 잘 받아들이는 기술을 완벽히 터득하는 것이다. 피드백을 받아들이려면 두 가지 조건이 필요하다. 하나, 우리는 자신의 감정에 깊이 연결되어야(충실해야) 하며, 둘, 그런 감정을 다스릴 만큼 충분히 성숙해야 한다.

삶의 모든 경험은 감정이라는 옷을 입는다. 감정은 첫인상을 중심으로 형성되고, 대화는 감정을 유발하며, 관계는 감정으로 점철되어 있다. 감정은 삶에 대한 본능적인 반응이다. 감정은 우리의 경험을 강화할 수 있지만, 감정이 그런 경험에 대한 우리의 반응을 전적으로 통제해서는 절대 안 된다. 생명 징후를 모니터링하는 기기의 불빛들처럼, 감정은 우리 내면의 구성 요소들이 얼마나 잘 작동하는지 보여주는 표시등 역할을 한다. 감정은 영감을 줄 뿐 아니라 우리가 나아갈 길을 안내하는 정보까지도 제공한다. 그러나 우리는 자신의 감정에 지배받기보다는 자신의 감정을 지배하기 위해 노력해야 한다. 다른 말로 감정의 노예가 아니라 감정의 주인이 되어야 한다. 당연한 말이지만 이렇게 말하기는 쉬워도 행동하기는 쉽지 않다.

나는 감정이 왜 그토록 강력한지 설명해보려 한다. 복잡한 주제를 지나치게 단순화시킨다는 볼멘소리를 들을 각오는 이미 되어 있다. 이제 나와 함께 잠깐 감정의 세상으로 들어가보자. 우리가 감각을 통해 어떤 것을 경험할 때, 제일 먼저 그 정보가 얼마나 중요한지를 결정하기 위해 RAS(망상 활성계reticular activating system)[1]의 검열을 받는다. 감각 정보의 과부하를 막기 위해 RAS는 중요하지 않다고 여겨지는 모든 정보를 걸러내고, 그리하여 우리가 우리에게 필요하다고 판단되는 정보에만 집중할 수 있게 만든다.

우리가 관심을 가져야 할 만큼 충분히 유의미하고 중요한 정보는 변연계limbic system[2]를 통해 이동한다. 바로 이 지점에서 감정들이 감각 정보와 결합한다. 전두엽 피질prefrontal cortex[3]이 이성적 생각을 공급할 기회를 갖기 훨씬 전에, 우리의 감정이 우리가 무엇을 경험하는지 정의하고 해석하는 일에 깊숙이 관여하는 것이다. 이렇게 감정이 한

---

1   뇌에 널리 퍼져 있는 신경망으로 뇌의 각성, 흥분, 집중 등에 관여한다.
2   대뇌 반구의 안쪽과 밑변에 위치한 신경 세포 집단으로 다양한 감정의 중추 역할을 하는 부위이다. 특히 학습, 기억, 각성 등에 관여하는 것으로 알려져 있다.
3   대뇌 반구의 앞쪽 부분으로 기억력, 사고력 등의 고등 행동을 관장하며 추리, 계획, 운동, 감정, 문제 해결 등에도 관여한다.

바탕 휩쓴 뒤에야 비로소 뇌의 집행 기능executive functionality[4]이 작동을 시작한다. 우리가 어떤 감정을 아주 강력하게 느껴서 무엇으로도 제동이 안 될 때, 우리의 감정은 우리의 좀 더 고차원적인 추론을 사

최상의 결정은 이성과 감정 중 하나가 다른 하나를 지배하지 않고 적절히 결합될 때 내려진다.

실상 무력화시키고 우리를 충동적 반응의 노예로 만든다. 이것이 최적의 상태가 아님은 누가 봐도 분명하다. 바로 이것을 근거 삼아 일각에서는 감정은 기껏해야 억제해야 하는 대상에 불과하고, 좋은 의사 결정은 오로지 이성에만 의존해야 한다고 주장한다. 하지만 이런 가정에 오류가 있음을 밝힌 연구 결과가 있다. 변연계에 속하는 편도체 amygdala[5]가 손상된 환자들은 심지어 가장 단순한 문제에 대해서도 결정을 내리기 힘들어한다. 아니, 사실상 결정이 불가능할 정도다. 무슨 뜻일까? 감정이 없으면 의사 결정에 문제가 생긴다는 사실을 증명한다고 볼 수 있다.[i]

최상의 결정은 이성과 감정 중 하나가 다른 하나를 지배하지 않고 적절히 결합될 때 내려진다. 금욕주의적인 정보 처리는 유해할 수 있다. 감정의 영향을 고려하지 않기 때문이다. 마찬가지로 충동을 제대

---

4 우리의 모든 인지적 기능을 통제하고 조절하며 어디에 주의를 기울일지를 결정하는 일종의 중앙 통제 시스템으로, 쉽게 말하면 중앙 정부에 해당한다.

5 동기, 학습, 감정과 관련된 정보를 처리하는 역할을 수행하는 부위.

로 제어하지 못해 고삐 풀린 망아지처럼 날뛰는 감정은 우리로 하여금 재앙과도 같은 결정을 하게 만들 수 있다. 감성 지능은 우리가 먼저 자신의 감정을 인지해서 정의하고, 그런 후에 자신의 의사 결정 과정을 지배하기 위해서가 아니라 강화하기 위해 그 감정을 활용하도록 요구한다.

지금부터 나는 이 모든 것이 피드백에 어떤 요소로 작용할지 설명하려 한다. 우리가 자청한 것이든 아니든 피드백을 받을 때 우리는 나선을 그리는 상태로 빠져든다. 그것은 개인적인 성장과 혁신적 변화로 이어지는 상향 나선일 수도, 반대로 절망과 고립의 나락으로 떨어지는 하향 나선일 수도 있다. 먼저 하향 나선이 어떻게 진행되는지, 즉 피드백을 제대로 다루지 않을 때 상황이 어떻게 전개되고 어떤 결과가 나타나는지부터 알아보자.

성장의 하향 나선

피드백은 우리가 성장하는 데에 필요한 통찰을 제공한다. 따라서 피드백을 제대로 처리하지 못하면 우리는 피드백을 통해 얻을 수도 있는 잠재적인 통찰의 혜택을 받을 수 없다. 뿐만 아니라 그 과정에서 우리의 신뢰성을 손상시킴으로써 상황을 더욱 복잡하게 만들 수 있다. 이에 대해 누군가가 당신에게 피드백을 제공하는 상황을 예로 들어 알아보자. 나는 이것을 클러치 상황clutch situation이라고 부른다.

자동차의 클러치를 떠올려보자. 클러치는 기어를 쉽게 조작하게끔 도와주는 역할을 한다. 그 결과 엔진이 생성시킨 에너지가 구동 장치에 전달되면서 바퀴를 돌려 자동차가 움직인다. 관계적인 측면에서 클러치 상황은 둘 이상의 사람들이 서로 간의 관계에서 긍정적인 움직임을 생성하기 위해 효과적으로 연계할(톱니바퀴처럼 서로 맞물릴) 필요가 있는 모든 상황을 일컫는다. 예컨대 업무 평가 회의, 팀 구성인과의 회의, 배우자와의 대화, 10대 자녀를 가르치는 시간 모두가 클러치 상황일 수 있다. 심지어 낯선 사람과의 우연한 짧은 만남까지도 클러치 상황이라고 부를 수 있다. 요컨대 사람들 사이의 거의 모든 상호작용이 클러치 상황으로 여겨질 수 있다. 말로 된 것이든 아니든, 피드백을 어떻게 얻는지 안다면 모든 만남은 우리가 새로운 무언가를 배울 기회를 준다.

성장의 하향 나선을 이해하기 위해, 상사나 팀 구성원이 피드백을 제공하는 클러치 상황을 예로 들어보자. 업무 평가의 일환이든 동료 간 대화의 일부든 상대방은 개선을 위한 건설적인 피드백을 제공한다. 당연한 말이지만 피드백은 제공되는 방식에 따라 대화를 촉진해 성공으로 이끌 수도, 반대로 대화를 탈선시켜 실패하게끔 만들 수도 있다. 그러나 지금은 피드백을 제공하는 방식이 아니라 피드백에 대한 반응에 초점을 맞추려 한다. 지금부터 알아볼 첫 번째 반응은 하향 나선을 촉발시키는 나쁜 반응이다.

하향 나선 1단계: 방어적인 반응

비판이나 비난은 아무리 잘 포장되어도 받아들이기가 힘들 수 있다. 우리 모두는 자신이 비난이라고 인지하는 것에 대해 부정적인 감정으로 반응하는 성향이 있다. 그리고 그런 부정적인 감정은 그 자리에서 도망치라는 경고 신호를 보내고 방어기제[6]를 작동시킨다. 이처럼 방어적인 태도를 취하고 싶은 본능적인 충동은 하향 나선을 촉발하며 이는 파괴적인 결과를 낳을 수 있다. 일단 방어적으로 반응하기 시작하면 대개의 경우 부정적인 패턴이 나타나고 결국 그 클러치 상황은 아무런 긍정적인 영향을 미치지 못하게 된다. 방어벽이 세워지고 난 다음에는 나선이 두 번째 수준으로 하강한다.

하향 나선 2단계: 합리화

합리화는 이성에 호소한다. 합리화는 나쁜 행위에 대해 무언가 원인을 대면서 그 행위의 결과를 최소화하려는 시도다. 이 원인은 겉으로는 합리적으로 보이지만 실상은 행위와 관련성도 없고 신뢰할 만하지도 않다. 다른 말로 합리화는 나쁜 행동을 변명하거나 정당화하려는 시도이며, 비난받아 마땅한 일에 해명으로 빠져나가거나 책임을 회피하려는 것이다.

하지만 변명은 절대로 문제를 바로잡지 못한다. 흔히들 변명은 미래에 그 문제를 다시 다루겠다고 스스로에게 하는 약속에 지나지 않는다고 하지 않던가. 변명은 그저 불가피한 일을 뒤로 미루는 행위다.

---

6   정신분석 용어로, 자아가 위협받을 때 무의식적으로 자신을 속이거나 상황을 다르게 해석함으로써 감정적 상처로부터 자신을 보호하려는 심리나 행위를 가리킨다.

2부 겸손: 관계를 차곡차곡 쌓아가라

자신의 행동을 합리화하려는 우리의 노력에도 불구하고 그 문제는 조만간 다시 수면 위로 떠오를 것이다. 고통스러운 피드백을 받는 것과, 그것을 평가하는 것을 거부할 때 우리는 나쁜 패턴을 되풀이하는 경향이 있다.

합리화는 진정성의 정반대 개념으로, 성장에 동력을 공급하는 장치들을 제거하고 관계의 발전을 저해한다. 합리화는 현실을 직시하기보다 연기와 거울smoke and mirrors[7]로 현실을 왜곡하거나 우리의 주의를 핵심적인 초점에서 다른 데로 돌린다. 스스로를 정직하게 바라볼 수 없고 그 결과로 주인 의식이 부족해지면, 결국 상황을 악화시켜 3단계의 하향 나선으로 추락한다.

하향 나선 3단계: 정체

상황이 악화됨에 따라 당사자들 사이에 상호작용이 부족해지고, 이는 다시 그들이 효과적으로 관계를 맺거나 서로에게 깊이 연결되지 못하게 방해한다. 연약한 자아를 보호하기 위해 합리화를 통해 세운 감정적 장벽이야말로 우리가 진정성 있게 서로 연결하지 못하게 가로막는 장애물이다.

본질적으로 볼 때 합리화는 사실상 누군가가 무엇을 제시하든 그 것을 고려할 마음이 없다는 뜻이다. 비록 그렇게 제시된 것이 우리가

---

7   마술사가 연기와 거울을 사용해서 신비로운 분위기를 연출하여 관중들을 속이는 경우가 많은 데서 나온 말이다. 교묘한 속임수나 진실의 은폐 등의 뜻으로 사용된다.

성장하도록 도전 의식을 자극할 수 있을지라도 말이다. 이처럼 자신의 단점에 눈뜬장님 같은 태도를 고수하는 성향은 우리를 개인적인 성장의 기회라곤 찾아볼 수 없는 정체 상태에 빠뜨린다. 우리는 벙커에 들어앉아 자신의 위치를 정당화한다. 어쩌면 다른 사람들에게 책임을 전가하거나 심지어 피드백 제공자를 공격할지도 모르겠다. 어떤 식으로 반응하든 우리는 자신의 입장을 완강히 고수하면서 벙커에서 빠져나오기를 거부한다. 심지어 상대방도 우리와 비슷해서 자신만의 벙커에서 꼼짝하지 않을지도 모른다. 그리고 상대방이 우리가 자신을 무시하거나 공격한다고 느낀다면 상황은 악화될 가능성이 크다. 이럴 경우 한쪽 혹은 양 당사자가 자신은 벙커에 들어앉은 채로 상대방을 무너뜨리려 할 수도 있다.

얼마 지나지 않아 그 문제는 통제 불능의 나선에 빠진다. 감정이 고조되며 양 당사자 모두 신경이 예민해지고 몹시 흥분한다. 그들이 서로에 대한 언어 공격을 계속 이어가든 후퇴하든 이제는 그들의 관계에 균열이 생겼다. 만약 한쪽이 공세를 이어가기로 선택한다면, 상대방은 수세적 태도를 취할 수도 있다. 그러나 갑작스러운 후퇴를 묵종默從의 신호로 착각하지 마라. 그 사안이 해결되었다는 징조가 아니라 그저 눈앞에서 날아오는 당장의 파편을 피하려는 시도일 가능성이 더 크다. 해소되지 않은 감정은 지하에서 축적되는 마그마처럼 우리 마음으로 숨어들어 점점 고조되다가 결국 화산이 폭발하듯 분출될 수 있다.

맞불 작전, 즉 눈에는 눈 이에는 이 전략으로 대응하는 것도 도움이 되지 않기는 매한가지다. 양 당사자 모두 온몸이 까맣게 타서 재만 남는다. 궁극적으로 볼 때 이런 격렬한 교전에서는 관계가 하향 나선의 네 번째 단계를 향해 지속적으로 하강할 뿐이다. 물론 그것에 수반되는 결과도 함께 말이다.

하향 나선 4단계: 소외

하향 나선의 세 번째 단계를 겪는 이들이 교착상태로 빠지든 격렬한 교전을 치르든, 그 결과 양 당사자는 서로 반목하게 된다. 먼저 방어적인 태도를 취하고 나아가 자신의 행동을 합리화하려고 시도했던 사람들은 이제 만신창이가 된 자아에서 남은 부분이라도 지키고자 필사적인 수단을 사용할 가능성이 높다. 이런 반응은 대화를 재구성하려는 단순하고 어설픈 시도에서 벗어나 상대방의 신뢰를 떨어뜨리려 물불 가리지 않는 파괴적인 행동으로까지 번질 수 있다.

결단의 조치가 없다면 당사자들은 불가피하게 서로 완전히 등을 돌리게 된다. 이처럼 감정적으로 멀어지면, 가치를 창출하고 관계상의 긍정적인 움직임을 생성하기 위해 연계할 필요가 있는 사람들 사이에 소외감이 유발된다. 소외감은 절망을 부추긴다. 사람들은 서로에게 이익이 되는 것을 추구하기보다 자신의 이익을 위해 행동하기 시작한다. 그리고 성장하는 대신 미성숙한 채로 남는다. 이런 하향 나선은 누군가가 스스로와 상대방을 위해 가치를 창출하기보다 자기 보호와 자기 증진을 추구할 때 시작된다. 솔직함과 진정성이 없다면 가치 추출과 가식이 득세하고 성장은 요원해진다.

성장의 상승 나선

성장의 하향 나선을 따라 하염없이 내리막을 걷는 것의 대안은, 각각의 클러치 상황에 가치 창출자적 접근법을 취하는 것이다. 이때 가장 중요한 문제는 "모든 관련자들을 위해 최대의 가치를 창출하려면 이 기회를 어떻게 활용해야 할까?"이다. 이는 스스로의 내면을 깊이 들여다보고 또한 모든 활동에 더 나은 모습으로 참여하려는 노력을 포함한다. 이런 개방적이고 솔직한 태도는 사람들에게 영감을 줄 수 있는 성장의 상향 나선을 촉발한다. 하향 나선에서와 똑같은 시나리오를 예로 들어, 상승 나선을 타고 성장에 기어를 넣으려면 어떻게 해야 할지 알아보자.

변화는 피할 수 없다. 결과적으로 우리는 둘 중 하나의 상황에 처한다. 피드백과 깊어진 자기 인식을 통해 스스로 성장하거나, 아니면 위기를 겪으면서 변화할 수밖에 없는 상황으로 내몰린다. 안타까운 점은 대부분의 사람들이 변화 외에 다른 도리가 없기 전까지는 절대 자발적으로 변하지 않는다는 사실이다. 그들은 재앙이 닥칠 때까지 자신의 방식을 고수하고 자신의 입장을 옹호하면서 시종일관 요지부동의 모습을 보인다. 재앙은 다양한 모습으로 나타날 수 있다. 해고 통지서, 이혼 요구서, 의사의 불길한 진단 등등. 어떤 재앙으로 인한 것이건 간에 우리는 변화를 강요받으면 이를 종종 고난으로 여긴다. 그리고 변화를 그런 식으로 생각할 때 대부분은 어떻게든 그 고난을 참아보고 변화를 거부할 것이다. 그러나 피드백을 선물로 받아들이고 피드백에서 배운 통찰을 적용한다면, 가끔은 위기를 피할뿐더러 관계적으로 성숙해지기 위해 필요한 변화를 만들어낼 수 있다. 성숙해지기 위해 노력할 때 우리는 상승 나선을 타고 성장한다. 문제는 어떻게 하면 성장에 기어를 넣고 성숙의 고속도로를 달릴 수 있을까 하는 것이다. 하향 나선과 마찬가지로 상승 나선도 네 단계가 있다. 지금부터 하나씩 자세히 알아보자.

변화는 피할 수 없다. 결과적으로 우리는 둘 중 하나의 상황에 처한다. 피드백과 깊어진 자기 인식을 통해 스스로 성장하거나, 아니면 위기를 겪으면서 변화할 수밖에 없는 상황으로 내몰린다.

상승 나선 1단계: 개방성

피드백을 받을 때 받아들이든 거부하든 선택은 우리의 몫이다. 성숙한 사람은 다른 사람들이 제공해주는 피드백을 통해 더욱 성숙해진다. 좋은 피드백은 우리가 이제껏 볼 수 없었을지도 모르는 것을 보게 해준다. 그렇게 되면 우리는 피드백을 통해 알게 된 맹점을 전반적인 인성 발달 과정의 일부로서 다룰 수 있을 것이다. 또한 좋은 피드백은 우리가 다른 사람들과 더욱 효과적으로 관계를 맺는 방법에 대한 통찰을 줄지도 모른다. 맹점을 알려주든 관계에 관한 통찰을 제공하든 피드백을 잘 받아들이면 두 사람 사이에 더욱 탄탄한 다리가 생겨 관계가 더욱 공고해질 수 있다.

이 모든 것은 방어적인 태도를 취하지 않고 진심으로 경청하려는 의지에서 출발한다. 비판이나 피드백을 제공하는 사람이 오롯이 순수한 동기를 가지고 있지 않거나 피드백을 효과적으로 전달하지 못하더라도, 열린 마음을 가진 사람은 언제나 상대방의 말에서 진실의 편린을 찾을 수 있다. 이런 개방성은 정직함과 진정성을 가진 환경을 창조하고, 이런 환경에서는 관련자들의 상호 이익을 위한 사안들을 탐구할 수 있다.

상승 나선 2단계: 정직한 평가

피드백을 받아들이는 행위는 새로운 진실을 찾고 적용하는 기회가 된다. 그리고 적용된 진실은 획기적인 변화로 이어진다. 하지만 피드백을 받아들이려면 선행조건이 있다. 바로 겸손함이다. 겸손은 아무런 가식 없이 스스로를 정직한 눈으로 바라보게 만들고 더 높은 수준의 자기 인식으로 이어진다. 앞서 말했듯 겸손은 우리가 인간임을 인정하는 것이요, 우리가 애초에 완벽하지 않기에 완벽한 척 가장할 필요가 전혀 없음을 인지하는 것이다. 누구나 성장의 여지가 있다. 하지만 많은 사람들은 자기기만에 빠져 절대 진실이 아닌데도 자신에 관한 모든 것을 맹신하는 바람에 성장을 방해받는다. 그저 안타까울 따름이다. 그런 사람은 변화를 수용하기보다 거부할 뿐 아니라 스스로를 치켜세우고 돋보이게 만드는 일에 혈안이 된다.

자기 인식은 정직한 눈으로 자기를 성찰하고 평가하는 데서 나온다. 특정 상황을 올바르게 평가하려면 자신의 진짜 모습을 직시하고 다양한 행동 선택지와 각 행동의 잠재적 결과를 꼼꼼히 따져보아야 한다. 또한 관련된 모든 요소를 반드시 신중하게 고려해야 한다. 한편 솔직한 평가는 진실을 찾아가는 우리 여정의 출발점이 된다. 그러나 진실을 얼마만큼 찾을지는 진실을 받아들이려는 자신의 개방성과 의지와 정비례한다.

피드백을 회피하지도 조작하지도 애곡하지도 않고 진심으로 받아들일 때, 우리는 그 피드백에 함축된 의미를 깊이 고려하고 그것에 맞춰 행동, 태도, 생각 등을 조정할 수 있다. 중대한 변화를 이루려면 주변 사람들로부터 도움과 지지를 받아야 한다. 이것은 우리의 관계적 유대감을 크게 강화할 수 있는 절호의 기회가 된다. 특히 꺼내기 쉽지 않은 어려운 피드백을 제공하는 사람의 지지와 격려를 이끌어낼 수 있다면 천군만마를 얻는 셈이다.

누군가의 피드백을 받아 성장할 필요가 있는 영역이 어디인지 확인했다면 거기에 만족하지 마라. 한 걸음 더 나아가 피드백 제공자에게 우리의 **개인발전위원회**personal development board의 위원이 되어달라고 요청하면 좋다. 거창한 부탁을 하라는 말이 아니다. 우리에게 책임을 묻거나 필요한 자원을 제공하는 과정에 개입해서 힘을 보태달라고 요청하면 된다. 또는 우리에게서 긍정적인 변화를 목격할 때 격려로 용기를 북돋워달라는 부탁만으로 충분하다. 어쨌건 애초에 우리의 관심을 끄는 무언가를 제공했다는 사실에서 보건대, 그 사람은 분명 우리를 걱정하는 마음이 있었다. 그런 사람의 지지와 도움을 이끌어낸다면 그들은 우리의 성장 과정에 계속 관여하게 된다. 또한 그 행위는 변화에 대한 우리의 마음이 얼마나 간절하고 진지한지를 명백하게 보여주는 메시지가 된다. 관계가 성장의 촉매라는 사실을 명심하라. 그리고 그들에게 통찰과 피드백을 계속 제공해달라고 요청함으로써 그들과의 관계를 강화하면 개인적인 차원에서는 물론이고 관계의 측면에서도 성장을 가속화할 수 있다.

상승 나선 3단계: 해결책 지향성

누군가에게 우리의 성장 과정에 계속 관심을 갖고 관여해달라고 요청하는 행위는 본질적으로 그 사람에게 우리가 해결책을 찾도록 도와달라고 부탁하는 행위다. 이렇게 하면 세부 사항을 토론하느라 한 발짝도 앞으로 내딛지 못하고 자신만의 벙커에 들어가 교착상태로 치닫는 함정을 피할 수 있다. 오히려 이제 우리는 문제 자체에 초점을 맞추는 데서 벗어나 해결책을 향해 나아간다.

해결책을 지향하는 사고방식으로의 전환은 성장 과정의 변곡점이 된다. 그 순간을 기점으로 우리는 부정적인 측면들과 그 영향에 집중하던 데서 탈피해, 대화와 에너지의 방향을 해결책을 찾는 쪽으로 돌리기 시작한다. 우리가 누군가에게 스스로 몸을 낮춰 문제를 해결하도록 도와달라고 요청할 때, 우리는 그들이 우리와 더욱 깊이 연계할 수 있는 기회를 주는 것이다. 만약 그들이 우리의 제안을 받아들인다면, 그들은 우리의 팀에 합류하고 우리 편이 되어 우리가 문제를 바로잡도록 도와준다. 그리고 그들과 우리 모두는 성숙한 관계를 향해 함께 나아간다.

상승 나선 4단계: 일체성을 통한 영감 부여

앞서 설명했듯 하향 나선의 피드백 관계에서는 종종 상대방을 공격하게 된다. 그러나 상승 나선을 탈 때 우리는 문제를 해결하는 과정에서 하나로 통합된다. 우리는 각자의 벙커에 들어가 대치하기보다 하나

일체감은 영감을 부여한다. 일체감은 의심의 눈초리를 보내던 사람도 열렬한 지지자로 바꿔놓는다.

의 참호에 같이 들어가고, 서로를 상대로 전쟁을 치르기보다 동맹으로서 문제를 함께 해결한다. 실제로 우리는 상대방에게 우리의 뒤를 받쳐주는 든든한 지원군이 되어 우리가 문제를 바로잡기 위해 취한 행동들이 순조롭게 진행될 수 있도록 지속적인 피드백을 제공해달라고 요청할 수 있다. 상대방은 두 눈과 두 귀로 우리가 차근차근 진전을 이루는지 추적 관찰하는 데에 도움을 줄 수 있다. 누군가가 이토록 겸손한 자세로 다른 사람에게 도와달라고 진심으로 요청할 때, 운명 공동체 같은 일체감이 생성되는 기적이 일어난다. 이 일체감은 매우 중요하다. 더 큰 이익을 위해 활용될 수 있는 강력한 힘이기 때문이다.

각자도생을 꾀하는 분열은 파괴적이지만, 일체감은 영감을 부여한다. 일체감은 의심의 눈초리를 보내던 사람도 열렬한 지지자로 바꿔놓는다. 우리가 관계적으로 성숙된 자세와 더불어 문제를 넘어 앞으로 나아가겠다는 단호한 의지로 무장하여 도전적인 상황에 대처할 때, 아무리 힘든 상황이라도 영감을 주는 결과를 맞이할 수 있다. 또한 당신이 다른 사람들로부터 받는 피드백에 개방적인 태도를 보일수

록, 상황이 뒤바뀌어 당신이 피드백을 제공하는 입장이 될 때 그들이 당신의 피드백을 받아들일 가능성이 더 커질 것이다.

피드백에 관한 마지막 당부

피드백을 잘 받아들이려면 내적 강인함, 즉 두둑한 배짱과 정서적 안정이 필요하다. 특히 피드백이 바람직하지 못한 방식으로 제공될 때는 더욱 그렇다. 그러나 감성 지능을 발휘해 모든 피드백을 받아들이고 정직하게 평가하는 행위는 성숙함을 보여주는 확실한 징후다. 그리고 그에 대한 보상으로 우리 자신이 성장하는 것은 물론이고 우리의 관계도 성장한다. 고로 정말로 성장하고 싶다면 누군가가 자발적으로 피드백을 제공할 때까지 기다리지 마라. 먼저 요청하라.

많은 조직은 리더들에게 개인적인 성장과 발전을 위한 통찰을 제공하기 위해 다양한 도구를 활용하는 데 막대한 노력을 기울인다. 360도 다면평가가 좋은 예로, 특정 리더의 영향권 내에 있는 사람들에게서 진지하게 고려할 만한 피드백을 수집해 리더에게 제공하려는 목적으로 실시된다. 그런데 직속 부하 직원, 동료, 상사 등으로부터 다방면의 피드백을 수집하는 이런 도구는 매우 소모적이다. 리더의 리더십 역량을 성장시키도록 돕기 위한 정보를 생산하는 데에 엄청난 시간과 에너지 그리고 자원이 들어가기 때문이다. 360도 다면 평가에서는 일단의 사람들이 기다란 질문지에 일일이 답변하고 이 데이터를 취합해 보고서를 작성한다. 그런 다음 객관적인 제삼자가 정보를 해석하고 당사자에게 전달한다. 물론 조직이 이런 모든 수고를 마다하지 않는 데는 그만한 이유가 있다. 개인적인 차원과 직업적인 차원 모두에서 성장을 촉진할 유익한 정보를 제공한다는 명분이 있기 때문이다.

여기에서 모순을 발견했는가? 우리는 관계상의 부족한 부분을 메우기 위해 인위적인 토론회를 만들었다. 피드백을 제공하는 과정을 체계화하기 위해 온갖 수단을 동원했다는 말이다. 왜 이렇게까지 했을까? 대부분의 조직은 관계적으로 미성숙해서 서로 어떻게 효과적으로 연계할 수 있는지 모르는 사람들로 넘쳐나기 때문이다. 그렇다고 사람들이 성장하고 진정성을 추구하며 깊은 관계를 맺도록 인위적인 방식으로 자극하는 것이 논리적으로 타당했을까?

지금부터 대안적인 시나리오에 대해 알아보자. 나는 그것을 '**불쌍한 사람의 360도**' 상황이라고 부르고 싶다. 불쌍한 사람의 360도는 많은 발전적 피드백을 촉발할 수 있는 하나의 질문이다. 그 질문을 처음에 누가 만들었는지는 모른다. 적어도 내가 아닌 것은 확실하다. 그렇지만 나는 내가 구축한 관계의 영역에 사는 사람들을 대상으로 그 질문을 자주 사용한다. 당신도 내가 일러주는 대로 한 번 해보길 바란다. 먼저, 당신과 가장 가까운 사람들을 선택하라. 그리고 그들이 완벽히 솔직해질 수 있도록 피드백에 관한 모든 것을 그들의 자유재량에 온전히 맡겨라. 아니 한술 더 떠서, 그들이 마지막 10퍼센트 피드백을 제공해주길 바란다고 말하라. 마지막 10퍼센트 피드백이란 대부분의 사람들이 전달하기 두려워하는 어려운 피드백을 말한다.

사람들이 피드백을 줄 때 50~70퍼센트는 긍정적인 것들을 부풀린

립서비스성 내용이 주를 이룬다. 그리고 20~40퍼센트는 대개 우리가 성장하도록 도전 의식을 부추기는 통찰력 있는 피드백이 차지한다. 문제는 나머지 10퍼센트다. 그런 피드백은 우리의 보기 흉하고 추한 성격적 결함들을 드러내는 힘든 주제를 다룬다. 그러다 보니 당연히 듣고 싶지 않다. 그러나 우리는 나머지 10퍼센트 피드백을 절대적으로 들을 필요가 있다. 그것은 아무것도 감추거나 꾸미지 않은 날것 그대로의 진짜 대화로, 성숙한 관계로 나아가기 위해 반드시 거쳐야 하는 일종의 통과의례다. 그들에게 당신과 함께 성숙한 관계의 세상으로 갈 수 있는 자유를 주어라. 그런 다음 그들에게 물어보라. "만약 **당신**이 **내** 입장이라면 어떨 것 같습니까?"

그 질문을 풀어보면 이런 뜻이 된다. "나를 겪어보니 내가 어떤 사람 같습니까? 당신의 눈에는 내가 모를 수도 있는 나의 모습이 보이나요? 어떤 모습인가요? 더 나은 사람이 되기 위해 내가 성장할 필요가 있는 영역은 어디일까요? 더 좋은 리더나 배우자 혹은 부모나 친구가 되기 위해 나는 무슨 노력을 해야 할까요? 부디 당신의 피드백이라는 선물을 주세요."

내 경험에서 볼 때, 이 질문을 할 만큼 용기 있고 배짱 두둑한 사람은 자기 인식력이 가장 높은 사람들이다. 최소한 내가 아는 사람들 중에서는 그렇다. 그들은 자신과 가장 가까운 사람들에게 이 질문을 함으로써 얻을 수 있는 혜택을 직접 체험했고, 그래서 이 질문을 자주 한다.

나는 라이언Ryan, 콜턴Colton, 조너선Jonathan 이렇게 아들 셋과 린지

Lindsay라는 딸 하나를 둔 아빠다. 나는 아들들을 키우는 방법에 대해서는 꽤 잘 안다고 자부한다. 내가 같은 남자라서 그런지 몰라도 아들들은 키우기 쉽다. 함께 재미있는 시간을 보내고 자주 몸으로 놀아주며 이따금씩 배를 채워주면 된다. 헤드록을 걸거나 거친 신체 놀이로 사랑한다는 말을 충분히 대신할 수 있다. 나는 아들 셋이 긱자 고등학생이 될 때까지 그 아이들이 소속된 거의 모든 스포츠 팀에서 코치로 자원 봉사하는 일을 최우선 순위에 두었다. 그러나 딸아이에게 좋은 아빠가 되는 것은 전혀 다른 이야기였다. 딸과 소꿉놀이를 하며 놀아주는 일은 내 딴에는 상당한 고역이었다. 또한 인형들에게 옷을 골라주는 린지를 도와주며 진심으로 놀아주기도 매우 힘들었다. 게다가 만약 아내가 없었다면 사춘기 시절 린지의 롤러코스터를 타는 것 같은 감정적 기복과 사춘기의 전유물인 드라마틱한 사건들을 과연 내가 견뎌낼 수 있었을지 자신이 없다. 잠깐, 내 말을 오해하지 마라. 오늘날 린지는 아름다운 숙녀로 성장해 세상에 자신만의 발자취를 남기고 있다. 그리고 당연한 말이지만 나는 린지가 더할 나위 없이 자랑스럽다. 그저 내가 린지와 감정적으로 어떻게 연계할 수 있는지를 항상 알지는 못했다는 말을 하고 싶을 뿐이다.

린지와 정서적인 연결 상태를 유지하기 위해 나는 규칙적으로 우리 둘만의 데이트 시간을 갖곤 했다. 밖에 나가 저녁을 먹거나 영화를 보기도 했고 아무런 목적 없이 공원을 배회하기도 했다. 또한 전국 각지로 다양한 청중들에게 강연하러 출장 가는 길에 종종 린지를 데려갔다. 나는 린지와 대화할 때 가끔 의도적으로 불쌍한 사람의 360도 질문을 묻곤 했다. 이런 식이었다. "저기, 린지야, 아빠가 알아야 하는 게 있어. 아빠가 잘하고 있니? 그러니까 내 말은, 내가 너의 아빠인 게 너는 어떤 기분이야? 너도 알겠지만 내가 언제나 아빠로서의 역할을 잘하는 건 아니잖아. 너한테 더 좋은 아빠가 되려면 어떻게 하면 될까?"

그 하나의 질문과 그에 대한 린지의 대답이 내가 더 나은 아빠, 더 좋은 사람이 되는 데에 얼마나 큰 도움이 되었는지 아무리 강조해도 모자란다. 그런 질문을 아내 루앤에게 할 때도 마찬가지다. 그 결과 나는 더 좋은 남편이 된다. 그러나 그 질문과 관련하여 미리 당부할 말이 있다. 그 질문을 묻기 전에, 어떤 답변이든 감수하겠다고 마음을 단단히 먹고 감정적으로 준비하는 게 좋다. 어떤 피드백은 예상치 못한 놀라움으로 정신이 번쩍 나게 해줄 것이다. 그런 피드백은 듣기가 고통스러울 수도 있고, 심지어는 당신의 진실성에 의문을 제기할지도 모른다. 그러나 방어적인 태도를 취하지 않고 피드백을 받아들이려는 의지가 있다면, 가장 가까운 사람들이 당신의 영혼을 더 뚜렷하게 들여다볼 수 있는 창문을 제공한다는 사실을 깨달을 것이다. 또한 그들의 피드백을 진심으로 받아들이고 도움을 요청한다면 그들과의 관계를 강화하기 위해 필요한 변화를 만들어낼 수 있다.

결론적으로 말해 건강한 관계는 성장의 촉매다. 그리고 피드백은 성장의 연료다. 피드백을 잘 받아들이는 사람은 자기 인식력이 크게 높아지고 관계의 부자가 될 수 있다. 그리고 피드백을 적극적으로 구하는 사람은 관계의 큰 부자가 된다.

관계를 위한 핵심 질문

□ 사람들은 피드백을 받을 때 방어적인 태도를 취하기가 쉽다. 왜 그럴까?

□ 성장의 하향 나선을 따라 내리막길을 걸었던 때를 되돌아보고, 그 상황과 결괴를 상세히 기술해보라.

□ 성장의 상승 나선을 따라 오르막길을 가기 위해 노력했더라면 상황이 어떻게 달라졌을지 곰곰이 생각해보라. 당신은 무엇을 다르게 할 수 있었을까?

□ 개인적인 성장에 피드백이 그토록 중요한 이유는 무엇일까?

□ 당신의 감정이 이성을 무력화시키는 것을 막으려면 어떻게 해야 할까?

□ 부족한 관계를 메우기 위해 조직 전체 차원에서 인위적으로 만든 토론회가 어떤 것이 있을까?

□ '불쌍한 사람의 360도'는 매우 효과적인 질문이다. 왜 그럴까?

7장
얼굴은 백 마디 말보다
더 많은 것을 알려준다

우리가 내면에서 성취한 것이 외부의 세상을 바꿀 것이다.

플루타르코스

우리가 외부적으로 경험하는 것은 우리가 내면적으로 통제하거나 통제하지 못하는 것이 반영된 이미지에 불과하다. **감성 지능**이라는 말은 관계상의 현실을 설명하는 대중적인 용어가 되었다. 자신의 감정적 에너지를 더 잘 관찰하고 관리할수록, 감정을 다스리는 능력과 더불어 감정을 유익하게 활용하는 능력이 커진다. 그리고 자신의 감정을 더 잘 읽고 잘 다스릴수록, 다른 사람들의 감정을 읽을 뿐 아니라 그들을 효과적으로 이끌기 위해 그들의 감정을 활용할 준비가 된다. 감성 지능이 더 높은 사람들이 이성적 지능, 즉 IQ가 높은 사람들보다 꾸준히 더 좋은 성과를 달성한다는 사실은 충분히 입증되었다. 다르게 말해 관계 지능이 높고 감정적으로 안정된 사람들이 종종 머리가 좋은 사람들을 이긴다.[i]

자신의 내면에 존재하는 감정의 세상을 지배하는 능력은 정말로 강력한 무기가 된다. 자신의 감정을 건설적으로 통제할 때 다른 사람들을 더욱 효과적으로 이끌 수 있다. 이 반대 관계도 성립한다. 자신의 감정을 생산적으로 관리할 수 없는 사람은 종종 다른 사람들이 그런 감정의 파편들을 고스란히 맞으며 살아야 하는 유해한 환경을 조성한다. 생산적이었을 작업 환경이 자신의 감정을 제어할 수 없는 단 한 사람으로 인해 무력화되는 경우가 비일비재하다. 이런 환경은 언제 폭발할지 모르는 시한폭탄으로, 가끔은 아무 사전 경고도 없이 터질 수 있다. 그래서 모두가 혼비백산한 채 뿜어져 나오는 관계의 파편에 맞지 않으려고 바삐 숨을 곳을 찾는다.

안전한 환경을 구축한 리더는 구성원들이 협업적이고 생산적으로 일하는 모습을 보게 될 것이다.

안전한 환경을 구축한 리더는 구성원들이 협업적이고 생산적으로 일하는 모습을 보게 될 것이다. 그리고 안전한 환경은 리더가 감정적으로 성숙된 행동과 태도를 보여줄 때, 또한 관계상의 지뢰가 터지기 전 그것을 해체하기 위한 전 사社적인 수색 작업이 규칙적으로 이뤄지는 문화를 조성할 때 만들어진다.

리더가 가치를 갉아먹다

존은 중견 의료기기 업체의 영업 관리자였다. 경기가 나빠지자 그의 팀에게 목표치를 달성하라는 압박이 심하게 가해졌다. 윗선으로부터 실적 압박을 받자 그는 자신의 내적 혼란을 제어하지 못했고, 팀원 모두가 그것을 다 알게 되었다. 회의는 위협과 빈정거림이 난무했고, 토론이나 문제 해결은 거의 없이 일방적인 지시가 내려졌다. 구성원들은 처음 얼마간 인내심을 발휘했지만 이내 서로에게 짜증을 부리기 시작했다. 또한 영업 과정을 더디게 만드는 문제들이 생길 때마다 존이 운영 부서 직원들을 하도 닦달하는 바람에 그들도 고통받았다.

직원들 사이에 두려움과 불신의 분위기가 퍼지기 시작했다. 협력과 협업의 환경은 어느덧 몸을 사리는 CYA[1] 사고방식으로 대체되었고 직원들의 사기와 성과 모두가 내리막을 걷기 시작했다. 결국에는 참다못한 직원들이 다른 기회를 찾아 뒷문으로 하나둘 빠져나가기 시작했다. 그나마 그들은 다른 기회를 찾았으니 운이 좋았다. 다른 선택지가 없었던 직원들은 그야말로 '몸 따로 감정 따로'였다. 몸은 어쩔 수 없이 출근했어도 감정은 다른 곳에 있었다. 존은 오직 혼자만의 힘으로 직원들을 하나둘 죽이는 유독한 환경을 창조했다. 그의 만행으로 직원들의 사기는 산산조각 났고, 직원들은 해안가로 떠밀려오는 사체들처럼 무기력했다.

나는 오래지 않아 존과 그의 팀원들의 상황을 정확히 파악했다. 그들과 얼마간의 시간을 보내고 난 후 나는 존이 스스로의 정신세계를

---

[1] 'Cover Your Assets'의 약자로 문제가 생길 경우에 대비해 면피할 구실을 확보하라, 즉 몸조심하라는 뜻.

깊이 성찰하는 기술도 그러려는 의지도 부족하다는 사실을 확실히 깨달았다. 그렇기에 그는 자신의 영혼 깊숙한 곳에 갇혀 있는 사안들을 드러낼 수 없었다. 이제까지 그는 높은 성과를 내는 유능한 관리자였다. 그러나 사람들의 말을 종합해보면 존은 가끔 욱하는 성질이 있었던 모양이었다. 상황이 순조롭게 굴러갈 때 존은 팀원들에게 유익한 본보기도 보여주었고 그들을 지지하기도 했다. 하지만 팀의 실적이 높은 기대치에 조금이라도 못 미쳐서 그의 평판이 위협받거나 손상될 때면 그는 그것을 개인적인 공격으로 받아들였다.

누군가가 그에 대해 나쁘게 말하거나 행여 피드백에서 긍정적인 내용 말고 다른 말이라도 할라치면 그는 그들을 배신자로 낙인찍었다. 그리고 배신자는 즉각 징벌적 조치의 '목표물'이 되었다. 가끔 징벌적 조치로 존은 그 '가해자'와의 모든 접촉을 피하고 그 사람에 대한 지지나 자원을 제공하지 않았다. 또 어떨 때는 자신이 배신자로 생각하는 사람에게 폭언을 쏟아내기도 했다. 사무실 분위기가 진정성과 솔직함을 배척했기 때문에 구성원들은 부정적인 생각과 감정들을 겉으로 표현하지 않고 속에 담아두었다. 당연한 말이지만 그런 생각과 감정들은 지하 깊은 곳의 마그마처럼 지속적으로 쌓여 압력을 가했다. 직원들 사이에 만연한 사내 뒷담화 문화도 갈수록 골칫거리였다. 직원들은 험담에 가까운 이야기를 수군거리다가 존이 저만치서 걸어오면 마치 빛에 노출된 바퀴벌레들처럼 싹 흩어지곤 했다.

게다가 존의 문제는 직장 내에서만 머물지 않았다. 바깥에서 새는 바가지 집에서도 샌다고나 할까. 나와 두 번째 회의를 하던 중의 일이다. 그의 아내에게서 전화가 걸려왔는데, 그는 잠깐 대화를 주고받는 둥 하더니 일방적으로 전화를 끊었다. 흥분한 기색이 역력했다. 그는 현재 결혼 생활에 위기가 찾아왔고 이혼 이야기가 오가는 중이라고 설명했다. 그의 입장에서 보면 아내는 요구가 너무 많은 데다가 매사에 말도 안 되는 억지를 부리고 트집을 잡았다. 직장에서 받는 압박만으로도 골치가 너무 아파서 그는 아내의 "호르몬성 히스테리"를 받아줄 시간도 여유도 없었다. "호르몬성 히스테리"는 내가 지어낸 말이 아니고 존이 직접 말한 것이다. 어쨌든 그는 아내가 이성을 잃어가고 있다는 자신의 주장을 뒷받침하기 위해 최근에 있었던 몇몇 사건을 아주 상세히 설명하기 시작했다. 그런 그의 행동을 일컫는 심리학적 용어에 대해서는 이미 알아보았는데, 혹시 기억하는가? 맞다, 편향과 투사다.

나는 조용히 기회를 엿보다가 마침내 과감히 끼어들었다. "어쩌면 당신이 말하는 아내의 호르몬성 히스테리는 당신이 평생 받을 수 있는 가장 큰 선물일 겁니다." 내 말이 끝나자 그는 커다란 충격으로 할 말을 잃은 채 앉은 자리에서 미동도 하지 않았다. 그러면서 속으로는 내 말을 이해하려고 애쓰는 눈치였다. 정말이지 그는 내가 한 말을 어떻게 해석해야 할지 몰랐다. 어색한 침묵이 한참 흐른 후에 내가 말을 이어나갔다.

"탁 까놓고 솔직하게 말하겠습니다. 팀 내의 상황이 나쁩니다. 아마도 당신과 나는 그 원인에 대해서는 생각이 다르겠지만, 확실히 상황이 안 좋다는 사실은 우리 둘 다 알고 있습니다. 그리고 상황을 역전시킬 시간도 많지 않습니다. 그래서 내가 이곳에 와 있는 거고요. 하지만 더 중요한 것은 따로 있습니다. 당신의 아내가 이 지경까지 된 이유도 알고 보면 전부 그것 때문입니다."

"무슨 뜻입니까?" 그가 반문했다. "아내는 회사 일에 대해 티끌만큼도 모릅니다."

"회사 일은 모를 수도 있겠지요. 하지만 그녀는 당신을 압니다. 게다가 당신 아내는 당신보다 당신에 대해 더 잘 알지도 모릅니다. 내가 경험으로 깨달은 바로는, 누군가의 아내 얼굴을 보면 남편이 어떤 남자인지 알아맞힐 수 있습니다. 그녀의 얼굴에서 광채가 나고 온몸에서 자신감이 뿜어져 나오면 남편이 아내를 위해 애정이 넘치고 안전하며 지지적인 집안 환경을 만들었다고 장담할 수 있습니다. 거의 예외가 없습니다. 하지만 호전적이거나 잔뜩 주눅이 들고 의존적인 여성의 경우는 어떤지 아십니까? 아내의 필요와 욕구에 무관심하고 자신이 아내에게 주는 것보다 더 많은 가치를 아내에게서 뽑아가는 남편이 있는 경우가 흔합니다. 내가 아는 한으로는 그렇습니다. 물론 아닌 경우도 있지만 대체로 아내는 남편을 비추는 거울 같은 존재입니다. 가끔 당신도 누군가의 아내 얼굴을 보고 그 남편이 어떤 사람인지 알아맞힐 수 있을 겁니다. 나는 당신의 아내가 당신이라는 브랜드를 광고하는 걸어다니는 광고판이라고 생각합니다. 한번 생각해보세요. 당신 아내라는 광고판은 세상에 어떤 메시지를 보내고 있을까요?"

존은 즉각 방어적인 태세를 갖추었다. 그는 자신이 '올해의 남편' 후보에 지명되어야 하는 온갖 이유를 열거하기 시작했다. 그런 다음

아까처럼 아내와 사는 것이 왜 그토록 힘든지 보여주는 사건들을 하나하나 들먹였다. 나는 끈기 있게 기다리다가 그가 숨을 고르려 잠시 말을 멈추었을 때 기회를 잡아 속말을 내뱉고 말았다. "참으로 개똥철학이군요!"

보통은 사람 면전에 대고 그런 말을 하지 않지만, 그의 방어기제가 너무 탄탄하게 구축되어 있고 그의 벙커가 너무 깊어서 내가 할 수 있는 방법은 대놓고 호되게 면박을 주어 그의 방어기제와 벙커를 한 번에 날려버리는 길뿐이었다. 잠깐이지만 나는 그가 책상을 뛰어넘어와서 내 멱살을 잡고 사무실 밖으로 내동댕이칠 거라고 생각했다. 그의 얼굴이 벌겋게 달아올랐고 목에 핏대가 섰다. 그가 얼마나 쏘아보던지 내 얼굴에 구멍이 날 지경이었지만, 나는 조금도 기죽지 않고 그의 매서운 눈길을 당당히 맞받아냈다. 양측 모두 한 치의 양보도 없는 대치의 순간이었다. 마침내 그가 먼저 물러났다. 그는 긴 한숨을 내뱉으며 뒤로 약간 물러나 앉았다. 그러나 두 눈은 여전히 내게 고정된 채였다. 그런 다음 그가 말했다. "아내의 얼굴을 보고 남편이 어떤 사람인지 알 수 있다는 말은 무슨 뜻입니까?" 그의 질문은 내가 설명할 수 있는 기회의 문을 열어주었다.

가치를 창출하거나 가치를 착취하거나

내 아내는 돈 대신 감정을 쌓아두는 계좌가 있다. 매일 우리가 만날 때마다 나는 그 계좌에 예금하거나 그 계좌에서 인출한다. 내가 아내를 위해 각 상황에서 가치를 창출하려 노력할 때는 예금이다. 가령 아내를 신체적·감정적으로 배려하고 챙길 때, 아내의 의견을 구하고 존중할 때, 아내의 필요와 욕구를 충족시켜줄 때, 나 자신의 행복보다 아내의 행복을 우선시할 때, 아내의 말에 공감하며 경청할 때, 아내의 말을 지지하고 힘을 보태줄 때, 마음 깊이 담아둔 문제들을 토론할 수 있는 안전한 환경을 제공할 때, 이런 행동 모두는 예금이다. 그리고 아내의 감정 계좌에 내 예금이 쌓일수록 우리의 관계는 더욱 부자가 될 것이다.

그러나 내가 아내에게 주는 것보다 아내에게서 더 많이 기대할 때 나는 인출한다. 아내의 필요와 욕구보다 내 필요와 욕구를 우선시할 때, 대가를 고려하지 않고 아내에게 무턱대고 무언가를 요구할 때, 내 자신을 최우선할 때 등은 내가 인출하는 상황이다. 그리고 내가 아내에게 예금한 것보다 더 많은 감정을 뽑아 가면 얼마 지나지 않아 우리의 관계는 감정적으로 파산할 것이다. 혹은 관계를 은행 계좌 말고 저수지로 생각해도 좋다. 저수지에 물을 더 많이 가둘수록 관계가 충분한 물을 공급받을 가능성이 커질 것이다. 그러나 저수지에서 물을 빼기 시작하는 순간 관계는 메마르기 시작한다.

매일 그리고 누군가를 만날 때마다 우리는 가치 창출자와 가치 추출자 중에서 무엇이 될지 선택할 수 있다. 가치 창출자는 모든 상황을 기여할 기회로 활용한다. 그들은 자신이 가져가는 것보다 더 많이 주고자 한다. 그들은 다른 사람들의 삶을 더 낫게 만들 방법을 모색한다. 우리가 다른 사람들을 위해 가치를 창출하면 우리와 그들과의 관계는 시간이 흐를수록 더욱 풍성해진다. 사무실이든 가정이든 상관없이 똑같은 원칙이 적용된다.

모든 관계에서 가장 큰 문제는 한쪽 혹은 양 당사자가 가치를 추출하려는 목적으로 관계를 시작할 때 생긴다. 인맥을 쌓기 위한 네트워킹 모임에서 이런 경우를 많이 보게 된다. 사람들은 그런 모임에 나가서 마치 품평회 하듯 참석자들을 한 명 한 명 면밀히 살펴본다. 그들은 상대방이 자신의 일에 어떤 가치를 제공할 수 있을지에 대해 생각하고, 그것을 토대로 모든 사람을 평가한다. 그들 각자는 자신의 상황을 촉진시켜줄 연결 고리를 만들겠다는 목적을 가지고 서로 어울린다. 한번 생각해보라. 그런 상호 교환이 목적인 모임에서 누군가가 사전에 결정한 자격 조건을 충족시키지 못했을 때 무언가를 받은 적이 한 번이라도 있던가? 가치 추출자가 당신의 이야기에 흥미를 잃을 때 대화의 방향이 얼마나 빨리 틀어지는지, 당신이 얼마나 무례하게 내쳐질 수 있는지를 생각하면 정말로 헛웃음밖에 나오지 않는다. 그런 모임은 종종 절박한 사람들과 지독한 자기중심주의자들로 넘쳐나고, 각자 무언가를 홍보하거나 보호하려고 혈안이 되어 있다. 사람들은 자신이 **당신에게** 제공할 수도 있는 것에 대해서는 거의 생각하지 않은 채 그저 **당신으로부터** 얻어낼 수 있는 것에만 초점을 맞춘다. 모두가 의례적으로 명함을 교환한다. 그러나 대부분의 사람들은 자기 증진의 목적을 충족시켜줄 수 있을지를 토대로 상대방을 평가하고, 그럴 가능성이 거의 혹은 전혀 없는 사람들의 명함은 구겨진 채 휴지통으로 직행한다.

한편 가치 창출자들은 네트워킹보다 넷위빙NetWeaving 활동에 참여할 가능성이 더 크다. 내 친구이자 넷위빙 인터내셔널NetWeaving International의 창업자인 밥 리텔Bob Littell은 넷위빙을 인맥 구축의 '황금률'이요 자신이 먼저 손 내밀어 베푸는 일종의 '선행 파도타기Pay it Forward'²로 정의한다. 넷위빙에서 개인은 공통의 관심사가 있거나 상부상조할 가능성이 있는 사람들과 어떻게 연결하면서 가치를 창출할 수 있을지 더 많이 고민한다. 그것은 자신의 이야기보다 다른 사람의 이야기를 발전시키는 일과 관련이 있으며, 우리가 삶에서 바라는 모든 좋은 것이 다른 사람들을 위해 가치를 창출할 때 따라오는 부산물이라는 사실을 이해한다는 뜻이다. 또한 넷위빙에서 사람들은 자신이 얼마나 가치 있는 사람인지 증명하려 노력하기보다 어떻게 하면 다른 사람들을 위해 가치를 창출할 수 있을지에 더욱 초점을 맞춘다. 뿐만 아니라 그 개념은 이기적인 목적의 가치 추출과는 관련이 없다. 우리는 오히려 각각의 만남에서 우리가 상대방에게 크게 기여하거나 그럴 수 있는 사람을 소개해줄 가능성이 매우 크다는 사실을 끊임없이 자각하게 된다. 그렇게 함으로써 우리는 누군가의 세상에 긍정적인 영향을 미치고, 누군가의 인생을 더 좋게 만들며, 가치를 창출할 수 있다. 그리고 우리가 다른 사람들을 위해 더 많은 가치를 창출할수록 우리는 더 가치 있는 사람이 된다.[ii]

가장 친밀한 관계에서도 똑같은 원칙이 적용된다. 삶의 의미와 성

---

2   도움을 받은 사람이 이를 되갚는 대신 나중에 또 다른 사람에게 이어서 선행을 베푸는 행위.

취감은 분명 가치 창출에서 비롯하는데도, 우리 사회는 종종 가치 추출을 아름답게 포장한다. 실제로도 우리는 매일 일상에서 이런 왜곡된 관점을 보고 듣는다. 이런 관점들은 가치 추출을 수없이 미묘한 방식으로 미화한다.

《제리 맥과이어Jerry Maguire》는 내가 정말로 좋아하는 몇 안 되는 영화 중 하나다. 냉혈한 스포츠 에이전트가 도덕적 깨달음을 얻고 사랑을 추구하게 되는 이야기는 영화 소재로 아주 그만이다. 《제리 맥과이어》는 "대박 나게 해줘Show me the money!"와 "널 위해 날 도와줘Help me help you!"처럼 누구나 한 번쯤 들어봤음직한 유명한 대사들을 남겼다. 그러나 그 영화에서 내 관심을 사로잡은 대사는 따로 있다. 관객의 감정을 뒤흔들어놓는 두 줄의 대사다. 두 대사 모두 제리(톰 크루즈 분)가 도로시(르네 젤위거 분)에게 그날 저녁에 무슨 일이 있었는지를 설명하는 장면에서 등장한다. 그 일로 인해 제리가 세운 신생 회사는 전환점을 맞이했다. 어쨌든 그 장면의 끝에서 도로시가 많은 마초들조차 감동으로 울컥하게 만들었던 말을 한다. "당신이 들어오던 그 순간부터 이미 말이 필요 없었어요You had me at hello." 영화를 본 사람은 알겠지만 도로시가 그렇게 말하기 직전에 제리가 진심에서 우러나온 고백을 한다. "당신이 나를 채워줘You complete me!" 이 간단한 세 마디가 수많은 여성들의 눈물샘을 자극하며 그들을 감동의 도가니로 몰아넣었다. 그 장면은 정말로 로맨틱해 눈물 닦을 휴지가 필요할 정도였다.

잠깐. 방금 끼익~ 소리가 들렸는가? 내가 당신 머릿속에서 브레이크를 밟는 소리였다.

그 장면을 찬찬히 분석해보자. 전혀 로맨틱하지 않다. 아니, 오히려 하도 황당해서 속이 울렁거릴 지경이다. 그 장면은 가치 창출의 근처에도 가지 않는다. 오로지 가치 추출만 있을 뿐이다. 화면을 뒤로 돌려보자. 우리의 심금을 울리는 그 명대사를 말하기 직전에 제리가 하는 말을 자세히 살펴보겠다.

"우리의 작은 프로젝트가, 우리의 작은 회사가 큰일을 해냈어… 그런데 그게 다는 아니야. 채워지지 않는 구석이 있었어. **내** 곁에 당신이 없어서 그래. **나는** 당신의 목소리를 들을 수 없었어. 함께 웃을 수도 없었어. **난** 당신이 간절히 보고 싶어졌어. [효과를 극대화하기 위한 긴 침묵] 세상이란 참… 눈물 나게 비정해. 하지만 사는 게 아무리 힘들어도 [당신이 휴지를 꺼낼 수 있도록 또다시 긴 침묵이 찾아온다] **난** 당신을 사랑할 거야. 당신이… **날** 채워줘!"[iii] 이제 울고 싶으면 울어도 좋다.

그 대사를 다시 찬찬히 읽어보라. 내가 강조한 부분을 주목하길 바란다. 제리의 대사에서 초점이 누구에게 있는가? '**나**'라는 단어가 몇 번 나오는가? 정말로 누구에 관한 이야기인가? 맞다, 제리 자신이다! 물론 제리가 "당신을 사랑할 거야."라고 말했다. 그런데 제리는 그 말에 이어 이렇게 말한다. "**당신이**… 채워줘." 누구를 채워준단 말일까? 바로 **날** 채워준다는 말이다. 결국 모든 말이 오직 그 자신에 관한 것이다. 과거에도 그랬고 지금도 여전히 자신이 제일 중요하다. 그리고 그 한 줄의 대사가 관계에 관한 우리의 왜곡된 생각을 더욱 심화시킨다.

당신도 알겠지만, 대부분의 사람들은 어느 날 마법처럼 자신의 영혼 깊숙한 곳에서 느끼는 공허감을 채워줄 모든 것을 가진 누군가가 자신의 인생에 찾아올 거라고 생각한다. 즉 백마 탄 왕자나 공주를 기다린다. 우리는 마음속 깊은 갈망을 만족시켜줄 누군가를 찾는다. 우리가 있는 그대로의 자신에게 만족하도록 해줄… **우리를 채워줄** 누군가 말이다. 요컨대 '영혼의 동반자soul mate' 신화다. 어떤 사람들은 자신을 위한 완벽한 짝이 있는 완벽한 세상이 있고, 일단 천생연분을 찾아 둘의 인생이 합쳐지고 나면 동화처럼 영원히 행복하게 살게 될 거라고 믿는다. 하지만 이런 생각은 현실을 전혀 반영하지 못한다.

이런 가짜 믿음을 받아들인다면 그 다음으로 완벽한 짝을 찾는 것이 논리적인 수순이다. 당신은 스스로에게 만족하기 위해 필요한 것을 제공해줄 수 있는 누군가를 찾는 여정을 시작한다. 여기서 핵심이 무엇인지 알겠는가? 바로 그것이 가치 추출적 사고방식이라는 점이다. 당신을 행복하게 만들어줄 것 같고 최소한 일시적으로라도 당신의 일부 성격적 결함을 채워줄 것처럼 보이는 누군가를 마침내 찾게 되면, 당신은 앞뒤 재지 않고 그 기회를 붙잡는다(어쩌면 결혼식장에서 영원한 관계를 약속하는 혼인서약서를 낭독할 때까지 당신의 추한 부분들을 성공적으로 감출 수도 있다). 그러나 신혼여행에서 돌아오고 어느 정도 시간이 흐르면, 당신은 이제껏 감춰왔던 자신의 나약한 민낯에 또다시 직면하기 시작한다. 당신의 필요와 욕구가 적절히 충족되지 못했기에 좌절감을 느끼거나 심지어 분노한다. 또한 외로움을 느낄 뿐 아니라 결혼 전에 느꼈던 것과 똑같은 갈망을 다시 경험하기 시작한다. 그래서 당신은 미흡하고 부족한 부부 관계에 대해 배우자를 탓한다. 심지어 더 나쁜 경우도 있다. 당신을 채워줄 수 있을 것 같은 사람과 결혼했으면서도 그 결혼이 끔찍한 실수였다고 생각한 나머지, 결혼을 했음에도 당신의 신화를 완성시켜줄 영혼의 동반자를 찾는 노력을 중단하지 않는 것이다. 그 길의 끝은 비참한 삶뿐이다.

세상은 나약한 사람들로 가득하다. 그들은 자신의 성격적 결함들을 메워주고 자신이 온전히 채워졌다고 느끼게 해줄 누군가를 끊임없이 찾는다. 하지만 서로에게서 가치를 추출하려는 두 사람이 맺는 관계는 거머리 두 마리가 서로의 몸에 들러붙어 주둥이를 꽂아 피를 빨아먹는 모습과 흡사하다. 참으로 측은한 모습이지만 이것은 많은 결혼 생활에 대한 정확한 비유다. 가치 추출에 초점이 맞춰진 결혼 생활에서 사람들은 각자 결국 탈진하고 죽어간다. 말 그대로 피를 말리는 관계다.

그러나 이제 현실을 직시하자. 결혼이라는 성스러운 결합은 성스럽지 않은, 나약한 두 사람으로 이뤄진다. 여기에는 예외가 없다. 결혼 생활이 성공하려면 양 당사자 모두 가치 창출적 사고방식을 갖출 필요가 있다. 이런 관계를 쉽게 설명하기 위해 지금부터 1인칭으로 말하겠다. 내가 결혼에서 무엇을 얻을 수 있을지가 아니라 무엇을 기여할 수 있을지에 초점을 맞출 때, 나는 가치 창출자로서 배우자와 내가 함께 번성할 수 있는 환경을 만들고자 한다. 무엇보다 나는 배우자에게 나의 가장 좋은 점을 내주려고 애쓴다. 아울러 배우자를 물심양면으로 지원할 방법을 끊임없이 찾아서, 배우자의 성장을 독려하기 위해 내가 제공할 수 있는 것이라면 뭐든지 그(녀)가 가질 수 있도록 한다. 나는 배우자의 부족한 부분을 채워주거나 배우자의 성격상 결함을 숨겨줄 책임이 없다. 오히려 배우자와 진정성 있고 투명한 방식으

좋은 결혼은 불완전한 두 사람이 함께 시간을 보내며 빚어내는 예술작품이다. 그들은 자신의 나약함을 인정하고 서로에게 관대함을 베푼다.

로 삶을 공유하고, 무조건적으로 사랑하며 내 능력이 닿는 한 매사에 솔선수범해야 한다. 나는 보답을 바라지 않고 준다. 내가 주는 이유는 그게 옳은 일이기 때문이다. 다행히도 배우자가 나와 같은 가치 창출적 사고방식을 갖고 있다면,

우리의 관계는 성장하고 우리 둘은 물론이고 다른 사람들에게도 축복이 된다. 나와 배우자 모두가 자신의 가장 좋은 것을 내어줄 때 우리는 서로를 채워주는 것이 아니라 서로를 보완해준다.

좋은 결혼은 불완전한 두 사람이 함께 시간을 보내며 빚어내는 예술작품이다. 그들은 자신의 나약함을 인정하고 서로에게 관대함을 베푼다. 또 자신의 불완전함을 통해 서로를 사랑하고 서로를 위해 가치를 창출한다. 심지어 자신이 상대방을 위해 창출한 가치가 보답 받을 가능성이 없을 때에도 그렇게 한다. 결혼은 '나'가 아니라 '우리' 중심의 사고방식에 의해 군건히 유지되는 약속이다. 이런 유형의 관계는 **나** 대신에 **우리**를 중요시하도록, 또한 서로가 상대방에게 가장 이로운 것을 끊임없이 추구하도록 서로에게 용기를 북돋운다.

우리는 어떤 여성의 얼굴만 보고도 그녀의 남편이 가치 창출자인지 가치 추출자인지 알 수 있다. 당연히 그 반대도 마찬가지다. 아내가 가치 창출자인 남성은 정말로 행복한 사람이다. 반면 속된 말로 '등골'을 빼먹는 관계에 있는 사람들은 손쉽게 알아볼 수 있다. 또한

감히 말하건대, 팀 구성원들의 얼굴을 보면 그들의 리더가 어떤 인물인지에 대해 많은 것을 알 수 있다. 소위 잘나가는 팀은 거의 언제나 가치 창출자인 리더가 있다고 봐도 틀림이 없다. 가치 창출적 리더는 참된 성공이란 구성원들이 반드시 성공할 수 있도록 힘 닿는 데까지 노력을 다하는 데서 비롯된다는 사실을 잘 안다. 또한 행복과 성취감은 다른 사람들에게 행복과 성취감을 주기 위해 열심히 노력하는 데서 나온다는 사실도 안다. 뿐만 아니라 자신이 삶에서 추구하는 좋은 것들이 다른 사람들을 위해 가치를 창출할 때에 따라오는 부산물이라는 사실도 명확히 인지한다.

당신 배우자의 얼굴은 어떤 말을 하는가?

나는 존에게 시선을 돌리며 물었다. "당신 아내의 얼굴은 당신에 대해 어떤 말을 할까요?" 그는 몸도 입도 얼어붙어 망부석처럼 앉아 있었다. 사실 굳이 대답할 필요도 없었다. 우리 둘 다 그 대답을 너무나 잘 알고 있었으니 말이다.

내가 침묵을 깼다. "자, 보세요. 물론 가능성이 희박하긴 해도 어쩌면 당신 아내가 정말로 당신이 말한 만큼 악처이고 정신 건강에 무슨 문제가 있을 수도 있겠죠. 그러나 한때는 당신도 그녀 없이는 살 수 없다고 생각할 만큼 그녀에게서 좋은 점을 아주 많이 보았습니다. 그런데 무엇이 변했습니까? 그녀가 정신적으로 불안정해졌습니까? 아니면 당신네 부부가 어떻게 하면 서로의 필요와 욕구를 충족시켜줄 수 있을지에 초점을 맞추기보다 각자 상대방이 자신의 필요와 욕구를 충족시켜주길 일방적으로 기대했던 걸까요? 혹은 당신 둘 다 그저 다른 모든 세상 사람들과 똑같이 사랑을 갈구하는 불완전한 존재인 것뿐일까요? 당신은 사랑, 당신에게 필요하고 또한 당신이 받을 자격이 된다고 생각하는 그 사랑을 얻지 못할 때 어떻게 행동합니까? 서로의 필요와 욕구를 충족시키려 하기 전에 당신의 필요와 욕구를 충족시켜 달라고 요구하고 지시하기 시작하지 않습니까? 당신의 마음속에 쌓인 감정적 응어리가 그녀의 감정적인 응어리와 정면충돌해서 둘 다 상처를 입었을 가능성은 없을까요?”

“나는 아내를 정말 사랑합니다.” 존이 한결 누그러진 목소리로 말했다. “솔직히 말하면 아내를 잃게 될까 겁납니다. 그렇지만 아내는 내가 나 자신을 통제할 수 없을 정도로 날 미쳐버리게 만듭니다. 아내는 공평하지도 합리적이지도 않습니다. 아내가 내 성격을 꼬투리 잡아 인신공격을 시작하면 정말이지 폭발할 것 같습니다.” 그의 목소리에 다시 긴장이 감돌았다.

“그런데 당신 아내가 사실은 인신공격하는 게 아니라면요?”

“우리 부부의 대화를 들어보지 못하셨으니까 그렇게 말씀하시겠죠.” 그가 반박했다.

“물론 들어본 적은 없습니다. 그러나 지금 당신의 말을 듣고 판단컨대 당신 아내는 당신에게서 무언가를 얻기 위해 필사적인 것 같습니다. 그렇지 않습니까?”

“당연히 내 돈을 원하고 있겠죠!” 그가 웃는 얼굴로 대답했고, 그러자 대화 분위기가 조금 가벼워졌다.

"그리고 상황이 지금과 같은 방향으로 계속 흘러간다면 당신 아내는 결국 재판으로 원하는 것을 얻게 되겠지요." 내가 농담으로 맞장구를 쳐주었다. "다시 본론으로 돌아가서 진지하게 한번 생각해보세요. 당신 아내가 감정적으로는 당신에게서 무엇을 얻으려 한다고 생각하십니까?"

"사랑을 찾고 있는 것 같습니다."

"나도 그렇게 생각합니다." 나는 공감을 보여주었다. "그런데 당신 아내에게는 사랑이 어떤 모습일까요? 그녀에게 무엇이 필요할까요? 아내에게 물어본 적이 있으십니까?"

"그런 질문은 해본 적이 없습니다."

"글쎄, 지금이라도 물어보시면 어떨까요? 당신 아내가 당신에게서 정말로 무엇을 필요로 하는지 직접 물어보는 게 좋겠습니다. 내 경험에 따르면 사람들은 대체로 자신이 관계에서 충만함을 느끼려면 무엇이 필요한지 알고 있습니다. 당신 아내가 솔직히 말해주고 당신도 아무런 반박을 하지 않고 그냥 열심히 듣는다면 부부 관계를 회복할 좋은 출발점이 될 수도 있습니다. 또한 당신이 가치 창출자가 되어서 아내가 자신의 입으로 필요하다고 말하는 것을 제공하기 위해 최선을 다하는 데 초점을 맞춘다면, 당신 부부 관계의 온도와 분위기가 변하기 시작할 겁니다."

"그런데 아내가 호응을 안 해주면 어떡합니까?" 그가 물었다.

"음, 만약 당신이 노력하는 이유가 아내에게서 특정한 반응을 이끌어내기 위해서라면 당신은 정말로 가치 창출자가 되는 것에 초점을 맞추는 게 아닙니다. 오직 무언가를 돌려받기 위해 가치를 제공한다면 당신은 그저 위선자일 뿐입니다. 좀 더 심하게 말하면 당신은 사실 가치 추출자로 상황을 마음대로 조종하려 하면서, 겉으로만 가치 창출자 행세를 하고 있을 뿐입니다. 가치 창출자는 어떤 보답도 기대하지 않고 그냥 줍니다. 그저 주는 것이 생활화되어 있어서 주는 겁니다."

"그런데도 상황이 좋게 변하지 않으면요? 그럴 때는 어떡합니까?" 그가 끈질기게 물고 늘어졌다.

"물론 그렇게 되지 않을 수도 있습니다. 적어도 처음에는 그렇겠지요. 변화는 어느 정도의 시간이 필요한 일입니다. 당신도 지금 이 자리에 하룻밤 만에 올라온 것이 아니지 않습니까. 관계도 마찬가집니다. 하룻밤 만에 고쳐지지 않습니다. 그렇지만 가치 창출자가 되겠다는 마음을 끝까지 유지하고 또한 아내의 피드백을 진심으로 받아들이는 법을 배운다면 상황이 더 좋은 방향으로 변하기 시작할 거라고 장담합니다. 당신네 부부 관계는 아주 오래 전부터 가치 추출의 독성에 서서히 중독되어 왔고, 그로 말미암아 서로에 대한 예전의 뜨거웠던 마음이 식고 말았습니다. 유일한 치료법은 가치 창출입니다. 당신이 잘하고 있는지 아내에게 규칙적으로 피드백을 요청하고 아내가 감정적으로 필요로 하는 것을 주려고 노력하는 일에 진심으로 초점을 맞춘다면, 당신 아내의 태도에서 분명 변화가 나타날 겁니다. 그러니 조바심 내지 말고 끈기를 가지세요. 그건 시간이 걸리는 일이니까요."

당신의 팀은 당신에게서 무엇을 필요로 할까?

팀원들이 당신에게서 무엇을 필요로 하는지 물어본 적이 있는가? 없다면 지금이라도 물어보길 바란다.

그건 정말 간단한 질문이다.

좋은 리더라면 어떻게 하면 구성원들을 더 많이 도와줄 수 있을지 알고 싶은 법이다. 그들은 막연히 짐작하거나 추측하지 않는다. 직접적으로 묻는다. 가끔은 구성원들의 기대가 비합리적이거나 충족시키기 힘들 때도 있다. 좋은 리더라면 그런 경우 구성원들의 기대를 재설정할 줄 안다. 가끔은 그 질문을 통해 리더가 더 건강한 팀 역학을 촉진할 수 있는, 혹은 뛰어난 성과를 달성하는 데 방해가 되는 걸림돌을 제거할 수 있는 새로운 방식이 만들어지기도 한다. 또 리더는 가끔 직접 문제를 해결하지는 못하더라도 경청하거나 공감하는 반응을 보여야 한다. 그렇게 하면 상대방에게 가장 이로운 것을 고려한다는 사실을 상대방이 확실히 알 수 있기 때문이다.

성공하고 싶다면 주변의 모든 사람이 성공하도록 만드는 일에 초점을 맞춰라. 그리하면 당신의 성공은 자연히 따라온다. 행복해지고 싶다면 주변 사람들을 위해 가치를 창출함으로써 그들을 행복하게 해주는 데 집중하라. 그리하면 당신은 저절로 행복해진다. 내 경우를 예로 들어보자. 나는 아내가 행복할 때 남편으로서 가장 행복하다. 행복한 아내는 행복한 삶의 원동력이다! 또 나는 아이들이 무탈하게 잘 지내고 행복할 때 아버지로서 가장 행복하다. 팀 리더로서 내가 가장 큰

좋은 리더라면 어떻게 하면 구성원들을 더 많이 도와줄 수 있을지 알고 싶은 법이다. 그들은 막연히 짐작하거나 추측하지 않는다. 직접적으로 묻는다.

행복을 느끼는 순간은 팀원들이 각자의 일에서 행복과 성취감을 찾을 때이다. 그러나 내가 묻지 않는다면, 그들이 행복한지 그리고 건강한 관계를 촉진하는 환경을 만들기 위해 내가 무엇을 할 수 있을지 알 도리가 없을 것이다.

팀 구성원 각자에게 뛰어난 성과를 내기 위해 어떤 지원과 도움이 필요한지 구체적으로 묻는 리더는 대개 인성적으로나 감정적으로 매우 성숙한 사람이다. 가치 창출자로서 반응하는 리더는 안정적인 관계를 배양하는 법을 잘 알고 구성원들을 더 행복하게 만들어주는 경향이 있다. 마지막으로 다시 한 번 강조한다. 팀원들의 얼굴을 보는 것만으로도 리더가 어떤 사람인지 많은 것을 알 수 있다.

얼굴에 다 드러나다

존과 앞의 대화를 나누고 몇 달이 흐른 후에도 나는 여전히 그와 그의 팀의 일에 관여하고 있었다. 나는 존에게 코칭하면서 두 가지 문제에 시간을 똑같이 할애했다. 하나는 더욱 협업적이고 영감을 주는 작업 환경을 육성하는 일이었고, 다른 하나는 위기에 처한 그의 결혼 생활을 구하는 일이었다. 가상하게도 그는 두 문제 모두에 끊임없이 헌신적으로 노력했다. 그 과정에서 존은 뜻밖의 사실을 깨달았다. 아내의 상처 입은 마음을 치유하기 위해 사용하는 접근법이 팀원들에게도 효과적이라는 사실이었다. 실로 존은 가정에서 배운 교훈들을 시장에서도 써먹을 수 있었다. 이제 존의 아내는 그에게 가장 소중한 비즈니스 코치가 되었다. 물론 그의 아내는 예나 지금이나 남편의 회사 일에 대해 아무것도 모른다. 하지만 남편이라는 사람에 대해, 그리고 건강한 관계를 육성하기 위해 그가 무엇을 해야 하는지에 대해 아주 많이 안다.

스스로를 변화시키고 가치 창출자가 되겠다는 일념으로 아내에게 더 많이 의지하고 아내의 말에 더욱 귀를 기울일수록, 존은 팀 구성원들과 더욱 효과적으로 관계를 구축할 수 있었다. 예전처럼 가식적이고 방어적인 태도를 취하는 대신 그는 자신의 세상에서 새 사람이 되어 행동하기 시작했다. 무엇보다 그는 피드백을 환영했다. 아니 정확히 말하면 피드백을 자진해서 요청했다. 피드백을 마음 깊이 새겼고 더욱 긍정적인 방식으로 행동하기 위해 부단히 노력했다.

성탄절이 얼마 남지 않았을 때 존의 사무실이 파티를 열었는데, 존의 아내가 그 파티에 참석했다. 사람들이 기억하는 한, 존의 아내가 회사의 성탄절 파티에 참석한 적은 그때가 처음이었다. 그날 파티에서 존의 곁에는 아내가 든든히 버티고 서 있었다. 파티가 시작하고 얼마 지나지 않아 존이 내게 다가오더니 자신의 아내인 수전Susan을 소개해주었다.

"드디어 만나게 되는군요. 정말 반가워요." 수전은 크리스마스트리를 장식한 전구들이 무색할 만한 환한 미소를 지으며 말했다. "그동안 남편으로부터 당신에 대해, 그리고 당신이 남편이나 남편의 팀과 함께 해온 일에 대해 아주 많은 이야기를 들었어요. 당신이 남편을 위해 해준 모든 일에 감사하다는 말씀을 꼭 드리고 싶어요. 당신이 정말로 우리 세상을 바꿔놓았어요."

"제가 뭘⋯ 어쨌든 친절한 말씀 감사드립니다. 그렇지만 사실 존이 전부 다 한 일입니다." 나는 존을 슬쩍 띄워주었다. "저도 당신을 만나 뵙게 되어 정말 기쁩니다. 이 말을 하지 않을 수가 없군요. 당신의 웃는 모습이 정말 보기 좋습니다. 아시겠지만 아내의 얼굴을 보면 남편이 어떤 사람인지에 대해 많은 것을 알 수 있는 법입니다. 제가 본 바에 따르면 당신은 좋은 남편을 두셨군요!"

그들이 인사를 하고 자리를 떠나려 할 때 내가 존의 팔을 살며시 잡고 그의 귀에 속삭였다. "정말 인상적인 광고판입니다!"

존이 함박웃음을 지었다.

관계를 위한 핵심 질문

☐ 감성 지능의 뜻을 정의하고 리더십에서 감성 지능이 어째서 그토록 중요한지
   설명해보라.

☐ 인맥구축의 두 가지 형태인 네트워킹과 넷위빙 사이의 커다란 차이는 무엇
   일까?

☐ 당신 배우자의 얼굴은 당신 부부 관계의 본질에 대해 어떤 말을 할까?

☐ 팀 구성원들이 리더인 당신에게서 무엇을 필요로 한다고 생각하는가?

☐ 팀 구성원 한 명 한 명에게 당신에게서 무엇을 필요로 하는지 직접 물어보라.
   그런 다음 당신이 직전 질문에서 작성한 목록과 그들의 대답을 비교해보라. 무

   엇이 다르고 무엇이 비슷한가?

8장
두려움을 극복하라

너무 많은 사람들이 두려움 속에서 살다 보니 정작 자신의 꿈을 이루지 못한다.

레스 브라운Les Brown, 동기부여 강연자

1892년, 1년 전에 개교한 스탠퍼드 대학교의 초대 입학생 중 한 명이 등록금을 마련하려고 동분서주하고 있었다. 아버지는 그가 6살 때인 1880년에 돌아가셨고, 어머니마저 불과 3년 후에 세상을 떠나셨다. 9살 어린 나이에 양친을 여의고 천애 고아가 된 그는 대학 공부를 계속하도록 도와줄 가족도 없었고 경제적 자원도 거의 없었다. 그는 학비를 마련하기 위해 친구 한 명과 스탠퍼드에서 음악회를 개최하기로 의기투합했다. 그들은 폴란드 출신의 세계적인 피아니스트 이그나치 J. 파데레프스키Ignacy J. Paderewski가 미국 순회공연을 계획 중이라는 사실을 알게 되었고, 그의 매니저에게 접촉해 연주 일정에 한 곳을 추가해줄 수 있을지 알아보았다. 파데레프스키 측은 출연료로 2,000달러를 요구했고, 그들이 그 조건을 받아들임으로써 거래가 성사되었다.

두 청년은 음악회를 성공시키기 위해 발에 불이 나도록 돌아다녔다. 마침내 음악회 날이 되었다. 그들은 입장권을 팔아 파데레프스키의 매니저에게 약속한 출연료를 마련할 계획이었지만 안타깝게도 2,000달러에서 400달러가 모자란 1,600달러밖에 모으지 못했다. 음악회가 끝난 후에 학생들은 파데레프스키와 그의 매니저에게 가까스로 모은 1,600달러를 주면서 부족한 금액은 돈을 모으는 대로 신속히 갚겠다고 약속했다. 그들의 딱한 사정과 그들이 음악회를 기획한 애초 목적에 대해 알게 된 파데레프스키는 그 자리에서 계약서를 찢어버렸을 뿐 아니라 1,600달러까지 전부 돌려주었다. 그러면서 두 청년에게 그 돈을 음악회 비용으로 쓰지 말고 학비에 보태 공부를 계속하라고 말했다.

이후 파데레프스키는 폴란드의 초대 총리 겸 외무부 장관이 되었다. 그의 총리 재임시절에 제1차 세계대전이 발발해 폴란드는 황폐화되었고, 피비린내 나는 전쟁의 여파로 국민 150만 명 이상이 굶주리는 극심한 식량난을 겪었다. 폴란드의 신생 정부는 식량을 구입할 자원이 전혀 없었다. 국민들을 돕기 위한 필사적인 마음에서 파데레프스키는 미국의 FRA(식량구호국Food and Relief Administration)에 원조를 요청했다. 당시 미국 대통령이던 우드로 윌슨Woodrow Wilson(1913~1921년 재임)이 설립한 FRA는 연합국에 식량을 보급하는 책임을 맡고 있었다. 파데레프스키의 요청을 받은 FRA의 초대 국장 허버트 후버Herbert Hoover는 폴란드를 돕기로 결정했고, 이제껏 유럽에서 수행된 것 중 최대 규모의 구호 작전을 시작했다. 그는 식량난에 굶주리던 폴란드 국민을 돕기 위해 식용 곡물 200만 톤을 신속하게 보냈다. 당시 200만 톤은 폴란드 국민들이 이듬해 수확 때까지 먹을 수 있는 엄청난 양이었다.

파데레프스키는 폴란드와 폴란드 국민들에게 식량을 원조해준 후버에게 직접 고맙다는 인사를 하러 파리로 갔다. 파데레프스키가 고맙다는 인사를 시작했을 때 후버가 그의 말을 잘랐다. "총리님, 제게 감사하실 필요 없습니다. 오히려 제가 총리님께 감사를 드려야 합니다. 총리님은 기억 못하실지 모르겠지만 몇 해 전 총리님께서 캘리포니아 팔로알토Palo Alto에서 공연을 하신 적이 있습니다. 당시 음악회를 주최했던 청년들은 입장권이 많이 팔리지 않아 계약서에 명시된 출연료를 지불할 수 없었습니다. 그런데 총리님께서는 흔쾌히 출연료를 받지 않으셨고, 덕분에 두 학생은 무사히 대학을 졸업할 수 있었습니다. 모두 총리님 덕분이었습니다. 그리고 총리님, 그 두 명의 학생 중 하나가 바로 접니다."[i]

훗날 허버트 후버는 미국의 제31대 대통령(1929~1933)에 취임했다. 제2차 세계대전 중에 후버는 폴란드 구호위원회Commission for Polish Relief를 조직해 이끌었고 폴란드 국민 수십만 명을 도왔다. 또한 1946년에는 향후 30년간 폴란드 국민들을 도와줄 또 다른 계획을 추진하기 위해 폴란드를 다시 방문했다. 이렇듯 파데레프스키와 폴란드 국민 그리고 후버의 오랜 관계는 작은 친절 하나에서 출발했고, 그 친절을 베푼 당사자는 자신의 행동이 상대방에게 어떤 영향을 미칠지 꿈에서도 생각하지 못했다. 그렇지만 그 행동 하나가 긍정적인 나비 효과를 유발해 한 국가의 역사의 방향을 바꿔놓았다.[ii]

본질적으로 볼 때 세상에는 두 가지 유형의 사람들이 있다. 가치 창출자와 가치 추출자다. 가치 추출자는 모든 상황에서 자신의 행동이 주변 사람들에게 어떤 영향을 미칠지 거의 혹은 전혀 상관하지 않은 채 오직 자신을 위해 가능한 한 많은 가치를 추출할 수 있는 자리를 차지한다. 쉽게 말해 그들은 세상에서 무언가를 취하는 사람들이다. 그들은 **희소성의 심리**scarcity mentality를 고수하는데, 결핍의 심리라고도 불리는 그 개념은 모두에게 골고루 돌아갈 만큼 세상의 자원이 충분하지 않다는 가정에 토대를 둔다. 따라서 그들은 살아남으려면 테이블에 먼저 도착해서 남들이 오기 전에 가능한 한 많이 자신의 몫을 챙겨야 한다고 믿는다. 요컨대 가치 추출자들은 자신을 위해 산다.

반면 가치 창출자는 다른 사람들을 위해 가능한 한 많은 가치를 기여하기 위해 끊임없이 노력한다. 가치 창출적 사고방식은 **풍요의 심리** abundance mentality로, 우리가 힘을 합쳐 일한다면 각자 일한 결과를 합칠 때보다 더 많이 이룰 수 있다는 믿음에 뿌리를 둔다. 그리고 힘을 합쳐 창출한 가치는 그 가치를 창출하는 데 기여한 모든 사람이 골고루 나눠 가질 수 있다. 가치 창출자는 다른 사람들의 삶을 증진시키기 위해 산다. 즉 이타적인 삶을 산다. 그러나 그들은 이타적인 삶을 통해 자신의 존재도 크게 강화한다.

가치 창출자는 매일 자신이 만나는 모든 사람들의 이익을 위해 최선을 다한다. 보답으로 무언가를 얻기 위해서가 아니다. 그들은 그저 그것이 옳은 일이기 때문에, 자신이 본래 그런 사람이기 때문에 그렇게 할 뿐이다. 가끔은 그들의 호의가 가시적인 방식으로 보답을 받을 때도 있다. 또 가끔은 전혀 결과를 맺지 못할 때도 있다. 그러나 그들은 다른 사람들에게 이로운 일을 하는 것이 좋은 일이라는 사실을 알기에, 그래서 그것이 자신의 가치관에 부합하기 때문에 남들을 이롭게 한다.

다시 파데레프스키 이야기로 돌아가자. 그는 여러 가지 의미에서 가치 창출자였다. 먼저 음악가로서 그는 대중에게 감동을 주는 음악을 작곡하고 연주함으로써 가치를 창출했다. 또한 자선가로서 자선음악회 등등 다양한 인도주의적인 노력에 자신의 시간과 에너지 그리고 자원을 기여함으로써 가치를 창출했다. 뿐만 아니라 한 국가의 리더와 외교관으로서 전쟁으로 파괴된 폴란드를 재건하기 위해 노력함으로써 가치를 창출했고, 한 개인으로서 청년 허버트 후버에게 그랬듯 자신이 만나는 사람들을 위해 가치를 창출했다. 그는 명성이나 개인적인 이득을 위해 가치를 창출하지 않았다. 그는 본래가 그런 사람이었기 때문에 가치를 창출했다. 요컨대 가치 창출은 그의 본성이었다. 가치를 창출하는 것은 그의 가치관과 일치했다. 그리고 그것은 그가 후대에 남기는 유산이 되었다.

두려움 속에서 살다

건전한 가치관을 가진 사람들은 좋은 일을 하려는 뿌리 깊은 욕구가 있다. 우리가 베푼 친절로 영향을 받는 사람들을 볼 때, 우리 인간의 정신 안에 있는 무언가가 꿈틀댄다. 우리는 누군가의 인생을 조금이

라도 더 좋게 만들어줄 기회가 있 **두려움은 관계의 창고를 강**
을 때 성취감을 느낀다. 대부분의 **탈하는 위협적인 강도다.**
사람들은 세상에 긍정적인 변화를
만드는 동시에 자신보다 큰 무언가
의 일부가 되고 싶어 한다. 우리는 유산을 남기기를 열망한다. 우리는
이 세상을 떠날 때 결국 먼지와 녹으로 뒤덮일 물질적인 소유보다 더
의미 있는 것을 남기고 싶어 한다. 가치 창출이라는 아이디어는 강력
한 관계를 구축하려는 사람들의 마음을 울린다. 그러나 가치를 창출
하기 위해 필요한 원칙과 실천 방법을 실생활에 잘 적용하지 못하는
사람들이 많다. 이유는 하나다. 두려움의 포로가 되었기 때문이다.

두려움은 관계의 창고를 강탈하는 위협적인 강도다. 우리는 사람들
이 반대할까봐 두려워하고 상처받는 입장에 놓일까봐 두려워한다. 우
리는 실망을, 거부를, 다른 사람들에게 이용당하는 것을 두려워한다.
또한 사람들을 불쾌하게 만들까봐, 기대나 기준에 부응하지 못할까봐,
무능한 사람으로 비춰질까봐 두려워한다. 뿐만 아니라 호혜성이 부족
할까봐, 즉 주는 것에 비해 적게 받거나 받는 것에 비해 적게 줄까봐
두려워한다. 이렇듯 우리는 많은 것을 두려워하고, 그런 두려움으로
말미암아 대담한 방식으로 관계를 맺어서 상대방의 삶에 지속적이고
긍정적인 차이를 확실하게 만들지 못한다. 바로 이렇기 때문에 우리가
이런저런 두려움에 당당히 맞서면 그만큼 관계에 유익할 수 있다. 두
려움은 어둠 속에서 가장 강력한 힘을 발휘하는 만큼, 두려움을 주는
원인에 약간의 빛을 비춰주면 거짓말과 오해를 일부 없애는 계기가 될

것이다. 그런 의미에서 많은 사람들이 가치 창출자가 될 때 치러야 하는 대가를 계산할 때 직면하는 두 가지 두려움을 해부해보자.

사람들이 나를 이용할지도 몰라

사람들이 나를 이용하면 어떡하지? 이 질문에 대해 간단히 대답해주겠다. 당연히 그런 사람들이 있을 것이다. 감수하라.

이용당하는 것에 대한 두려움은 사람들의 보편적인 걱정거리다. 그 두려움 때문에 약간의 경계심이 생길 수도 있지만, 그렇다고 가치 창출자가 되는 것을 포기해서는 안 된다.

생각이 올바른 사람들이 가치를 창출하게끔 회로화되어 있는 반면, 안타깝게도 가치 창출의 회로에 문제가 있는 사람들도 적지 않다. 어떤 문제일까? 바로 이기심이다. 이기심은 가치 중심성valucentricity[1], 다른 말로 가치의 정렬에 합선을 일으킨다. 많은 사람들이 자신의 노력으로 인한 가치 창출, 가치 부가, 가치 부여 등에 대해 말하지만 그렇게 하려면 어떻게 해야 하는지 실제로 아는 사람은 거의 없다. 심지어 대부분의 사람들은 자신이 가치를 창출한다고 믿으면서 실제로는 그저 가치를 추출할 준비를 하고 있을 뿐이다. 거래를 성사시키기 위해 간도 쓸개도 빼줄 듯 행동하는 세일즈의 달인에 대해 생각해보자. 만약 그가 정말로 아무 조건 없이 그렇게 하는 거라면 그런 희생적인 행

---

[1] 개인의 가치와 조직의 가치가 적절하게 확인되고 정렬(일치)될 때 생산되는 에너지와 성장 동력으로, 구성원들에게 일체성을 부여하고 활기를 불어넣어준다. ― 편집자 주

위는 가치 창출의 범주에 포함시켜도 좋다. 하지만 오직 나중에 고객으로부터 현금으로 바꾸기 위한 '칩'[2]을 확보하려고 그렇게 행동하는 거라면 어떨까? 세일즈 분야에서 흔히 사용되는 말을 빌려 설명하면, 그의 행동은 그저 '얻기 위해 주는giving to get' 것에 지나지 않는다. 그것은 가치를 추출하겠다는 속셈을 가지고 사람들을 조종하는 행위에 불과하다.

이기심과 자기 증진이 만연하는 환경에서는 많은 사람들이 **나부터 사고방식**의 쉬운 먹잇감으로 전락한다. 나부터 사고방식은 자기 보호와 근시안적인 성향을 낳을 뿐 아니라 가치 추출자가 다른 사람들을 전혀 신경 쓰지 않고 자기 잇속만 챙기게 만든다. '자신의 권리를 행사하고 자신의 몫을 챙기는 것'에 초점을 맞추는 가치 추출자는 양의 탈을 쓴 늑대와 같아서 숨을 죽인 채 다른 사람들의 선의를 냅다 낚아챌 기회만 기다린다. 지금도 그렇게 하고 앞으로도 그렇게 할 것이다. 언젠가 당신은 당신의 관대함에 빨대를 꽂고 더 많은 것을 기대하면서도, 정작 자신은 당신이든 누구에게든 아무것도 되돌려주지 않을 누군가를 만나게 될 것이다. 그런 사람을 만나더라도 놀라지 마라. 가치 창출자의 삶을 살다 보면 그런 일은 피하고 싶어도 피할 수 없다.

그러나 누군가에게 이용당하는 것에 대한 두려움이 다른 사람들을 위해 가치를 창출하는 것을 중단해야 하는 이유는 절대 아니다. 가치 창출은 생명을 주는 행위이자 영감을 불러일으키는 행위다. 한마디로

---

2 카지노에서 현금 대신 사용하는 통화.

가치 창출은 변혁적이다. 상대방의 인생을 더 좋게 만들어줄 때 혹은 어떤 식으로든 그 사람의 인생을 개선시켜줄 행위를 할 때, 우리는 그 사람의 삶에 차이를 만든다. 뿐만 아니라 세상에 긍정적인 흔적을 남기고, 세상을 더 좋은 곳으로 만들며, 인류의 등불에 불을 밝힌다. 정말로 그렇다.

어떤 이유에서건 우리의 친절을 이용하려는 사람들이 있을까? 물론이다. 그런 사람들에 대한 두려움 때문에 우리 자신의 가치 체계를 따르기를 포기해서는 안 된다. 행여 우리가 내미는 선의의 손길이 인정받지 못하더라도 상관없다. 우리는 가치 창출자가 되기 위해 자신의 신념을 따랐다는 사실에 만족할 수 있다. 무엇을 해야 하는지를 결정하는 기준은 그 행위가 보답을 받을 것인지의 여부가 아니다. 가치 창출자는 가치 소비자에서 가치 기여자로 나아가고자 하는 성향이 있고, 자신의 그런 성향을 묵묵히 따를 뿐이다. 나무는 열매를 따먹는 사람이 아니라 열매 자체로 자신의 존재를 보여준다. 그러니 나무는 그저 본연의 역할, 즉 열매를 맺는 일에 충실하면 된다. 좋은 나무는 좋은 열매를 맺는 법이다.

가치 창출자와 가치 창출자가 연결되면 좋은 움직임이 만들어지기 쉽다. 그렇게 되면 사람들의 삶이 개선되고 공동체가 강화된다. 또한 사람들이 서로 협업하도록 영감을 받으면서 관계도 더욱 풍성해진다. 가치 창출자들의 공동체가 만들어지면 가치 추출자들은 쉽게 눈에 띈다. 낮과 밤처럼 공동체의 다른 모든 구성원들과 극명한 대조를 이루기 때문이다. 가치 추출자들은 가치 창출자들과 공생하려 해도 얼마 지나지 않아 자연스럽게 도태된다. 결국에는 그 본색이 드러나고, 그들이 어떤 사람인지가 명백히 밝혀지기 마련이다. 어떤 사람이냐고? 당연히 자기중심적인 사람들이다.

내 필요와 욕구가 충족되지 않을지도 몰라

내 필요와 욕구가 충족되지 않으면 어쩌지? 이것은 누구나 가질 수 있는 타당한 의문이다.

우리 모두에게는 사랑받고 소속감을 느끼고 싶은 욕구가 있다. 또한 희망과 꿈과 포부가 있으며, 누군가를 위해 최선을 다했을 때 인정받고 존중받고 싶은 욕구가 있다. 따라서 "내가 다른 사람들의 필요와 욕구를 충족시켜주는 것에 초점을 맞추다가 정작 내 자신의 필요와 욕구가 충족되지 못하면 어쩌지?"라는 의문이 당연히 생긴다. 그러나 가치 창출자의 필요와 욕구가 충족되지 못할 가능성은 (아예 없는 것은 아니지만) 매우 희박하다. 언제나 효과가 있을 거라고 보장할 수는 없지만, 자신의 필요와 욕구가 반드시 충족되도록 하고 싶다면 완전히 반反직관적인 접근법을 취해야 한다.

대학에서 심리학개론을 공부한 사람이라면 에이브러햄 매슬로 Abraham Maslow라는 이름을 기억하기 싶다. 매슬로의 유명한 **욕구계층이론**hierarchy of needs[3]은 1943년 「인간 동기 이론A Theory of Human Motivation」이라는 제목의 논문에서 처음 소개되었다. 그는 당대의 일

---

3   욕구 5단계 이론 혹은 욕구 위계론이라고도 한다.

반적인 심리학 연구의 관점과 근본적으로 다른 접근법을 취했다. 정신적인 질환이나 신경증을 앓는 사람들보다는 매슬로 자신이 "모범적인 인물"이라고 명명한 사람들에게 초점을 맞추었던 것이다. 천재 물리학자 알베르트 아인슈타인Albert Einstein, 미국의 사회 운동가 제인 애덤스Jane Addams, 미국의 영부인 엘리너 루스벨트Eleanor Roosevelt, 노예제 폐지론자 프레더릭 더글러스Frederick Douglass 등의 인물이었다. 이처럼 매슬로는 건강하지 못한 행동들을 연구하고 진단하는 대신에, 대중에게 본보기가 될 만한 인물들을 연구함으로써 사람들에게 건강한 행동을 하도록 동기를 부여하는 요인이 무엇인지 이해하고자 했다. 또한 그는 개인의 성취를 뒷받침하는 요인들을 설명해줄 모델을 구축하기 위해 상위 1퍼센트의 사람들을 집중적으로 연구했다. 매슬로는 1954년에 출간된 저서 『동기와 성격』(21세기북스, 2009)에서 욕구계층이론을 더욱 자세히 설명했다.

매슬로의 계층이론은 주로 5단계 인간 욕구로 구성된 피라미드 형태로 표현된다. 가장 근본적인 욕구는 피라미드의 맨 아래층에 놓이고 점차 발전하면서 궁극적으로는 맨 위층인 자아실현 혹은 자기실현 단계까지 올라간다. 피라미드의 하부에 위치하는 4개 층은 근본적이고 핵심적인 욕구들로 매슬로는 그것들을 '결핍 욕구deficiency needs'라고 명명했다. 이런 욕구들은 먼저 음식, 주거, 의복 같은 기본적인 신체적 욕구, 다른 말로 생리 욕구와 그 다음 단계인 안전 욕구를 포함한다. 이 두 가지 욕구가 충족되고 나면 애정과 소속에 대한 욕구와 존중에 대한 욕구가 나타나는데, 이 둘은 우리가 완전함을 향해 나아감에 따라 고려해야 하는 3단계와 4단계 욕구들이다. 매슬로에 따르면, 사람들은 가장 기본적인 수준의 욕구들이 필히 충족되어야만 부차적이거나 더 높은 수준의 욕구들을 추구하고 싶은 열망이 생긴다. 한편 매슬로가 주장한 또 다른 개념이 있다. 바로 메타 동기meta-motivation이다. 개중에는 자신의 일부 욕구가 충족되지 않았음에도 불구하고 가끔 기본적인 욕구의 범위를 초월해서 스스로와 타인의 지속적인 성장을 추구하는 사람들이 있다. 그런 사람들의 고차원적인 동기를 메타 동기라고 부른다.[iii]

매슬로의 초기 논문들을 보면 자아실현이 욕구 피라미드의 맨 꼭대기에 위치했다. 자아실현이란 말 그대로 자신의 잠재력을 완전히 실현하는 것을 말한다. 매슬로는 자아실현 욕구란 가능한 한 모든 것을 성취하고 최고가 되고자 하는 욕구라고 정의했다. 그러나 아무리 개인적인 성장에 관한 내용이라고 해도, 매슬로의 정의는 자기 자신의 개선만을 다룰 뿐만 아니라 자아와 개인의 성취감에 오롯이 초점이 맞춰져 있었다. 물론 매슬로의 개념은 널리 받아들여졌지만, 정작 매슬로 본인은 개인적인 발달을 자아에 국한해서 설명하는 그 개념에 갈수록 불만이 커졌다. 또한 일각에서는 삶은 개인이 자신의 자아를 초월해서 다른 사람들을 위해 유익한 유산을 남기는 일에 초점을 맞출 때까지 완성되지 않는다는 사실을 고려하라는 비판적인 목소리가 나왔다. 이런 비판을 통해 그에게 한 가지 확신이 싹트기 시작했다. 다른 사람들의 삶에 유의미한 방식으로 영향을 주고 싶은 마음이 간절하다면 반드시 자신을 초월해서 생각해야 한다는 확신이었다.

훗날 매슬로는 더 높은 수준의 욕구들을 탐구하는 동시에 자신의 자아실현 개념을 스스로 비판했다. 마침내 그는 사람이 자기 자신이 아닌 외부의 더 높은 목표에 이타심과 숭고한 마음으로 기여할 때에야 자아가 실현될 수 있음을 깨달았다. 이것은 사실상 무한함에 도달하려는 욕구이다. 이런 깨달음을 바탕으로 매슬로는 욕구 피라미드의 맨 꼭대기에 새로운 층을 추가했는데, 바로 자기 초월self-transcendence 욕구다. 매슬로는 초월이 인간 의식에서 가장 높은 수준일 뿐 아니라 가장 포괄적이거나 전체론적인 수준을 의미한다고 생각했다. 초월은 수단이라기보다 목적으로서 행동하고 관계 맺는 것을 포함하며, 이때의 관계는 자신과의 관계도 포함하지만 무엇보다도 다른 사람들과의 관계를 의미했다. 또한 자기 초월은 자신의 가치관에 충실하고 다른 사람들의 존재를 개선시키기 위해 노력하는 것을 뜻했다. 요컨대 자기 초월은 가치 창출자가 되기로 결정하는 일을 포함했다.[iv]

흥미로운 사실은 매슬로가 마침내 가장 높은 욕구 수준에서의 삶이란 자아를 초월한 삶이라고 인정했다는 점이다. 이는 자신의 기본적인 욕구들을 충족시키는 것에 관심을 가져서는 안 된다는 말이 아니다. 오히려 결핍 욕구들이 충족되지 못할 때 우리가 상위 수준들의 동기로 올라가는 것에 초점을 맞추기가 매우 힘들어지는 역학 관계가 생겨난다. 그러나 매슬로의 자기 초월 개념과 관련해 주목할 만한 흥미로운 사실이 있다. 자신의 가장 기본적인 생리 욕구조차 충족시킬 수 없었던 많은 사람들이 타인을 도와주는 가장 높은 욕구 수준들에 도달할 수 있었을 뿐 아니라, 가끔은 의식적으로 그 욕구에 도달하기

2부 겸손: 관계를 차곡차곡 쌓아가라

위해 노력을 기울였다는 점을 매슬로까지도 인정했다는 사실이다. 이것이 그가 메타 동기라는 용어로 말하고자 했던 핵심 내용이다.

자기 초월은 말 그대로 자아를 초월해서 사는 것을 뜻한다. 쉽게 말해 자기 초월은 다른 사람들을 위해 할 수 있는 일에 초점을 맞추고, 좋은 유산을 창조하며, 다른 사람들의 욕구를 충족시키고, 또한 그렇게 함으로써 스스로의 삶에서도 의미와 성취감을 찾는다는 뜻이다. 그런데 눈치 챘는가? 자기 초월 개념은 반직관적이다. 의미 있고 성취하는 삶을 사는 비결은 관대함에서 찾을 수 있다고 하기 때문이다. 요컨대 더 많이 줄수록 더 많이 받을 것이다.

관대함은 손을 펼친 상태open hand⁴로 살아가는 것이다. 손으로 모래를 쥔다고 상상해보자. 모래를 꽉 붙잡기 위해 주먹을 쥐면 백발백중 상당한 양의 모래가 빠져나갈 것이다. 그리고 주먹을 더 세게 쥘수록 더 많은 모래가 손가락 사이로 빠져나갈 것이다. 그러나 손을 쫙 펴서 모래를 올린 다음 손을 동그랗게 오므린다면 손에 올릴 수 있는 모래의 양이 증가할 것이다. 당신이 손을 펼치고 있을 때, 당연히 다른 사람들이 당신의 손에 있는 것을 가져갈 수 있다. 그렇지만 반대로 생각할 수도 있다. 그들이 당신의 손에 무언가를 더 많이 올려줄 수도 있는 것이다. 고로 손을 펼친 상태로 사는 삶은 제공 용량과 수용 용량 모두가 더 커진 채로 사는 삶을 의미한다. 즉 많이 줄수록 받을 수 있는 용량이 커진다. 만약 주변이 가치 창출자들로 차 있고, 또한 당신

---

4 '관대하고 너그러운'이라는 뜻이 있다.

손을 펼친 상태로 사는 삶은 제공 용량과 수용 용량 모두가 더 커진 채로 사는 삶을 의미한다.

의 수용 용량이 크다면 당신 앞에 엄청난 가능성의 문이 열린다.

월스트리트의 전설적인 투자자 존 템플턴John Templeton의 말 중에 사람들이 자주 인용하는 것이 있다. "기쁨을 얻으려면 기쁨을 주어야 하고 기쁨을 유지하려면 기쁨을 퍼뜨려야 한다." 이것 외에도 자주 인용되는 또 다른 말이 있다. "성공하고 싶다면 다른 사람들을 성공시키는 것에 초점을 맞추어라." 둘 다 가치 창출의 본질을 명확히 설명하는 강력한 메시지들이다.

주변을 가치 창출자들로 채워라. 그리한다면 당신이 무언가를 줄 때 결국 그 행위가 당신에게 돌아올 것이다. 당신이 보답을 기대해서가 아니다. 당신과 비슷한 사람들로 주변을 채우려고 노력한다면 당신은 당신이 가장 잘되기를 바라는 사람들로 주변을 채우는 셈이 된다. 그렇게 할 때 서로를 돌보고 서로에게 예민하게 반응하는 가치 창출의 공동체가 만들어진다. 당신으로부터 받는 사람들이 언제나 당신에게 같은 방식으로 보답해줄 수 있을 거라는 뜻은 아니다. 만약 당신이 그것을 기대한다면 당신의 행위는 진정한 가치 창출이라고 할 수 없다. 그러나 누군가로부터 가치 창출의 행위를 받는 사람에게는 제3의 사람들에게 선행을 베풀어야 하는 책임이 주어진다. 가치 창출의 목적은 친절한 행위들을 세상에 널리 퍼뜨리는 것이다. 말인즉 선의의 움직임을 유발하고, 친절을 소비하는 사람들에게 영향을 주어 친절을 제공하는 사람이 되도록 만드는 것이다. 아일랜드 출신의 세계적인 극작가이자 소설가였던 조지 버나드 쇼George Bernard Shaw의 희곡 〈캔디다Candida〉에 비슷한 취지의 메시지가 나온다. "재물을 스스로 만들지 않는 사람에게 재물을 쓸 권리가 없듯이 행복을 스스로 만들지 않는 사람에게 행복을 누릴 권리는 없다."ⁿ 친절을 베풀어야 하는 책임을 행동으로 옮기는지 여부는 본인 말고는 누구도 알 수 없을지도 모른다. 그럼에도 불구하고 각각의 친절 행위에는 그런 책임이 반드시 수반되어야 한다.

진실한 가치 창출자라면 누군가로부터 가치 창출 행위를 받을 때, 친절을 베푸는 행위를 증식시키고 선의의 움직임을 시작하며 자신이 만나는 사람들의 삶을 강화해줄 수 있기를 바랄 것이다. 따라서 당신의 필요와 욕구들이 지속적으로 충족되지 못할 것 같은 상황에 처한다면, 당신의 주변 사람들을 재평가해볼 필요가 있을지도 모르겠다.

상황이 나아지지 않을 때

내 상황이 나아지지 않으면 어떡하지? 이 질문을 하는 사람들은 가치 창출이 가치 추출과 끊임없이 부딪치는 상황에 있다고 생각해도 무방하지 싶다. 주변에 건강하지 못한 사람들이 상당수 섞여 있을 때 가치 창출자는 거머리가 우글거리는 진흙탕에서 헤엄치는 것 같은 기분을 느낄 수도 있다. 가치 추출자들은 가능한 한 단물을 빨아먹겠다는 목적 하나만으로 가치 창출자에게 들러붙으려 할 것이다.

이 상황은 많은 가치 창출자들을 좌절하게 만들었을 뿐 아니라 심지어는 자신의 행동이 타당했는지 의심하는 단초가 되었다. 그런 사람들에게 나는 격려의 말과 주의를 당부하는 말을 동시에 하고 싶다. 먼저, 당신은 당신의 행동이 다른 사람들에게 어떤 영향을 미쳤을지 절대 알지 못한다는 말을 하고 싶다. 당신은 가치를 주기로 선택하지만 그럼에도 당신의 행위가 지속적으로 긍정적인 영향을 미칠지 끝내 확실히 알 수 없을 것이다. 그렇더라도 어쨌든 일단 주어라. 잠재적인 결과 때문이 아니라 주는 행위야말로 가치 창출자의 숙명이기 때문이다.

둘째, 누군가의 주는 행위가 받는 사람에게 즉각적인 영향을 주지 못할 가능성도 있음을 이해하는 것이 중요하다. 상대방이 영향력을 온전히 느끼기까지 시간이 걸릴지도 모른다. 특히 상대방이 과거에 깊은 상처를 받은 적이 있거나 다른 사람에 대한 신뢰가 극도로 낮을 경우에는 더욱 그렇다. 그 사람은 또다시 상처받지 않으려고 자기 보호의 벽을 세웠을지도 모른다. 상대방이 이런 상황에 있음을 알게 된 가치 창출자는 어떻게 해야 할까? 연민의 감정을 보여주고 끈기를 갖고 기다리는 것이 핵심이다. 상처받은 사람이 감정의 방어벽을 허물기까지는 시간이 걸린다. 꾸준한 가치 창출 행위만이 그런 방어벽을 무너뜨리고 그들의 본모습이 드러나게 할 수 있을 것이다. 그러니 그들을 끊임없이 사랑하라.

이제는 주의를 당부하는 말을 하려 한다. 깊이 새겨 들을 가치가 충분한 말이다. 만약 당신이 끊임없이 주었는데 상대방이 딱히 자기 보호적인 태도를 취하지 않으면서 그저 당신의 관대한 행동을 계속 이용한다는 생각이 들 때면, 그 상황을 다시 평가할 필요가 있을지도 모르겠다. 나쁜 행동을 조장하고 싶지 않을 테니 말이다. 단 한순간도 서번트 리더십이 아무 선 없이 모든 상황에 적용된다고 생각하지 마라. 오히려 확실한 선을 정하는 것이 가끔은 가치 추출자가 자신의 파괴적인 행동을 인정하고 받아들이는 법을 배우는 유일한 방법일지도 모른다.

가치 추출자를 대하는 올바른 자세

가치 추출자를 다루는 특정한 단계별 대응법이 있다. 주변 사람들 중에서 가치 추출자를 발견할 때마다 이 대응법을 시도해보라. 가치 추출자에게 적절히 대응하지 않으면, 그들은 계속해서 주변 사람들의 단물을 빨아먹으면서 개인적인 관계를 손상시키고 협업적 노력을 방해할 것이다. 가치 추출자에게는 반드시 효과적인 방법으로 대응해야 한다. 지금부터 가치 추출자들을 다루는 3단계 과정에 대해 알아보자.

1단계: 신중한 대응

가치 추출자를 만났을 때는 가장 먼저 그 사람이 자신의 자아를 뛰어넘도록 지도하고 용기를 북돋워주어야 한다. 만약 이제껏 그들이 가치를 기여하기보다 소비하면서 자기 증진과 자기 보호에 초점을 맞추어왔다면, 신중한 접근법이 요구된다. 아무런 조치를 취하지 않고 내버려둔다면 그 문제 행동은 계속될 것이고 결국 인간관계와 팀을 파괴할 것이다. 최상의 성과는 신뢰와 협업에서 비롯한다. 그런데 가치 추출자는 신뢰와 협업의 회로에 합선을 일으킬 것이다. 흰개미들이 무게를 떠받치는 기둥을 야금야금 갉아먹어 못쓰게 만드는 것처럼 그들은 연한 부분을 찾아내어 파괴적인 행동을 시작한다. 그리고 그들의 점진적인 파괴 행동은 우리가 효과적으로 대응할 때까지 멈추지 않을 것이다. 그들의 부정적인 영향이 한동안은 드러나지 않을 수도 있다. 그러나 어느 팀에서건 분명히 그들의 파괴적인 힘은 조만간 관계의 구조물을 약화시킬 것이다.

가치 추출자의 행동의 이기적인 본성에 직면할 때, 그것이 만들어내던 부정적인 영향에 충격받는 사람도 있을지 모르겠다. 정말이지 그것은 완벽히 숨겨져 그 순간까지 한 번도 드러나지 않았던 맹점일 수도 있다. 만약 이런 경우에 상대방의 진심을 알려면 어떻게 해야 할까? 겸손한 태도와, 변화에 대한 헌신이 정답이다. 그런데도 경고를 듣지 않고 지금까지의 행동을 이어간다면? 문제를 바로잡기 위한 교정적 조치를 취해야 한다. 신중하게 대응했는데도 방어적인 태도를 취하고 다른 사람들을 비난하거나 책임을 전가하며 스스로 책임을 지지 않는다면, 또는 변화로 이어지는 깊은 자기 성찰을 거부한다면, 이제는 두 번째 대응 단계로 나아갈 수밖에 없다.

2단계: 격리

격리는 자기 성찰의 기회를 제공한다. 격리 조치는 행동 기대치에 대한 명확한 메시지를 전달하고, 태도를 수정할 필요가 있는 사람에게 그럴 수 있는 시간을 준다. 가치 추출자가 문제의 행동을 계속하면 팀으로부터 '타임아웃'시켜야 한다. 어쩌면 이런 조치가 리더의 개입 없이 자연스럽게 이뤄질 수도 있다. 팀원들이 더는 가치 추출자에게 프로젝트를 같이 하자고 요청하지 않을 수도 있기 때문이다. 혹은 리더가 가치 추출자를 격리시키는 총대를 멜 필요가 있을 수도 있다. 한편 이런 경우에 가치 추출자가 한정된 기간 동안 혼자서 맡은 일을 계속하도록 해줄 수도 있지만, 이때 전체 팀은 반드시 가치 추출자의 부정적인 영향으로부터 보호되어야 한다. 이렇게 하자면 명확한 경계선이 필요하다.

가치 추출자에게 2단계 조치를 취할 때는 반드시 이유를 알려주어야 한다. 격리는 가치 추출자가 자신의 행동이 주변 사람들에게 미치는 부정적인 영향에 대해 성찰하도록 돕기 위한 최후의 수단이다. 궁극적으로 볼 때 격리는 가치 추출자를 영원히 추방하는 것이 아니라 '고쳐서' 다시 팀에 정식으로 합류시키기 위한 조치이다. 하지만 결과는 전적으로 당사자가 어떻게 반응하는가에 달려 있다. 만약 그가 문제를 인정하고 변화하기 위해 노력한다면, 재발 방지를 위해 엄격한 감시를 받더라도 팀에 다시 받아들여질 수 있다. 그러나 상황이 계속 악화된다면 가치 추출자를 팀에서는 물론이고 어쩌면 전체 조직에서 쫓아낼 필요가 있을지도 모르겠다.

3단계: 분리

모든 사람을 구원할 수도, 도움을 원하지 않는 사람을 도울 수도 없다. 어떤 사람들은 자신이 성장할 필요가 있음을 인정하느니 차라리 본인을 비롯해 모든 주변 사람들을 파괴하는 길을 선택할 것이다. 또 어떤 사람들은 성장의 하향 나선에 휩쓸려 결국 소외와 절망의 나락으로 떨어질 것이다. 그런 경우에는 그들을 놓아줄 필요가 있다. 이 단계에서는 리더의 신속한 결단과 행동이 요구된다. 가치 추출자 문제를 신속하게 처리할수록 팀에 유익하다. 최종 결과가 복직이든 해고든 불가피한 일을 미루는 것은 백해무익하다. 어차피 호의를 받는 사람이 자발적으로 한계를 정하는 경우는 거의 없으므로 주는 사람이 한계를 정할 필요가 있다.

세상에 불을 밝히는 대담한 리더십

가치 창출은 소심한 겁쟁이들에게는 맞지 않다. 가치 창출의 핵심은 다른 사람들을 우선시하는 것이므로 가치 창출자는 주는 사람이 되는 일에 전적으로 헌신해야 한다. 가치 창출에는 희생이 따른다. 가치 창출은 자신이 다른 사람들의 삶에 미치는 영향을 의식한다는 의미다. 심약한 사람에게 가치 창출에 집중하는 리더의 자리는 걸맞지 않다. 그런 리더는 반드시 솔선수범으로 사람들을 이끌어야 할 뿐 아니라 구성원들이 놀이터에서 함께 잘 놀도록 지도하고 격려해야 한다. 또 지도와 격려에도 구성원들이 그렇게 하지 않는다면 군기반장이 될 만큼 대담한 리더가 필요하다. 가치 추출을 그야말로 파괴적인 힘으로 받아들이고 직접적으로 거기에 대응해야 하기 때문이다.

정반대의 경우를 살펴보자. 가치 창출이 팀의 구조에 녹아 있을 때, 생산성이 증가하고 신뢰가 깊어지며 협업이 규범화된다. 구성원들이 기존 문제들을 해결하기 위해 함께 노력하기 시작하면서 혁신이라는 부산물이 만들어진다. 가치관이 명확하고 모든 구성원이 거기에 동조할 때, 가치 중심성은 에너지가 흐를 수 있는 회로를 만들어 세상을 환히 밝히고 좋은 움직임을 촉발시킨다. 조직 전체에서 구성원들의 사기가 높아지고 선의의 움직임이 만들어지기 시작하며, 결과적으로 성과가 향상된다. 또한 조직 내, 외부의 고객들도 긍정적인 영향을 받음으로써 조직에 대한 존경이 깊어지고 충성심이 생긴다. 간단히 정리하면 수많은 좋은 일들이 생기고 세상은 더 나은 곳이 된다.

가치 창출에는 인간관계적인 내용이 함축되어 있다. 이 때문에 어떤 사람들은 가치 창출이 부드러운 리더십의 영역에 속한다고 생각할지도 모르겠다. 그러나 현실은 그렇지 않다. 공동체 의식을 구축하려면 상당한 수준의 경계력vigilance[5]이 요구되는데, 어쩌면 그 문화의 가장 열렬한 지지자들만이 그런 경계력을 발휘할 수 있을 것이다. 가치 창출을 통해 더욱 밝은 작업 환경을 만들고 싶다면, 경외심과 존경심을 불러오는 대담한 자세로 가치 창출을 추구해야 한다.

최근에 북서 하와이 제도 근처에서 새로운 종류의 심해 상어가 발

---

5   외부 자극을 지각할 수 있는 각성 상태를 유지하는 능력.

견되었다. 독특한 외형상의 특징과 무늬와 더불어 여러 가지를 측정한 결과, 랜턴상어과lanternshark family에 속하는 신종 상어라는 사실이 확인되었다. 이름은 '에트몹테루스 라일래Etmopterus lailae'로 정해졌다. 해저 300미터 이하 심해에 사는 랜턴상어들은 사실 가장 종류가 다양한 상어들로, 지금까지 약 38종의 상어가 알려져 있으며 38종 중 11종이 2002년 이후에 발견되었다.

랜턴상어들은 생체 발광bioluminescence하는 두 종류의 상어과 중에 하나다. 다른 말로, 랜턴상어들은 야광 상어들이다. 생체 발광이란 생화학 반응의 결과로 빛을 발산하는 현상을 일컫는다. 형광fluorescence 이나 인광phosphorescence과는 달리, 생체 발광 반응은 빛을 발산하기 위해 분자나 색소 세포가 햇빛이나 여타 전자기 방사선을 흡수할 필요가 없다. 그 대신 생체 발광은 외부의 자극 없이 순전히 내부적인 반응으로 발생한다. 내부 구조적으로 빛을 발산하도록 되어 있다는 말이다. 비록 덩치는 작아도 이들 상어는 상당한 양의 빛을 낼 수 있다. 특히 성체의 무게가 채 1킬로그램도 되지 않는 에트몹테루스 라일래는 작아도 끈질긴 생명력을 가진 야광 상어다.[vi]

나는 야광 상어라는 아이디어에 흠뻑 빠져버렸다. 흔히 상어들은 경외심과 존경심을 불러일으키는 존재이며 자기 영역의 지배자다. 크기와는 상관없이 상어들의 움직임에는 자신감과 우아함 그리고 힘이 느껴진다. 상어들은 하나같이 강인하다. 또 상어들은 대체로 낮은 자세를 유지하는 것을 좋아하는 포식자들이다. 그런 자세로 그들은 자신이 위험한 존재라는 신호를 보내지 않고 먹잇감에 몰래 접근할 수 있다. 그런데 빛으로 확실한 존재감을 드러내는 발광 상어라니, 참으로 신기하고 이치에 어긋나는 존재가 아닐 수 없다.

어떤 사람들에게는 가치 창출자가 된다는 아이디어가 발광 상어처럼 여겨진다. 즉 이치에 어긋나는 것, 혹은 약점으로 받아들인다는 이야기다. 가치 창출자들은 경쟁보다 협업이 더 유익하다고 생각하는 고로, 어떤 사람들은 그런 태도가 적자생존이 요구되는 기업 생태계에서 취약성을 만들어낸다고 믿는다. 하지만 그건 전혀 사실이 아니다. 오히려 가치 창출은 리더로 하여금 그런 편견과 관련된 두려움에 끝까지 맞서 싸울 만큼 대담해지도록 요구한다. 가치 창출은 가치 추출자들이 팀에 피해를 입히기 전에 그들에게 맞설 수 있는 강력한 리더십을 요구한다. 가치 창출자들은 확고한 가치관과 개인적 신념을 유지하는 일에 있어서는 쇠심줄마냥 강인하고 끈질기다. 또한 투명성의 화신이면서 스스로 밝은 빛을 내어 세상을 비춘다. 역할이나 직함 혹은 지위와 상관없이 그들은 자신의 환경에 막대한 영향력을 미치고, 자신의 활동 구역 전체에서 경외심과 존경심을 불러일으킨다. 한편 그들은 누구든 가치 중심성을 훼손하도록 내버려두지 않을 것이기 때문에 가치 추출자들에게 공포의 대상이 된다. 요컨대 가치 창출자들은 상어가 될 수 있고 그러면서도 어둠 속에서 빛을 낼 수 있다. 그러니 대담한 리더십을 발휘하고 빛을 발산하라!

관계를 위한 핵심 질문

□ 리더의 이끄는 능력을 떨어뜨리는 두려움에는 어떤 것이 있을까?

□ 그런 각각의 두려움에 효과적으로 대처하려면 어떻게 해야 할까?

□ 자기 초월이 자아실현보다 훨씬 강력한 이유는 무엇일까?

□ 가치 추출자들을 다루는 최선의 방법은 무엇일까?

□ 리더로서 더욱 효과적으로 "어둠 속에서 빛을 낼" 수 있는 방법은 무엇일까?

3부 ———————— 책무성

대담한 관계를 구축하라

9장
노를 저어라

인격, 즉 스스로의 삶에 대해 책임지려는 의지는 자기 존중감이 솟아나는 원천
이다.

존 디디온Joan Didion, 저널리스트

나는 가족을 데리고 테네시주를 흐르는 오코이Ocoee 강과 사우스캐롤
라이나에 있는 채투가Chattooga 강으로 래프팅 여행을 자주 간다. 오코
이와 채투가에서는 세찬 물살을 따라서, 혹은 기분전환 삼아 가볍게
야생이 살아 있는 아름다운 풍광을 감상하며 래프팅을 즐길 수 있다.
급류에 몸을 맡길 용기가 있는 사람들은 기암괴석과 다양한 꽃과 식
물을 여한 없이 감상한다. 나는 래프팅 여행을 갈 때면 종종 우리 아
이들에게 팀워크에 대해 간단히 가르치곤 한다. 노가 물속에 잠겨 있
고 엉덩이가 래프팅 보트에 딱 붙어 있다는 두 가지 조건이 충족되는
한, 래프팅을 하면서 리더십에 관해 많은 것을 배울 수 있다. 그러나
그 두 가지를 지키지 않는다면 오히려 생존을 위해 배워야 할 것이 아
주 많을 것이다.

당신이 어렸을 적 불렀던 아래의 동요 가사를 기억하지 싶다.[1]

저어라, 저어라, 노를 저어라 Row, row, row your boat,

물살을 따라 부드럽게 Gently down the stream.

즐겁고 기쁘게 흥겹고 신나게 Merrily, merrily, merrily, merrily,

인생은 꿈이란다 Life is but a dream.

어릴 적 불러본 사람이라면 평생 잊지 못할, 귀에 착착 감기는 이 짤막한 동요에는 강력한 삶의 교훈들이 가득하다. 이 동요가 리더십에 관한 완벽한 분류 체계는 절대 아니다. 그럼에도 이 짧은 가사에 담긴 심오한 통찰은 리더가 개인적인 성과와 팀 전체의 성과를 촉진시키려 할 때 지침으로 사용할 수 있는 기본적인 원칙들을 상기시켜준다. 과연 어떤 통찰이 있을지 지금부터 한 구절씩 해부해보자.

저어라, 저어라

효과적인 팀이 되려면 구성원 모두가 노를 저어야 한다. 모두가 노를 저어야 할 뿐 아니라 젓고, 젓고, 또 저어야 한다. 더구나 서로 보조를 맞춰서 저어야 한다. 노를 젓는 것은 재미있을 수는 있지만 힘들 때가 많다. 노를 젓는 사공들은 추진력을 생성시키기 위해 서로 힘을 합

---

1   한국어 동요로는 〈'리' 자로 끝나는 말〉과 〈가랑잎 배〉로 불렸다.

쳐야 한다. 노 젓기는 보트가 앞으로 나아가게 할 뿐만 아니라 방향을 정하는 데도 도움이 된다. 위험 요소를 피하면서 강을 안전하게 항해할 수 있는 유일한 방법은 협력뿐이다. 팀이라는 보트도 마찬가지다. 소위 농땡이 치는 사람이 있어서는 안 된다. 팀 전체가 성공하려면 구성원 각자가 반드시 맡은 바를 성실히 이행해야 하며, 조화로운 방식으로 노를 저어야 한다. 만약 한 사람이라도 나머지 구성원들과 보조를 맞추지 않고 제멋대로 노를 저을 경우 재앙이 닥칠 수 있다. 사공들이 한 몸처럼 일사불란하게 움직여야만 노를 저을 때마다 최대한의 힘을 발휘하는 것은 물론이고 강을 따라 배를 전진시키는 능력의 효과와 효율도 극대화될 수 있다.

호흡이 맞지 않으면 혹은 누군가가 의도적으로 단독 행동을 하면 곧잘 모두를 위태로운 상황에 빠뜨릴 수 있다. 모두가 반드시 노를 저어야 할 뿐 아니라 적절한 리듬을 타면서 노를 젓는 것이 관건이다. 리듬과 노 젓기가 엇박자를 낼 때 에너지가 낭비되고 온갖 혼란이 닥친다. 리더는 반드시 명백한 의사소통을 통해 노를 젓는 구성원들 사이에 리듬을 구축해야 한다. 조정 경기sculling에서 구령으로 팀의 리듬을 조절하는 책임이 있는 선수는 콕스coxswain(타수)라고 불린다. 래프팅에서는 일반적으로 가이드가 보트 후미에 있는 키를 조종하고 안전과 속도와 방향을 제공하기 위해 지시를 내리는 역할을 한다. 콕스와 가이드 모두는 강을 안전하게 항해하거나 경기를 성공적으로 마치기 위해 탑승자 전원에게 의사를 명확히 전달해야 한다. 팀 리더에게도 똑같은 원칙이 적용된다. 모험을 시작하기 전에 각자의 역할과 책임이 명확히 결정되어야 한다. 그리고 리더의 역할은 모든 구성원의 노력을 조정하는 것이다.

구성원들이 노나 패들paddle을 물에 내려놓기 전에 리더는 지시를 내리고 기대치를 명확히 알려주어야 한다. 일단 팀이 항해를 시작하고 나면 신호들은 명확하고 간결해야 한다. 리듬이 명확하지 않으면 팀 전체가 흔들리고, 명확한 비전이 없으면 구성원들이 고통받을 수 있다. 리더에게는 명확한 방향을 알려주고 모두가 한 몸처럼 움직일 수 있도록 명확한 리듬을 제공함으로써 탑승자 전원을 이끌고 보호할 책임이 있다. 요컨대 리더의 책임은 방향을 제시하고 보호막을 제공하는 것이다.

명확성과 일체성은 생산적인 팀이 되기 위한 두 가지 필수 요소다. 둘 중 하나라도 없으면 팀 전체가 추진력과 방향을 잃고 휘청거릴 것이다.

(너의 보트의) 노를 저어라

당연한 말처럼 들릴지 몰라도 당신은 '당신 자신의 보트'만 저을 수 있고, 또한 그렇게 하려고 노력해야만 한다. 이것은 엄연한 현실이다. 당신은 다른 누군가의 보트를 대신 저어줄 수 없다. 무책임하게 행동하는 누군가를 위해 책임을 대신 떠안거나 변명을 해주는 것은 커다란 실수다. 앞서 말했듯 리더는 구성원들을 위해 강력한 지도력을 발휘하고 발전적 기회를 제공할 필요가 있다. 하지만 개중에는 노를 안

젓는 사람들이 있을 것이고, 그들이 스스로 원하지 않는 한 당신은 무슨 수를 써도 그 사람들이 노를 젓도록 만들 수 없다. 간단히 말해 당신은 도움을 원하지 않는 사람을 도와줄 수 없다. 게다가 실제로 도움을 원하지 않는 사람들도 있다. 그런 사람들은 둘 중 하나다. 먼저, 도움을 받고 싶은 마음 자체가 없는 경우다. 다른 하나는, 생산적인 구성원이 되려면 개인적인 변화가 필요한데 그런 변화에 따르는 개인의 책임을 거부하는 경우다.

명확한 경계선을 설정해야 하는 이유가 바로 여기에 있다. 당신은 리더로서 사람들에게 지시를 내릴 수도, 영감을 주려 노력할 수도, 개인적으로 그리고 직업적으로 성장하도록 자원을 제공할 수도 있다. 그러나 어느 순간이 되면 구성원들은 어떻게 자기 보트의 노를 저어 나아갈지 각자 결정해야 한다. 리더는 노 젓기를 거부하는 구성원들을 위해 책임을 떠안을 수 없고 또 그렇게 해서도 안 된다. 그렇게 하면 나쁜 행동만 조장할 뿐이다. 만약 그들의 역할이 1인승 보트를 조종하는 것이라면, 자신의 보트가 나아갈 방향과 속도에 대해 반드시 스스로 책임져야 한다. 만약 팀의 일원이라면 그들은 반드시 나머지 구성원들과 일사불란하게 호흡을 맞추는 방식으로 노를 젓는 책임을 져야 한다. 그렇게 하지 않으면 팀 전체를 위태롭게 만들 수 있다.

노를 물에 내려놓지 않으려는 구성원이 있다면, 그 상황을 해결하고 그 사람에게 책임을 묻는 것이 리더의 역할이다. 좋은 리더는 반드시 분별력이 있어야 하며, 필요할 경우 다음과 같이 단호해질 수 있어야 한다. "잘 들으세요. 그건 내 보트가 아닙니다." 만약 그들이 자신

3부 책무성: 대담한 관계를 구축하라

의 보트를 당신의 보트에 연결시켰 다면, 혹은 그들의 존재 자체가 앞 으로 나아가는 데에 방해가 된다면, 가끔은 그들을 놓아주고 표류하든 말든 스스로 앞가림하게 내버려둘 필요가 있다. 현대 경영학의 아버

리더는 노 젓기를 거부하는 구성원들을 위해 책임을 떠안을 수 없고 또 그렇게 해서도 안 된다.

지로 불리는 피터 드러커Peter Drucker의 말을 들어보자. "경영자들은 조 직과 동료 직원들을 위해, 제 할 일을 못하는 직원들을 봐주지 말아야 하는 의무가 있다."i

좋은 리더는 성과를 향상시키도록 영감을 주려 하고, 긍정적인 행보 를 독려하며 보상하고 인정해준다. 또한 구성원들이 개인적으로 그리 고 직업적으로 성장하기 위해 필요한 자원을 제공하고, 협업과 혁신에 우호적인 환경을 창조한다. 뿐만 아니라 구성원들에게 안전을 보장하 고 팀의 통합성을 보호하기 위해서라면 어려운 결정도 마다하지 않는 다. 이렇게 하려면 어떻게 해야 할까? 모두가 반드시 노를 젓고 또한 각자가 자신의 보트를 효과적으로 저어 항해하도록 만들어야 한다.

물살을 따라 부드럽게

당연히 보트가 강물이 흐르는 방향을 따라 움직일 때 노 젓기가 더 쉬 운 법이다. 그러나 현실에서는 우리가 원하는 목적지로 물줄기가 흘 러가는 경우가 거의 없다. 가끔은 유속이 느려서 긴장을 풀고 휴식을

취하며 태양과 주변의 풍광을 즐길 수 있는 긴 구간을 지나기도 한다. 이럴 때에는 다음 굽이를 돌면 나타날 급류에 대비해 계획을 세우면서 휴식을 취하고 기력을 회복할 수 있다. 그러나 강물 위에서, 그리고 시장에서는 위험을 피하거나 특정한 목적지에 도착하기 위해 어쩔 수 없이 물살을 거슬러야 하는 경우가 더러 있고, 이럴 경우에는 탑승자 전원이 죽을힘을 다해 노를 저어야 한다. 바로 이런 순간에 팀이 시험의 도마에 오르고 그 팀의 진정한 본성이 드러난다. 힘든 시간은 좋은 시간이 감춘 것을 드러낸다. 모험에 따라오는 도전들은 누가 배짱과 투지가 있는지 확실히 보여줄 것이다. 또한 어려운 시간은 보트가 강물을 따라 흘러갈 때에만 노를 젓고 싶어 하는 사람들이 누구인지도 드러낼 것이다.

즐겁고 기쁘게 흥겹고 신나게

행복한 사람이 더 생산적이라는 사실은 누구나 안다. 문제는 행복하지 않은 사람을 행복하게 만들기가 극도로 어렵다는 사실이다. 그러나 리더는 어렵다고 물러서지 않는다. 오히려 언제나 그 어려운 일을 해내려 한다. 그들은 특혜와 특권을, 즉 당근을 제공하면 매사 냉소적인 사람도 얼마든지 뛰어난 성과자로 변화시킬 수 있을 거라고 희망적으로 생각한다.

미안한 말이지만 그런 일은 거의 없다. 천성적으로 행복하지 않은 사람은 바꾸기가 매우 힘들다. 개구리를 왕자로 변신시키려 고생하기보다 그냥 왕자를 채용하는 것이 낫지 않을까? 왕자로 변하길 바라면서 개구리에게 입맞춤하는 짓을 그만두라. 차라리 당신이 조직에서 보고 싶은 가치관, 신념, 행동을 보여주는 새로운 구성원을 채용하는 게 더 낫다. 그러니 당장 그러기 시작하라. 그러고 나면, 아니 그러고 나서야 비로소 당신은 함께 노 젓기를 즐기는 사람들로 탁월한 팀을 구축할 수 있을 것이다.

행복한 팀은 몰입도가 높다. 행복한 팀은 협업하고 혁신하며 함께 축하한다. 또한 서로의 가장 좋은 점을 믿고 서로를 위해 가장 좋은 것을 원하며 서로에게서 가장 좋은 것을 기대한다. 뿐만 아니라 행복한 팀은 구성원들의 충성심을 불러일으키고 사기도 더 높으며 재량적 노력discretionary effort[2]을 기울인다. 요컨대 행복한 팀은 생산적이다!

인생은 꿈이란다

경영자들에게 좋은 코칭과 자문 서비스를 제공하려는 노력의 일환으로 내가 예전에 그들에게 단골로 물었던 질문이 하나 있다. "당신을 밤늦도록 잠 못 들게 하는 걱정거리는 무엇입니까?" 그들이 잠을 이루지 못하게 만드는 문제들을 해결할 수 있다면 가치 있는 서비스를 제공했다고 할 수 있겠다는 판단에서였다. 전혀 나쁜 접근법은 아니

---

2 구성원이 자신의 공식적 역할 기대를 넘어서서 자발적으로 행하는 직무 수행 노력, 적극적 협력, 도움, 제안 등. 보통 선의와 이타주의에 기반을 둔다.

개인의 열정도 북극성과 같다. 자신의 열정이 모든 의사 결정에 방향을 제시한다는 말이다.

었다. 그렇지만 시간이 지날수록 나는 우리의 대화를 더욱 효과적으로 만들어줄 수 있는 훨씬 강력한 질문이 있음을 깨닫기 시작했다. 그래서 나는 단골 질문을 바꾸었다.

이제 내가 일반적으로 리더에게 가장 먼저 묻는 질문은 "당신이 아침에 침대를 박차고 뛰쳐나오게 만들 만큼 깊은 열정을 느끼는 것은 무엇입니까?"이다. 그들의 대답이 바로 그들의 북극성이 된다. 즉 그들의 대답이 모든 후속 대화의 방향과 지침을 알려준다.

붙박이별 혹은 폴라리스polaris로도 알려진 북극성은 하늘에서 가장 중요한 별이다. 중요하다고 하니 가장 밝게 빛난다고 생각하는 사람들도 많이 있지 싶다. 그러나 그렇지 않다. 사실 북극성은 2등급 별로, 밝기로 따지면 48번째이며 다른 많은 별들에 비해서 별빛이 흐릿한 편이다. 북극성이 그토록 중요한 이유는 지구의 자전축과 거의 일직선상에 위치하기 때문이다. 이것은 북극성이 밤새도록 그리고 1년 내내 북반구 상공에서 한자리에 머문다는 뜻이다. 반면 다른 별들은 북극성을 중심으로 회전하면서 일주운동을 한다. 북극성은 떠오르지도 지지도 않고, 항해 시에 방향을 가늠할 수 있는 항시적인 기준점의 역할을 한다. 또한 북극성은 언제나 정북 방향에 위치한다.

개인의 열정도 북극성과 같다. 자신의 열정이 모든 의사 결정에 방향을 제시한다는 말이다. 그리고 북극성을 중심으로 일주운동을 하는 별들처럼, 모든 것들은 열정을 중심으로 움직인다.

리더가 할 수 있는 가장 위대한 행위는 구성원 각자가 자신의 개인적인 열정과 조직의 목표를 연결시키도록 돕는 일이다.

이것이 리더십과 무슨 관련이 있는지 궁금할지도 모르겠다. 사실 그 둘의 관계는 아주 단순하다. 열정은 그 사람의 우선순위(가치 있게 생각하는 것)를 보여준다. 여기에는 예외가 없다. 그리고 누군가의 우선순위는 생산성으로 이어지는 확실한 경로다.

사람들이 자신의 모든 잠재력을 발휘해 가장 찬란하게 빛나도록 도와주고 싶다면, 끊임없이 억지로 불을 붙이려 노력하기보다는 이미 그들의 내면에 타오르고 있는 불꽃을 부채질해주라. 리더가 할 수 있는 가장 위대한 행위는 구성원 각자가 자신의 개인적인 열정과 조직의 목표를 연결시키도록 돕는 일이다. 그렇게 할 때 당신은 열정적인 '공연'을 조직의 무대에 올릴 수 있다. 자신의 열정과 강점을 활용해서 문제를 해결하도록 격려받은 사람들은 피가 끓어오를 것이다. 바로 그 단계에서부터, 일 자체가 에너지원이 되고 사람들은 아침에 침대를 박차고 뛰쳐나오기 시작한다. 그리고 바로 그때부터 리더는 밤새도록 꿀잠을 잘 수 있다. 자신의 손으로 환상적인 구성원들을 뽑아 '드림팀'을 조직했기 때문이다.

모든 사람의 노가 물속에 잠기게 하라

드림팀을 구축하는 일과 관련해 가장 중대한 문제 중 하나는 모두의 '노OAR'가 반드시 물속에 잠기도록 하는 것이다. 여기서 말하는 노, 영어로 OAR은 구성원들이 팀의 모든 활동에 최선을 다하기 위해 반드시 필요한 세 가지 요소를 말하며, 각 요소의 첫 철자를 따서 지었다. 주인 의식을 가리키는 'ownership'과 책무성을 뜻하는 'accountability' 그리고 책임감의 'responsibility'이다. 이 세 가지 기본요소가 충족되어야만 주목할 만한 문화의 세 번째 구성성분이 실현될 수 있다. **서로에게서 가장 좋은 것을 기대하는 것** 말이다. OAR이 있을 때 리더는 구성원들을 세세하게 관리하는 데 시간을 덜 쓰는 대신, 구성원들이 내·외부 고객들에게 탁월한 서비스를 제공할 수 있도록 재량권과 자원을 분배하는 데 시간을 더 많이 쓴다. OAR은 성과를 향상시키기 위한 필수 조건이다. 왜 그런지는 지금부터 하나씩 자세히 알아보자.

주인 의식ownership

주인 의식은 사람들이 가치 창출에 대한 책임을 지도록 힘을 부여한다. 주인은 어떤 일에서든 단순히 관리의 책임을 맡은 사람보다 결과에 대해 훨씬 더 큰 지분을 갖는다. 고로 특정 과정에서 주인 의식을 느끼는 사람은 그 결과에 감정적으로 훨씬 더 애착을 갖는다.

내 아들 둘은 아직 10대이고 우리 집은 두 녀석의 친구들이 제집마냥 드나드는 아지트가 되곤 한다. 물론 우리는 그것에 전혀 불만이 없다. 아니 좋아한다. 다만 딱 하나 안 좋은 점이 있다면, 우리 집 냉장고와 식품 저장실이 끊임없이 습격당하고 생필품과 먹을거리를 사러 수시로 슈퍼마켓으로 달려가야 하는 상황이 빚어진다는 정도다. 아내와 나는 각자의 빡빡한 출장 스케줄 때문에 가사를 분담한다. 그리고 내가 장보기 당번일 때 나는 가급적 완다Wanda가 계산대에서 근무하는 시간에 맞춰 슈퍼마켓에 가려고 노력한다.

완다가 누구냐고? 완다는 60대 중반으로 성격이 아주 밝고 보통은 풍성한 은발을 얌전히 땋아 늘어뜨린 채 뉴욕 타임스 스퀘어를 밝힐 만큼 환한 미소를 짓는다. 완다는 내가 아는 사람 중 가장 행복한 사람으로 꼽히고 장보기를 즐거운 일로 만들어준다. 그녀의 계산대 앞 줄은 늘 고객들로 북적이지만, 아무도 다른 계산대에 비해 조금 더 기다리는 불편함을 신경 쓰는 것 같지 않다. 완다는 고객들의 하루를 좀 더 좋게 만들어주는 용한 재주가 있기 때문이다. 그녀는 상당수 고객들의 이름을 외우고 그들의 가족들과도 친숙한 사이다. 많은 고객들이 가족과 함께 슈퍼마켓을 이용하기 때문이다. 완다는 고객들과 일일이 의미 있는 대화를 나눌 뿐 아니라 그들의 쇼핑 경험은 물론이고 그들 각자에게 진심으로 관심과 걱정을 표현한다. 심지어는 단 얼마라도 아낄 수 있도록 각 손님에게 적용되는 할인 쿠폰을 자신의 서랍에서 신속하게 꺼내 계산해준다. 그러나 정말로 더 중요한 것은 따로 있다. 바로 완다에게 사람의 마음을 읽는 비상한 능력이 있으며, 그녀가 적절한 격려의 말 몇 마디로 상대방의 얼굴에 미소가 떠오르게 한다는 사실이다. 요컨대 완다는 사람들과 어떻게 관계를 맺는지 잘 안다. 그리고 그녀는 오직 하나의 목적을 위해 그렇게 한다. 사람들의 하루를 밝고 즐겁게 만든다는 목적이다.

언젠가 한번은 슈퍼마켓에 들렀다가 때마침 쉬는 시간이었던 완다를 만난 적이 있다. 나는 기회를 놓치지 않고 어떻게 그렇게 탁월한 고객 서비스가 가능한지 물었다. 그러자 그녀는 그야말로 촌철살인의 대답을 들려주었다. 그녀는 내 두 눈을 똑바로 쳐다보며 말했다. "누구나 인생이 고달플 수 있지요. 그러나 나는 내 계산대를 찾은 손님들이 잠시라도 모든 근심걱정을 잊고 보살핌을 받는다는 기분을 느끼게 해주고 싶어요. 내 임무는 그들의 얼굴에 미소가 떠오르게 하는 것입니다. 내가 그렇게 할 수 있다면 나는 무언가 좋은 일을 한 것이고, 그것이 다시 내 기분을 좋게 해주지요."

완다는 우리 동네 슈퍼마켓에서 1제곱미터가 조금 넘는 계산대 공간의 '주인'이다. 그곳과 동일 상호를 가진 수천 개 매장이 미국 전역에 흩어져 있다. 그녀는 그 매장의 주인이 아니고 계산대의 주인도 아니며 심지어 그녀의 계산대에 진열된 사탕이나 정기간행물의 주인도 아니다. 그러나 그녀는 자신이 마주치는 고객 각자와의 관계의 주인이다. 고객들이 그녀에게서 계산할 때 그녀는 그들의 경험을 소유한다. 그녀는 그들을 행복하게 만들어주는 임무를 수행 중이다. 게다가 완다는 한결같은 헌신의 마음으로 그 임무를 수행한다. 그 결과, 관리자들은 그녀가 자신의 일을 알아서 하도록 전혀 간섭하지 않는다. 그저 뒤로 물러나 고객들의 충성심을 얻어내는 그녀의 능력에 감탄할 따름이다. 만약 그녀의 열정을 병에 담아 판매할 수 있다면 그들은 단박에 그렇게 할 것이다. 하지만 그녀가 하는 일은 공장에서 공정을 거쳐 대량생산할 수 있는 물건이 아니다. 공정은 절대로 열정을 복제할 수 없다. 공정이 품질과 일관성은 보장할 수 있을지언정 열정은 철저히 개인의 것이다.

사람들이 자신의 일에 주인 의식을 가지면, 일은 그 사람의 소유가 된다. 최고의 기량을 발휘한 상태로 노력을 기울일 자유가 그들에게 주어진다.

사람들이 자신의 일에 주인 의식을 가지면, 일은 그 사람의 소유가 된다. 최고의 기량을 발휘한 상태로 노력을 기울일 자유가 그들에게 주어진다. 또한 창의성을 발휘할 자유가 허락된다면, 그들은 과정의 시작부터 끝까지 직접 관여함으로써 자신의 일에 깊은 감정적 애착을 형성할 수 있다. 기계적으로 일하는 대신에 그들은 자신의 일에서 풍부한 인간관계를 맺을 수 있다. 그리고 풍성한 인간관계가 동반된 일에서는 감정적으로도 얻는 것이 많다. 자신의 일이 자신을 반영한다는 것에 자긍심이 깊어지고, 이는 다시 가치 창출과 문제 해결로 이어진다. 이 정도 수준이 되면, 이제 일은 자기표현의 한 형태가 된다. 우리가 일을 하는 방식은 우리가 진정 어떤 사람인지를 드러낸다. 건강한 생각을 가진 사람들은 성장하고 싶어 하며 또한 가치 있는 노력에 유의미한 기여를 하고 세상에 긍정적인 흔적을 남기고 싶어 한다. 좋은 리더가 되는 비결은 구성원들이 자신이 일하는 과정에 대한 주인 의식을 갖도록 힘을 부여하는 것에서 출발한다.

책무성accountability

사람들이 일하는 과정에서 주인 의식을 갖고 그 결과를 책임지도록 하고 싶다면, 필요한 결정을 스스로 내릴 수 있는 권한을 부여함으로써 힘을 실어줄 필요가 있다. 권한 없이 책임만 지우면 좌절감만 느끼게 될 것이다. 당신이 특정 과제나 프로젝트를 위임한 담당자가 무언가를 결정할 때마다 끊임없이 당신의 허락을 구해야 한다면, 일은 위임했지만 권한은 주지 않은 것이다. 권한이 있다는 것은 쉽게 말해 자신이 최선이라고 생각하는 방향으로 나아갈 수 있는 권리를 공식적으로 위임받아 행동한다는 뜻이다. 그리고 권한에는 책무성이 따른다.

책무에는 의무가 포함된다. 즉 무언가에 책무를 진다는 것은 자신의 행동을 보고하거나 설명하거나 혹은 정당화할 의무가 있다는 뜻이다. 즉 자신의 행동이 야기한 결과에 대해 설명할 수 있어야 한다. 어떤 분야에서는 책무성이 나쁜 의미로 받아들여진다. 책무성이 미시적 관리micro-management[3]나 엄격한 감시, 감독을 함축한다고 생각하는 사람들이 있기 때문이다. 그러나 둘 다 아니다. **책무성**은 부정적인 의미를 담고 있는 말이 아니다. 모든 과정이 올바르게 진행되는 데에 필요한 업무 보고를 성실히 수행할 뿐 아니라 스스로 균형과 견제의 대상이 되겠다는 의지가 있다는 뜻일 뿐이다. 다른 말로 자신의 책임을 등한시하지 않는 방식으로 기꺼이 행동할 의지가 있음을 뜻한다.

모든 사람이 책무성을 가질 때, 행동들이 저절로 조직화되면서 세

---

3 세부 사항까지 규정하여 통제하고 부하 직원에게 재량권을 부여하지 않는 관리 기법.

부 사항이 빠짐없이 처리되고 마감일이 엄격히 준수된다. 또한 격차가 메워지고 정보가 자유롭게 흐르며 팀 내 인재들을 최대한 활용하기 위해 협업이 장려된다. 책무성은 인식을 낳고, 인식은 다시 시너지 효과를 유발하는데, 이는 모든

책무성은 부정적인 의미를 담고 있는 말이 아니다. 자신의 책임을 등한시하지 않는 방식으로 기꺼이 행동할 의지가 있음을 뜻한다.

구성원들이 서로 무슨 일을 하는지 알고 서로의 강점을 효과적으로 활용할 수 있기 때문이다.

따분해서 죽을 것 같은 회의 시간을 억지로 견뎌내는 사람들이 많다. 그런 회의는 회사에서 자행되는 고문이나 다름없다. 진행에 문제가 있는 비생산적인 회의는 순전히 시간 낭비일 뿐 아니라 일종의 잔혹 행위다. 팀 전체 회의는 딱 세 가지 목적을 갖는다. 첫째, 전략적 방향을 명확히 규정하는 것이다. 우리는 어디로 가고 싶은가? 큰 그림은 무엇인가? 전술과 목표와 이니셔티브는 모두 전략에서 출발한다. 그런 전술과 목표와 이니셔티브는 구성원 각자가 혹은 소수로 구성된 하위 팀이 충분히 처리할 수 있다. 그러니 겨우 몇몇 구성원들만 알 필요 있는 세부 사항을 일일이 열거함으로써 모든 참석자를 지루하게 만들고 회의의 발목을 잡는 실수를 하지 마라.

회의의 두 번째 목적은 책임을 할당하는 것이다. 이 일은 누구에게 맡기며 저 일은 누구에게 맡길까? 각자의 역할을 명확하게 정의할 필요가 있다. 그래야 일과 관련하여 경계선이 확실하게 그어지기 때문

이다. 마지막으로, 전체 회의는 책무성을 증대시키기 위해 사용되어야 한다. 이런 목적의 전체 회의는 구성원 각자가 혹은 팀 전체가 업무의 진척 사항에 대해 업데이트할 수 있는 기회를 제공한다. 업데이트가 반드시 포괄적이고 완전할 필요는 없다. 업데이트는 각 팀의 권한 하에 추진 중인 프로젝트의 모든 요소들이 책임감 있게 처리되고 있다고 확인시켜주는 기회일 뿐이다.

책무성은 모두가 제자리를 지키도록 만들고 또한 노력들을 조화롭게 조정하기 위해 필요한 의사소통을 장려한다. 이런 효율성은 구성원 모두가 시기적절하게 업무를 완수하는 데에 도움을 준다. 더욱이 엔트로피entropy[4]를 초기에 차단함으로써 에너지 낭비를 막아준다.

책무성은 주인 의식에서 비롯한다. 사람들이 일의 과정에 대한 주인 의식을 가질 때 그들은 결과에 대한 책무성을 갖는다.

책임감responsibility

주인 의식과 책무성은 사람들이 일을 완수하기 위해 책임감 있게 행동할 것을 요구한다. 책임이 있다는 말은 해당 과정을 통제하거나 관리할 힘을 부여받았다는 의미다. 결과에 대한 책무성이 있기 때문에 그들은 자신에게 맡겨진 일을 해내기 위해 필요한 자원을 확보하

---

4 열역학 제2법칙에 나오는 물리학 용어로 시스템의 무질서 혹은 복잡성의 정도를 의미한다. 쉽게 말해 시스템이 시간이 지남에 따라 점차 기능이 쇠약해져 결국 정지되어 버리는 경향을 일컫는다.

3부 책무성: 대담한 관계를 구축하라

려 노력한다.

　책임감 있는 행동은 성숙을 보여주는 신호다. 누군가가 책임감 있게 행동한다면 그가 주어진 과제를 완수하리라고 믿을 수 있다는 뜻이다. 모두가 책임감 있게 행동할 때 모든 사항이 만족스럽게 처리될 뿐 아니라 높은 성취를 이룰 수도 있다. 그러나 자신의 일을 하지 않거나 잘하지 못하는 사람이 있을 때, 그 한 사람의 무책임함은 다른 사람의 책임이 된다. 팀 구성원들이 다른 구성원의 몫까지 감당하도록 강요받으면 사기가 위축되는 경향이 있다. 물론 위기가 닥쳤을 때나 마감일이 임박할 때처럼, 팀 전체가 동원되는 경우가 언제나 있기 마련이다. 그러나 앞에서 말한 일이 보편화된다면 그 부담은 이내 감당할 수 없는 지경이 된다.

　나쁜 리더십의 첫 번째 징후 중 하나도 이것과 관련이 있다. 팀 내에 성과가 나쁜 구성원이 있을 때, 당사자에게 어떻게든 그 일을 해내고 또한 잘 해낼 책무를 부여하는 대신에 다른 유능한 구성원들에게 그 사람의 몫까지 채우라고 부담을 지우는 것이다. 쉽게 말해 뒤치다꺼리를 맡기는 것이다. 이런 방식이 고착화될 때 인재들이 무더기로 조직을 떠나는 경향이 있다. 이른바 인재의 엑소더스exodus다. 물론 리더로서는 유능한 구성원에게 다른 구성원의 부족하고 미진한 부분을 채워달라고 요청하는 편이 더 쉬울지도 모르겠다. 하지만 이런 근시안적인 해결책은 장기적으로 영향을 미치는 부정적인 결과로 이어질 수 있다. 구성원들이 책임감 있게 행동하지 않을 뿐 아니라 과정에 대해 주인 의식을 갖지도 않고 뛰어난 결과를 도출할 책무성도 지려 하지 않을 때, 팀의 통합성을 저해할 위험이 있다. 고로 팀의 통합성을 유지하기 위해 엄중한 발전적 대화가 요구된다. 그런 대화로도 성숙하고 책임감 있는 활동을 이끌어내지 못할 때, 리더는 팀의 인적 구성에 변화를 가할 필요가 있다.

많은 사람들이 〈저어라, 저어라, 노를 저어라〉 노래에 익숙하기는 해도, 대부분은 마지막 구절에서 고개를 갸웃한다. 사실 마지막 두어 구절은 약간 이상하기도 하다. 지금까지 우리는 노 젓기의 많은 혜택과 노를 젓는 사람들의 미덕 일부에 대해 자세히 알아보았다. 이즈음에서 나는 이 동요의 변형 버전을 통해 리더십의 또 다른 난제를 알아보려 한다.

저어라, 저어라, 노를 저어라 Row, row, row your boat,
물살을 따라 부드럽게 Gently down the stream.
하하, 다들 감쪽같이 속았네 Ha-ha, fooled you all,
난 잠수함을 타고 있어 I'm in a submarine.

구성원들이 리듬을 맞춰 함께 노를 젓게 하려고 애쓰다가 문득 구성원 모두가 보트에 타고 있지는 않다는 사실을 알게 될 때도 더러 있다. 누군가가 보트에서 머리카락 한 오라기도 보이지 않을 수도 있다. 만약 그가 보트에서 실수로 떨어져 위험에 처해있다면, 그 사람을 구하기 위해 힘이 닿는 한 모든 노력을 다하라. 그러나 아예 처음부터 당신의 보트를 타지 않았을 뿐 아니라 알고 보니 자신만의 잠수함을 타고 당신을 공격하려 하고 있다면, 그것은 전혀 다른 상황이다. 그럴 경우에는 무슨 수를 쓰든 그들이 어뢰를 쏴서 당신의 노력을 무력화시키도록 내버려두지 마라. 팀의 안전을 지키고 팀의 통합성을 보호하려는 리더로서 당신은 어쩔 수 없이 회피 행동을 취해야 할 수도 있다. 혹은 필요하다면 데프콘DEFCON⁵을 발령하고 물속에서 어뢰의 기포가 쪼르르 올라오는 것이 육안으로 보이기 전에 선제공격으로 위협을 제거하라.

---

5 'Defense Readiness Condition'의 약자. 전투 준비 태세 혹은 방어 준비 태세라고도 한다.

관계를 위한 핵심 질문

☐ "힘든 시절은 좋은 시절이 감춘 것을 드러낸다."라는 말이 있다. 이 문구를 확인시켜주는 구체적인 사례나 통찰을 경험했던 적이 있다면 적어보라.

☐ 주인 의식과 책무 그리고 책임의 차이는 무엇일까? 왜 그 세 요소가 위임에서 매우 중요할까?

☐ 팀 회의의 세 가지 목적은 무엇일까?

☐ 팀 회의를 더욱 효과적인 시간이 되도록 재구성하려면 어떻게 해야 할까?

☐ 9장에서 당신이 배운 가장 큰 교훈은 무엇인가?

10장
갈등 해소를 위한 교전규칙

단어들은 사전에 기술된 그 자체로는 순수하고 아무 힘도 없다. 그러나 단어들을 어떻게 조합하는지 아는 사람의 손에 의해서 강력한 선한 힘이 될 수도 지독히 악한 힘이 될 수도 있다.

너새니얼 호손Nathaniel Hawthorne, 작가

교전규칙rules of engagement, ROE이라는 용어는 보편적으로 군대가 적군과 교전을 개시하고 또한 교전을 계속할 때 그 상황을 제약하기 위한 군사 훈령을 일컫는다. 다른 말로 교전규칙은 권한 있는 군 당국이 발효하는 명령으로 언제, 어디서, 어떻게, 누구를 상대로 무력을 행사해야 하는지를 명확히 규정한다. 교전규칙은 문명화된 전쟁에서 적절한 행위를 결정하고 효과성을 보장하기 위해서는 절차와 기준이 필수적이라는 사실이 널리 인정된 결과물이다. 문명화된 전쟁에는 반드시 규제가 있어야 한다는 이 개념은 역사적으로 수많은 국제조약과 국제 협약으로 뒷받침되었다. 그중 가장 중요한 것은 전쟁 포로와 전쟁 지역의 민간인 처우를 명문화한 제네바 협약이다.[i]

냉전 중에 소련과 미국은 공격의 잠재적 이점이 보복의 결과를 감

갈등해소를 위한 계획을 사전에 제공하지 못한다면 내부 붕괴로 이어지는 지름길이 된다.

내할 만한 가치가 없다는 사실을 깨닫게 되었다. 사소한 충돌이 자칫 핵전쟁으로 비화되는 것을 막기 위해서 양국은 허용 가능한 행동을 규정하는 절차들을 마련했다. 그런 교전규칙이 없다면, 충돌 상황이 쉽사리 통제 불능의 상태로 빠질 뿐 아니라 대량 살상으로 귀결될 위험이 크다.

사람들이 모이는 곳이라면 어디든 싸움과 갈등이 일어날 것이다. 어쨌든 우리 모두는 결국 인간에 지나지 않으니 당연히 작업 환경도 여기에 해당된다. 건강한 기업 문화를 지키고 강력한 팀을 구축하고 싶은 리더는 반드시 이런 현실을 인정하고 갈등이 해소될 수 있는 명확한 길을 찾아야 한다. 갈등해소를 위한 계획을 사전에 제공하지 못한다면 내부 붕괴로 이어지는 지름길이 된다. 그리고 놀이터에서의 나쁜 행동을 사전에 방지하는 최선의 방법은 구성원들이 따라야 하는 교전규칙을 마련하는 것이다.

모래 던지기 금지

유치원 시절, 나는 점심 식사 후 운동장에서 노는 시간이 가장 좋았다. 내게 그 시간은 밀실 공포증이 생길 것 같은 답답한 교실에서 몇 시간을 갇혀있으면서 축적된 과도한 에너지를 불태울 절호의 기회였다.

운동장에는 그네, 미끄럼틀, 정글짐 등이 있었다. 그리고 내가 가장 좋아하는 모래놀이터도 있었는데, 모래놀이터에서는 우리 꼬마 특공대원들이 장난감 군인들을 세워놓고 전쟁놀이도 할 수 있었다.

친구들과 했던 초창기 전투 중 하나는 아주 강렬해서 내게 깊은 인상을 남겼고 오늘날까지도 생생히 기억난다. 찰리와 로버트가 한편이 되고 나와 미치가 다른 편이 되었다. 찰리와 로버트는 모래에 선을 그은 다음 우리에게 군사를 소집하라며 선전포고를 했다. 둘은 플라스틱 모래 삽으로 임시 벙커를 만들기 시작했고 자신들의 지휘 본부로 사용할 요새도 구축했다. 미치와 나는 커다란 떡갈나무 아래서 주워 온 나뭇가지로 성벽을 쌓았다. 장난감 병사들을 각각 제자리에 위치시킨 후에 우리는 모래놀이터 반대편으로 가서 전투 지역을 향해 돌아가면서 야구공을 던졌다. 규칙은 단순했다. 아군 적군 가리지 않고 야구공과 접촉하는 모든 병사들은 전사자로 전투에서 빠져야 했고, 마지막 남은 병사의 군대가 승리한다는 규칙이었다.

먼저 찰리가 낡은 흰색 야구공으로 공중 공격을 개시했다. 찰리의 공격으로 우리는 커다란 타격을 입었다. 야구공이 우리의 방어선을 돌파하면서 상당수의 저격수와 포병 두 명이 전사했다. 그리고 우리의 공격 차례가 되었다. 우리의 공격도 적군 못지않게 효과적이었다. 우리 넷은 그런 식으로 순서를 바꿔가며 공격을 계속했고, 마침내 놀이터 사막의 모래언덕에 몇몇 병사들만이 생존했다. 로버트는 자신이 공격할 차례가 되자 정밀 타격 기법을 시도했다. 환상적인 공격이었다. 약간의 백스핀이 들어간 야구공은 높이 포물선을 그리며 날아 모

10장 갈등 해소를 위한 교전규칙

래언덕의 뒤편에 떨어졌는데, 떨어지는 각도가 완벽해서 우리의 마지막 병사 네 명이 있는 방향으로 정확히 굴러 내려왔다. 우리 모두는 공중 공격의 결과를 확인하기 위해 몸을 쭉 빼서 전장을 쳐다보았다. 그때였다. 미치의 내면에서 작은 좌절감으로 말미암아 불붙은 불꽃이 활활 타올랐다. 미치는 두 손으로 모래를 한 움큼 퍼 담아 공중으로 휙 뿌렸다. 제 딴에는 거대한 폭발을 따라한 행동이었다. 효과는 만점이었다. 우리 모두가 미처 몸을 피할 새도 없이 상황이 종료되었으니 말이다. 찰리와 로버트와 나는 흩날리는 모래 때문에 잠시 앞이 보이지 않았다. 그리고 우리는 그날 오후 시간 대부분을 머리와 옷에서 모래 알갱이를 털어내며 보냈다. 어쨌든 그날 우리 넷은 귀중한 교훈 하나를 배웠다.

다음날 우리는 전투를 개시하기 전에 하나의 교전규칙을 정했다. **어떤 경우에도 모래를 던지면 안 된다!**

그로부터 50년이 더 지난 지금까지도 나는 그날 오후 모래놀이터에서의 일을 생생히 기억한다. 또한 이 순간까지도 나는 팀들이 일터에서 더 건강한 관계를 추구하도록 코칭하고 이끌 때 그 단순한 약속 하나를 지키도록 돕기 위해 노력한다.'

---

1 '모래를 던지다throw sand'에는 일, 분위기 따위를 망치거나 훼방을 놓는다는 뜻도 있다.

3부 책무성: 대담한 관계를 구축하라

관계상의 교전규칙

교전규칙이 딱 하나여만 한다면 **모래 던지기 없기**가 어떨까? 이것은 단순해도 상당히 좋은 규칙이다. 앞서 말했듯 갈등은 불가피하다. 갈등을 해결할 능력이 있느냐 없느냐에 따라 팀의 효과성이 증대하거나 약화될 것이다. 솔직히 말해 갈등을 해결하려면 구성원들이 서로를 어떻게 대우할 것인가에 관한 원칙과 기대치를 미리 정하는 교전규칙이 필수적이다. 그런 규칙의 목적은 통일성, 다른 말로 일체감을 유지하는 것이다. 모든 사람이 똑같은 의견을 가져야 한다는 뜻이 아니다. 그보다는 스트레스가 많은 상황이 닥치고 의견 충돌이 빚어지며 공격적인 행동이 나타날 때, 건강한 형태의 대인 소통 기법들을 실천하기 위해 한마음으로 노력한다는 뜻이다.

이런 교전규칙이 완전할 필요는 없다. 인적자원 부서는 직원들 사이에 발생할 수 있는 광범위한 돌발 상황을 다루기 위해 온갖 정책과 절차들로 가득한 두툼한 지침서를 작성하는 것으로 악명이 높다. 문제는 일단 방대한 내용의 규정집을 만들고 나면, 십중팔구는 아예 규정집을 열어보지도 않았을 직원들을 감시하고 관리한다는 명분으로 일종의 경찰국가를 만들어 정책과 절차들을 엄정히 집행해야 한다는 점이다. 이런 문제를 피할 수 있는 훨씬 간단한 해결책이 있는데, 궁금하지 않은가? 일단 몇 가지 지침만 제시하고 사람들이 어른스럽게 행동하기를 기대하라. 그리고 그들이 지침을 따르지 않는다면 올바른 방향으로 지도하라. 그런 후에도 모래를 던지는 짓을 계속한다면 타임아웃 조치를 내려 쉬는 시간에 친구들과 노는 것을 금지시켜야 할 지도 모르겠다.

갈등을 다루는 문제와 관련하여 나는 간단히 다섯 가지 해결책을 제안하려 한다. 꾸준히 적용한다면 그런 규칙만으로도 일터에서 발생하는 대부분의 갈등을 해결할 수 있다. 이름하여 '관계상의 교전규칙'이다. 각 규칙은 1인칭으로 설명할 터인데, 팀 구성원 각자의 입장에서 어떤 노력이 필수적인지 명확히 알려주기 위해서다.

1. 나는 당신에 관해 뒤에서 이야기하기 전에 당신에게 직접 말할 것이다.

갈등은 종종 소문에 의해 악화된다. 그런 소문은 영어권에서 '정수기 수다watercooler conversation'라는 말로 대변되는 직원들 간의 뒷말이 대표적이다. 결론부터 말하면 정수기 수다는 그 자리에 같이 있지 않은 사람들에 관한 문제를 해결할 수 없다. 오히려 해당 갈등과 아무런 관련이 없는 데다가 그 갈등을 해결하는 데에 거의 도움이 못 되는 사람들에게 부정적인 이야기를 퍼뜨림으로써 관계의 물을 흐릴 뿐이다. 은밀히 주고받는 대화와 소문은 머스터드 가스[2]보다 훨씬 더 작업 환경에 유독할 수 있다.

사람들이 그런 대화를 하는 이유는 무엇일까? 대개는 자신의 입장에 대한 지지를 얻거나, 혹은 자신의 입장에서 볼 때 부당하게 여겨지

---

2 이페리트yperite라고도 하며 겨자 냄새가 나는 독가스이다. 제1차 세계대전에서 독일군이 처음으로 사용했다.

는 무언가에 대한 스스로의 반응을 정당화하기 위해서다. 그런 사람은 '우리 집에 왜 왔니' 놀이를 하는 아이들과 다를 것이 없다. 자신이 바라는 감정적 지지를 얻기 위해 자기 편이 되어줄 누군가를 열심히 찾는다는 말이다. 하지만 개인 간의 갈등에 제3자들이 불필요하게 개입하면, 갈등의 범위가 확대되고 부수적 피해가 증가한다. 일단 제3자들에게 공격에 가세하도록 요구하는 순간 되돌아오기 힘든 강을 건너게 된다. 제3자들까지 소문만 듣고 부정적인 인상을 갖게 되어 오해를 풀기가 훨씬 더 힘들어지기 때문이다.

그 자리에 없는 누군가에 대해 말할 때는 말하는 사람의 입장을 강화하기 위해 이야기가 잘못 전달되기 십상이다. 게다가 자신도 모르게 그 대화에 소환되어 의심받게 된 사람은 자신의 입장을 설명하거나 옹호할 수 없고, 그래서 편견 없는 결론을 도출하기가 애당초 불가능하다. 거미가 실을 뿜어내 먹잇감을 꽁꽁 싸듯, 소문을 내는 사람은 관계를 죽이는 치명적인 게임을 벌이면서 사람들을 감정의 실로 꽁꽁 싸서 꼼짝 못하게 만들고자 한다.

누군가를 비방하고 비난하는 일은 주변 사람들의 눈을 흐리게 만들어 객관적인 눈으로 그 상황을 볼 수 없게 만든다는 점에서 공중으로 모래를 던지는 행위와 비슷하다. 어릴 적 친구들과 내가 운동장에서 합의했던 것처럼, 어떤 경우에도 모래를 던지면 안 된다.

갈등을 다루는 성숙된 방법은, 피해자가 가해자를 직접 찾아가서 둘이서 문제를 해결하려고 노력하는 것이다. 양 당사자가 솔직하고 겸손한 태도로 행동할 수 있다면 종종 신속하게 해결책이 도출되기도 한다.

2. 나는 내게 성장의 여지가 있다는 사실을 명심하고, 겸손하고 솔직하게 대화할 것이다.

누군가에게 맞서는 경우든 누군가에게 도전을 받는 경우든, 방어적인 태도를 취하거나 지나치게 감정적으로 되지 않고 민감한 대화에 온전히 집중하려면 겸손함이 필수다. 감정이 고조되면 방어적인 심리가 증가하고, 방어적인 태도는 역효과를 낳는다. 방어적인 태도를 취하는 것은 본질적으로 우리에게 성장의 여지가 없다는 말과 다르지 않다. 우리는 문제를 면밀히 조사하고 배우기보다 자신의 입장을 정당화하는 데에 더욱 열을 올린다. 그러다 보면 자연히 감정이 고조될 수 있고, 고조된 감정이 대화를 장악할 때 생산적인 대화를 나누기는 거의 불가능하다. 감정이 고조되면 지성이 감소한다고 말해도 무방할 것이다. 감정에 휘둘릴 때 우리는 종종 멍청한 말을 내뱉으며 어리석고 파괴적인 행동을 한다.

방어적인 태도를 취하지 않고 평정심을 유지하는 비결은 자신이 아직 배울 것이 많다는 사실을 기꺼이 인정하는 것이다. 냉담한 태도보다 호기심 어린 태도를 유지할 때, 우리는 자신을 보호하는 데 집중하는 대신 상대방의 관점을 이해하기 위해 노력할 수 있다. 또한 서로를 적이 아니라 조언자로 생각할 때, 우리는 대화에서 우리의 감성 지능을 증가시켜줄 가능성이 있는 통찰을 얻으려 노력할 수 있다. 아울러 자신의 말과 행동이 다른 사람들에게 어떤 영향을 미쳤는지 기꺼이 들을 준비가 되면, 우리의 감수성은 더욱 풍부해지고 의사소통 기술도 향상될 것이다.

건전한 사고방식을 가진 사람은 성장하고 싶어 한다는 사실을 명심하라. 그리고 관계가 성장의 촉매라는 사실도 잊지 마라. 누군가가 당신에 대해 뒤에서 말하지 않고 당신을 직접 찾아온다면 당신과의 관계에 그만큼 관심을 기울인다는

냉담한 태도보다 호기심 어린 태도를 유지할 때, 우리는 자신을 보호하는 데 집중하는 대신 상대방의 관점을 이해하기 위해 노력할 수 있다.

뜻이다. 고로 상대방이 당신과 함께 옳은 방식으로 상황을 바로잡기 위해 노력하고 있다는 점을 높이 인정해주어야 한다.

자신이 배울 필요가 있는 것에 계속해서 초점을 맞추어라. 사람들은 상대방이 배울 필요가 있는 것에 초점을 맞추기 십상이다. 이것은 많은 사람들이 수세로 몰리지 않기 위해 '눈에는 눈 이에는 이'식의 대화에 빠지게 만든다. 이런 수준까지 악화된 대화는 상대를 이기기 위한 경쟁으로 금방 비화되고, 대화로서의 영향력은 이내 없어진다. 물론 당신과 대화를 나누는 상대방도 자신의 관점과 접근법을 점검할 필요가 있을 것이다. 그러나 이 문제는 나중에 자세히 다루기로 하자.

여기서의 핵심은 겸손하고 솔직한 자세로 대화를 시작하면서 상대방과 더욱 깊이 연계하기 위해 무엇을 할 수 있을지 배우려고 노력하는 것이다. 만약 상대방도 여기에 호응해 배움을 위해 당신의 피드백을 요청한다면, 당신은 상대방이 성장하는 데 도움이 되는 피드백을 제공할 기회를 얻을지도 모르겠다. 만약 그렇지 않다면, 지금은 당장의 문제에 집중하라. 혹시라도 상대방의 성장과 발전과 관련하여 추가

적인 사안들을 탐구할 필요가 있다고 생각된다면 훗날을 기약하라.

3. 교착상태에 빠진다면 우리는 객관적인 의견을 구할 것이다.

갈등의 당사자와 직접 대화하면 모든 갈등이 해결될 거라고 생각하는가? 정말이지 순진한 생각이다. 방어적인 태도, 맹점, 트리거 trigger[3] 같은 훼방꾼들을 고려하지 않았기 때문이다. 그런 것들은 우리와 다른 사람을 갈라놓는 사안들을 효과적으로 해결하는 우리의 능력을 저해하기 쉽다. 이런 방해꾼이 등장하면 대화는 순식간에 엉뚱한 방향으로 진행되고 감정이 통제 불능 상태로 흐르며 아무리 좋은 의도로 한 말이라도 불꽃 튀는 논쟁으로 비화될 수 있다. 게다가 가끔은 상대방이 우리의 관점에서 상황을 바라보도록 만들겠다는 일념으로 연신 헛바퀴를 돌리고 있을 수도 있다. 이렇듯 대화가 교착상태에 빠졌을 때는 상황이 막다른 길로 치닫는 것을 막고 대화를 정상궤도로 되돌리기 위해 제3자로부터 객관적인 의견을 구할 필요가 있다.

바로 이 지점에서, 코치나 멘토 혹은 카운슬러나 인적자원관리 전문가의 통찰이 갈등을 해결하는 데에 중대한 역할을 할 수 있다. 객관적인 외부인, 그러니까 양 당사자의 성장 말고는 개인적인 이해관계가 전혀 얽혀 있지 않은 사람은 사안을 명확히 정의해주고 대화가 화해를 향해 나아가도록 도움을 줄 수 있다. 모든 조직에는 갈등 해소에

---

3 총의 방아쇠를 뜻하는 말로 어떤 사건에 대한 즉각적인 반응 혹은 그 사건이 애초에 일어난 계기를 의미한다.

길라잡이 역할을 하도록 믿고 맡길 수 있는 누군가가 반드시 있어야 한다. 그런 사람이 내부자여도 좋고 외부인이어도 상관없다.

갈등은 불가피하다고 봐도 틀리지 않다. 즉 갈등은 관계의 필연적인 부산물이다. 따라서 우리는 확고한 의지로 우리의 문제와 불만을 관련 당사자(들)에게 직접 제기해야 한다. 또한 반드시 화해하고 일체성을 추구하는 데에 전념해야 한다. 하지만 이렇게 한다고 해서 반드시 양 당사자가 거친 관계의 바다를 효과적으로 항해할 수 있을 만큼 높은 감성 지능이 생기거나 성숙해지지는 않을 것이다. 문화를 중요시하는 조직이라면, 구성원들이 대인 갈등 상황에서 객관성과 명료한 사고를 잃지 않고 상황을 헤쳐나가기 위한 코칭 자원을 제공할 것이다.

4. 나는 대화의 목적이 서로를 이해하고 문제를 해결하며 일체성을 향해 나아가는 것임을 인정한다.

최고의 조직과 팀이라도 갈등에서 자유로울 수 없다. 이 말을 앞서 했는데 굳이 되풀이하는 이유는 그만큼 중요하기 때문이다. 그렇지만 강력한 문화를 위해서는 갈등을 신속히 해결하고 관계의 온전함을 보호하는 데 헌신해야 한다. 일체성을 유유상종식의 동지적 결합이라고 오해해서는 절대 안 된다. 성장과 혁신을 촉진하는 데에는 생각의 다양성이 절대적으로 필요하다. 그러나 마음의 코드가 맞는 동질성, 조직의 특정한 가치에 대한 헌신, 문제를 함께 해결하면서 서로를 더 깊이 이해하려는 의지 등은 건강한 관계를 추구할 때 매우 중요한 요소들이다.

일체성은 우리가 서로를 더 깊이 이해하게 된다는 뜻이고, 그런 이해를 통해 우리는 더욱 개인적인 차원에서 연결할 수 있게 된다. 매번 의견이 같을 수는 없을지 몰라도, 우리는 서로가 성장하도록 돕는 일에 헌신한다. 잘만 하면 그 성장이 더 높은 경지의 개인적인 깨달음으로 이어질 수 있고, 그런 깨달음은 우리가 성장하는 밑거름이 될 뿐 아니라 서로 더욱 효과적으로 연계하도록 우리의 능력을 높여줄 것이다. 이는 다시 서로에게 가장 좋은 것을 최우선으로 고려하는 상태로 귀결된다. 이 모든 것의 종착지는 서로의 차이를 인정하는 것이 될지도 모르겠다. 하지만 그보다 중요한 것이 있다. 우리가 결국에는 공통의 가치를 명확히 확인하게 되리라는 사실이다. 이 공통의 가치는 우리가 관계적으로 더 나은 미래를 구축할 수 있는 토대가 될 것이다.

이것은 갈등 관리의 문제가 아니라 갈등 해결의 문제다. 우리는 밝은 빛을 볼 때까지 최선을 다해 혼돈의 터널에 계속 머물러야 한다. 우리는 반드시 감정적 의지를 발휘해 서로에 대한 이해와 존중이 새로운 차원에 도달했다는 생각이 들 때까지 건설적인 대화를 지속해야 한다. 그리고 최소한, 서로가 다른 의견을 가질 수 있으며 또한 그것이 서로를 모욕하거나 무시하는 일이 아님을 인정해야 한다. 우리는 관계의 온전함을 위해 언제까지나 변함없이 노력할 것이다.

5. 나는 1초라도 빨리 용서할 것이다.

문제가 마무리되고 사안이 해결되었을 때는 앞으로 나아가라. 관계상의 실패를 곱씹는 행위는 사기를 떨어뜨릴 수 있다. 관련자들은 이번에 배운 교훈들을 마음 깊이 새기고 이번 대화를 통해 드러난 한계들을 뛰어넘어 성장하는 데에 전념해야 한다. 불쾌했던 행동을 자주 들추어내면 삶이 고갈될 수 있다. 마음에 원망을 품으면 백해무익하다.

당연한 말이지만 해결되지 않은 문제 행동은 원한으로 발전할 수 있다. 문제가 해결되지 않을 경우 이후의 만남들에서 지독한 긴장감이 감돌기 마련이다. 그런 상황에서 난관을 정면으로 돌파한답시고 예전의 문제 행동들을 다시 들추어서는 곤란하다. 그런 행위는 유독하기로 따지면 문제 행동에 못지않다. 그냥 용서해주어라. 용서는 당면 문제를 뛰어넘어 앞으로 나아가고 그 문제를 자꾸 들추지 않기 위해 의식적으로 노력한다는 뜻이다. 또한 용서는 일종의 면죄부를 주는 행위, 다른 말로 더 이상 상대방에게 상황을 바로잡을 책임을 지우지 않는 행위다. 일반적으로 용서는 빚이나 의무를 아예 없던 것으로 취소하거나 면제시켜준다는 뜻이며, 자신의 마음에서 그 문제가 말끔히 해결되었다는 뜻이다. 일단 용서하고 나면, 미래는 과거의 행동에 구속받지 않는다. 용서는 누군가의 행동으로 야기된 분노와 좌절감으로부터 스스로를 감정적으로 해방시키는 행위다.

용서할 수 없을 때는 의심의 앙금이 남는다. 이런 의심은 계속해서 관계를 오염시킬 수 있는데, 그 문제가 아직도 남아 있다는 징후를 지속적으로 찾게 만들기 때문이다. 이런 의심은 '말이 씨가 되는' 자기실현적 예언으로 변질될 수도 있다. 이때 용서할 수 없어서 마음이 피폐해진 사람은 의심의 색안경을 쓰고 특정 행동들을 자의적으로 해석하게 된다. 그들은 사실상 자신이 찾는 대로 보기 시작하고 그러면서 문제가 악화된다. 그리하여 감정적인 짐이 계속해서 쌓여간다.

그렇다면 문제가 재발할 경우에는 어떻게 해야 할까? 이번에는 예전에 느꼈을 수도 있는 감정적인 고통과 고뇌 없이 접근할 수 있어야 한다. 어쩌면 나쁜 행동을 억제하기 위해 확실한 경계선을 세울 필요가 있을지도 모르겠다. 문제 행동이 하나의 패턴으로 발전하기 전에 엔트로피를 차단하는 것이다. 가끔은 문제를 야기한 당사자가 자기 행동의 파괴적인 본성을 명확히 인지할 때까지 여러 번에 걸쳐서 문제를 다룰 필요가 있다. 특정 사안을 여러 번에 걸쳐 다룰 의지가 있는지는 다음과 같은 몇 가지 요소에 달려 있다.

1. 행동의 심각성

2. 행동이 지속될 경우의 잠재적인 부정적 결과

3. 관계의 깊이

4. 겸손의 유무

5. 변화에 대한 확실한 헌신. 바람직한 변화를 생성시키기 위해 필요한 자원을 찾는 것도 포함됨.

관계를 지속하려는 확실한 의지를 바탕으로 헌신적으로 노력한다면, 용서가 감정의 앙금을 말끔히 씻어내고 양 당사자가 과거의 실패에 제약받지 않으면서 미래로 나아갈 수 있게 해준다. 진정한 용서는 가해자와 피해자 모두에게 구원이 된다. 먼저, 가해자는 과거의 실패가 미래의 만남에서 자신을 겨누는 칼이 되어 돌아올 거라는 두려움을 느끼는데, 진정한 용서는 가해자를 그런 두려움에서 해방시켜준다. 한편 피해자는 마음을 마비시키는 부정적인 요소로 가득 찬 늪에 빠져 고통받는데, 용서가 피해자를 그런 고통에서 빼내준다. 굳이 경중을 따지면 후자가 더 중요하다. 어쨌건 용서는 각 당사자가 실패를 과거로 흘려보내고 더 밝은 미래를 구축하는 데에 초점을 맞출 자유를 준다. 용서는 감정에 해로운 파편들을 내려놓는 일과 나쁜 행동을 억제하기 위해 건강한 경계를 세우는 일 사이에서 균형을 찾는 기술이다.

관계상의 교전규칙은 갈등 해소에 관한 지침이다. 다른 말로, 우리가 압박을 받는 상황에서 서로 어떻게 연계해야 적절한지를 결정할 때 반드시 특정 기대치가 필요하다는 사실을 보편적으로 인정하는 것이다. 우리가 서로를 존중하며 직접적으로 대하려고 노력할 때 문화가 강화된다. 가장 강력한 조직은 갈등이 없는 조직이 아니다. 갈등 상황을 힘을 합쳐 해결함으로써 일체감을 유지하는 데에 헌신하는 조직이 가장 강력하다.

관계를 위한 핵심 질문

☐ 모든 구성원이 "문제가 있을 때 제3자에게 말하기보다 문제 당사자와 직접 대화를 통해 문제를 해결"하기 위해 최선을 다한다면 그 행동이 구성원들의 관계에 어떤 영향을 미칠까?

☐ 갈등을 해결하기 위해 노력할 때 냉담함 대신 호기심을 유지할 수 있는 방법은 무엇일까?

☐ 구성원들이 갈등을 해결하는 과정에서 교착상태에 빠질 때 도움을 주기 위해 어떤 자원이 마련되어 있는가?

☐ 일체성이 갈등 해소의 목표라고 말할 때, 일체성이란 어떤 모습이고 또 어떤 모습이 아닐까?

☐ 용서가 갈등 해소에서 중요한 이유는 무엇일까?

☐ 갈등 해소에서 경계선은 어떤 역할을 할까?

11장
날것의 대화를 하라

인간으로서 우리의 평생 과업은 우리 각자가 얼마나 귀하고 소중한 존재인지 깨
닫도록 사람들을 도와주는 것이다. 또한 우리 각자의 내면에 언제나 독특하고
누구도 가지지 못한—혹은 영원히 가질 수 없을—무언가가 있음을 이해하도록
도와주는 것이다. 그와 더불어 서로가 그 독특함을 발견하도록 용기를 북돋우고
그 독특함을 표현할 방법을 제공하는 것 역시 우리의 임무다.

프레드 로저스Fred Rogers 목사

업무 성과를 측정하는 인사고과는 비즈니스에서 표준 관행이 되었다.
성과관리시스템은 조직이 가능한 한 최고의 성과를 달성하도록 조직
의 자원을 관리하고 정렬시키기 위해 사용된다. 이런 평가는 예전부
터 1년 단위로 실시되어왔지만, 요즘 들어 많은 조직이 평가 주기를
단축시키는 추세다. 게다가 피드백을 자주 제공할수록 개인과 팀 모
두가 '업무에 더욱 몰입'하는 경향이 있다는 증거가 날로 쌓여간다.

 내 경험에서 보면, 높은 성과를 내는 팀들은 지속적인 코칭의 수혜
자들이다. 리더가 구성원 개인의 열정과 조직의 목표를 정렬시키고
통찰력 있는 피드백을 자주 제공할수록 구성원과 팀 모두의 생산성이
높아질 것이다. 이는 리더가 구성원들과의 개방적이고 솔직하며 지속
적인 대화를 최우선으로 해야 한다는 뜻이다. 그리고 대개의 경우 이

런 대화는 '날것RAW' 상태일 필요가 있다.

'날것', 즉 RAW라는 단어는 아무것도 감추지 않는 솔직하고 정직한 대화를 일컫는다. RAW는 이런 발전적 대화의 세 가지 구성 요소 각각에서 첫 철자를 따서 지었다. 바로 현실을 의미하는 'reality', 진전을 말하는 'advancement', 씨름한다는 뜻의 'wrestling'이다. 그런 대화는 때로 고통스러울 수는 있어도 실제적이고 진정성 있으며 마음을 움직인다. 날것의 피드백을 제공하면 각각의 대화에서 진정성을 추구하는 셈이다. 강력한 문화를 지탱하는 두 기둥은 지속적인 피드백, 그리고 그 피드백을 근거로 한 조정이다. 날것의 대화는 문제와 의심을 확실히 드러내는데, 그래야 그것들이 적절히 해결될 가능성이 있을 뿐 아니라 투명성이 나타나고 신뢰가 강화될 가망도 있기 때문이다. 날것의 대화 기법을 사용하는 조직들은 서로의 가장 좋은 점을 믿는 구성원들에게 우호적인 환경을 효과적으로 구축한다.

날것의 대화는 격려, 코칭, 교정 등을 제공하기 위한 발전적 대화다. 여론 조사 기관 갤럽Gallup에 따르면, 직장인 중에 관리자들이 영감을 주는 리더십을 발휘해 자신들의 능력을 개발하고 자신들이 성장하도록 도와준다고 생각하는 사람은 거의 없다. 한편 갤럽은 사업 부문별 직원 몰입도의 격차와 관련해 관리자들에게 최소 70퍼센트의 책임이 있다고 추산한다.[i] 왜 그럴까? 부분적으로는 많은 리더들이 성과가 낮은 직원들을 대면하고 그들의 성과를 개선하기 위해 필요한 자원을 제공하는 상황을 두려워한다는 사실과 직접적으로 연관이 있을 수 있다. 이렇게 볼 때 리더들은 반드시 명확하고 건설적인 피드백을 제공하는 기술들을 연마할 필요가 있다.

날것 대화의 목적은 무엇일까

날것의 대화는 개인의 발전을 목적으로 이뤄지며 관계 중심적이다. 또한 누군가에게 교정이나 코칭 혹은 멘토링이나 격려가 필요할 때 일대일로 이뤄진다. 이런 날것의 대화는 리더와 직속 부하 직원의 상하관계에 국한되지 않고 동료와 동기 간의 수평적인 관계에서도 이뤄질 수 있으며, 심지어는 조직 전반에서 '상급자 코칭'을 위해 사용될 수도 있다. 날것 대화의 목적은 세 가지이고, 이는 RAW라는 세 글자에 전부 요약되어 있다.

1. Reality: 현실 드러내기

최고의 리더는 현실을 다룬다. 좋은 리더는 현실을 회피하지도 조작하지도 왜곡하지도 않는다. 현실은 당신이 어떨 거라고 생각하거나 생각하고 싶은 모습이 아니다. 또한 현실은 당신이 그럴 거라고 희망하거나 믿고 싶은 모습도 아니다. 뿐만 아니라 현실은 당신이 그래야 한다고 바라거나 염원하는 모습도 아니다. 현실은 다만 모든 상황을 정말 있는 그대로 바라본 모습이다.

유대교 랍비인 에드윈 프리드먼Edwin Friedman은 저서에서 현실이 무엇인가에 대해 가장 적절히 설명했다. "어떤 상황에서건 남이나 환경을 탓하지 않고 현실을 가장 정확히 설명할 수 있는 사람은 자의든 타의든 언젠가 리더가 될 것이다." 본질적으로 볼 때 프리드먼이 말하고자 했던 요지는 좋은 리더십 기술을 보유한 사람은 무엇이든 있는 그대로 받아들인다는 것이다. 좋은 리더는 남들이 애써 외면하려 드는 문제를 회피하지 않는다. 혹은 대안적인 현실을 창조하려 시도함으로써 당면한 문제를 외면하지 않는다.

미국의 남부 지방 사람들이 즐겨 하는 말이 있다. "우물에 있는 것이 결국 물통에 들어가기 마련이다." 언젠가 진실이 드러난다는 것을 우회적으로 표현한 말이다. 이것은 단지 시간문제일 뿐이다. 그리고 진실이 드러날 때 그것을 가장 정확히 설명했던 사람이 리더로 부상할 것이다.

가끔 리더는 자신이 보는 그대로를 솔직하게 말하기 두려워한다. 자신의 관점이 왜곡되었을까봐, 누군가의 마음을 다치게 할까봐 두려워서인지도 모른다. 혹은 사내 정치에 동조하거나 PC(정치적 올바름 political correctness)¹를 지키려 해서일 수도 있다. 이유가 무엇이든 진실을 있는 그대로 말할 배짱이 있는 리더는 극히 드물다. 솔직하지 못하거나 현실을 다루는 것을 지나치게 두려워할 때의 결과는 너무 다양해서 일일이 열거할 수 없을 정도다. 그냥 궁극적으로 볼 때 현실이 모든 것을 지배할 거라는 정도로만 갈음하겠다. 따라서 현실을 명확히 파악하고 효과적으로 다루는 것이 모두에게 가장 이롭다. 좋은 리더

1 　말의 표현이나 용어의 사용에서 인종, 민족, 종교, 성 차별 등의 편견이 포함되지 않도록 하자는 원칙.

라면 현실을 다루는 문제에 있어서만큼은 아주 냉혹하고 철두철미하다.

적절한 날것의 대화는 현실을 정확히 설명한다. 그렇게 함으로써 개인의 발전과 팀의 생산성을 위해 나아갈 길을 비춰주는 한줄기 빛의 역할을 한다.

2. Advancement: 창의적 대화 진전시키기

날것의 대화의 두 번째 목적은 창의적인 선택지들을 두루 살펴봄으로써 대화를 진전시키는 것이다. 이런 대화는 사안을 적절히 다루고 생산적인 토론을 촉발시키는 데에 도움이 된다.

날것의 대화는 리더가 일방적으로 말하고 상대방은 말없이 들으면서 메모를 하는 그런 독백이 아니다. 솔직히 말해 좋은 리더는 탐색적인 질문을 하고 상대방의 대답을 열심히 듣는다. 리더는 상대방이 자신에게서 해답을 기대한다고 생각하기 때문에 종종 듣기보다 말하기에 더 많은 시간을 쓴다. 그렇지만 훌륭한 리더는 촌철살인의 질문을 한 다음 열심히 듣는 기술을 통해 탐색적인 대화를 이끄는 방법을 잘 안다. 요컨대 그들은 일방적으로 말하는 대신 질문을 한다. 그들은 사람들이 스스로 대답을 생각하게 만들고, 주인 의식을 갖고 해결책을 찾도록 힘을 부여함으로써 그들이 성장하게 돕는다.

한편 이런 발전적인 대화는 앞을 바라보는 미래지향성이 필요하다. 날것의 대화는 단순히 과거를 분석하는 것이 아니라 토론을 진전시키는 데에 목적이 있다. 가끔 리더가 사후평가를 위해 코칭 대화를 활용하면서 실패했던 일의 모든 요소를 하나하나 따지기도 한다. 물론 동일한 실패를 되풀이하지 않도록 그렇게 하는 걸로 짐작된다. 그러나 그보다는 과거의 잘못에 대해 토론과 숙고를 거듭하고 책임 소재를 밝히기 위해 잘잘못을 따지며 결과적으로 관련자들을 비난하는 경우가 다반사다. 과거를 돌아봐야 하는 이유는 딱 하나다. 미래를 위한 통찰을 얻기 위해서다. 비난하기 위해서가 아니다.

행여 날것의 대화가 과거에 초점을 맞춘다면, 그것은 누군가를 비난하려는 목적이 아니라 아이디어와 방법론을 토론하기 위한 목적에서다. 미국의 제32대 대통령 프랭클린 D. 루스벨트Franklin D. Roosevelt의 부인 엘리너 루스벨트는 종종 이런 말을 했다고 알려져 있다. "마음이 큰 사람들은 아이디어에 대해 토론하고, 평범한 사람들은 과거의 사건에 대해 토론하며, 마음이 좁은 사람들은 사람에 대해 토론한다." 나는 지금 우리가 다루는 주제인 대화와 연결시켜 그녀의 말을 이렇게 약간 바꾸고 싶다. "강력한 대화는 창의적인 선택지를 탐구하고, 나쁜 대화는 문제에 대해 토론하며, 무가치한 대화는 사람들을 비난한다."

3. Wrestling: 해결책을 도출하기 위해 씨름하기

날것의 대화는 해결책이 나올 때까지 문제를 끈질기게 물고 늘어진다. 굳이 말하자면 '끝장 대화'다. 날것의 대화는 문제를 모래밭에 끌고 나와 맞붙고 문제가 항복 의사를 밝힐 때까지 놓아주지 않는다. 이런 대화에서 양 당사자는 완벽한 해결책이 도출될 때까지 테이블을 떠나지 않기 위해 최선을 다한다.

가끔 사람들은 마음에 들지 않는 해결책을 받아들이니 차라리 해결할 수 없는 문제가 낫다고 생각할 때도 있다. 그들은 교착상태에 빠진다. 날것의 대화는 그들이 그런 교착상태에서 빠져나오도록 지도할 수 있다. 또 가끔은 저조한 성과 문제나 관계상의 갈등을 해결할 필요가 있을 때도 있다. 어떤 경우든 최종적인 목표는 똑같다. 문제에 대한 해결책을 찾는 것이다.

날것의 대화가 언제나 쉽지만은 않다. 처음에 대화 당사자들은 마치 혼돈의 터널로 진입하는 것 같은 기분을 느낄지도 모른다. 그러나 그 터널에 충분히 오래 머문다면, 그리고 감정적으로 성숙한 태도를 보여줄 수 있다면, 얼마 지나지 않아 터널의 반대편에서 한 줄기 빛이 보이기 시작할 것이다. 이 과정을 계속하기 위해서는 대담함과 끈기가 필요하다. 이런 식의 진정성을 추구할 의지가 있는 사람들은 관계와 공동체 모두를 소중히 여기는 법이다. 정확히 말하면, 해결책을 도출할 때까지 대화의 장을 떠나지 않을 정도로 관계와 공동체를 소중하게 생각한다.

여기서 미리 경고하고 싶은 것이 있다. 날것의 대화가 반드시 긍정적인 결과를 도출하지는 않는다는 점이다. 대체로 당사자들의 겸손과 성숙이 결과를 좌우한다. 겸손이란, 문제에서 자신이 받아들일 수 있는 몫을 정직하게 판단해서그 몫이 무엇이고 또 얼마이든지 간에 기꺼이 인정하고 책임지는 것을 말한다. 또한 당사자들은 상대방을 도발하거나 격정에 휘말리지 않는 방식으로 대화를 진행할 수 있을 만큼 충분히 성숙해야 한다. 이처럼 당사자들이 겸손하고 성숙한 사람일 때, 날것의 대화는 종종 조화로운 관계와 개인적인 성장이라는 두 마리 토끼를 잡을 수 있다.

날것의 대화는 어떻게 진행될까

이제까지는 날것의 대화의 목적에 대해 알아보았다. 지금부터는 날것의 대화가 이뤄지는 과정에 대해 살펴보자. 목적과 마찬가지로 과정도 세 단계로 이뤄진다.

1. Reality: 현실에 대해 성찰하기

대화를 시작하는 사람은 자신이 보는 현실을 명확하고 설득력 있는 용어로 설명할 수 있어야 한다. 문제를 회피하는 행위는 불가피한 일을 미루는 일에 지나지 않는다. 현실은 언제고 반드시 드러난다는 사실을 명심하라. 날것의 대화는 상대방이 우리를 향해 거울을 들고 있는 상황과 비슷하다. 그 거울에 비친 우리의 모습이 바로 다른 사람들의 눈에 보이는 우리의 모습이다. 누구나 맹점이 있기 마련이고, 우리 또한 우리가 관계에 남기는 부정적인 흔적을 못 볼지도 모른다. 이럴 때 날것의 대화는 우리의 맹점과 부정적인 흔적을 볼 수 있는 빛과 통찰을 제공하고, 어떻게 하면 관계의 바다를 더욱 효과적으로 항해할 수 있을지를 알려준다.

2. Advancement: 문제 진전시키기

날것의 대화는 언제나 반드시 더 밝은 미래를 구축하는 것에 초점을 맞추어야 한다. 관계는 지뢰밭처럼 위험 요소가 많다. 그러나 우리에게 가장 크고 중요한 영향을 주는 사람들은 우리의 가장 좋은 점을 믿고, 우리를 위해 가장 좋은 것을 원하며, 우리에게서 가장 좋은 것을 기대하는 사람들이다.

가장 좋은 것을 기대한다는 말은 서로가 상대방이 최선이 아닌 것에 만족하도록 내버려두지 않는다는 뜻이다. 만약 우리가 서로에게 헌신한다면, 서로 필요할 경우는 당당히 맞서고 도움이 될 때는 코칭하며 적절한 때에 격려해줄 의무가 있다. 진전시킨다는 말은 서로의 가장 좋은 모습을 이끌어내고 자기 능력의 한계라고 생각하는 영역 너머로 성장하도록 서로를 자극한다는 의미다. 날것의 대화의 바람직한 결과는 언제나 성장이어야 한다.

3. Wrestling: 해결될 때까지 씨름하기

성급하게 판을 떠나지 마라. 문제에게 항복을 받아낼 때까지 절대 포기하지 마라. 대화가 감정적으로 흐르면 잠시 냉각기를 가지는 것도 고려해봄직하다. 그러나 당사자들 모두 그 과정이 완벽히 종결되기 전에는 포기하지 않도록 최선을 다해야 한다. 종결이란, 문제들이 적절히 다뤄졌고 해결책을 찾았으며 무엇보다도 관계가 조금의 손상도 입지 않은 채 온전하게 유지된다는 뜻이다. 갈등 관리로만 만족하지 마라. 온갖 갈등으로 얼룩진 관계를 계속 관리하고 싶은 사람이 어디 있겠는가? 해결책을 도출할 때까지 대화를 계속하라. 적절한 방식으로 해결책을 도출할 때는, 문제를 명백히 규명하고 그에 대한 솔직한 토론이 이뤄질 뿐 아니라 교정적 조치를 취하기 위해 양 당사자가 노력한다. 게다가 갈등을 성공적으로 해결하기 위해 어떤 자원이 필요한지도 확실히 밝혀진다. 뿐만 아니라 후속 대화를 자주 가져서 상황이 얼마나 진전되었는지를 파악하는 일에도 최선을 다해야 한다.

날것의 대화는 어떻게 준비해야 할까

날것의 대화는 어려울 수 있다. 따라서 적절한 준비가 성공의 필수 요소다. 그런 의미에서 이런 종류의 발전적 대화를 시작하기에 앞서 반드시 평가해야 하는 네 가지 요소를 지금부터 하나씩 알아보자.

자신을 점검하라

대화를 할 때마다 적절한 동기를 가지고 접근하는 것이 중요하다. 당신은 왜 이 대화를 하고 싶은가? 만약 상대방이 성장하도록 돕는 것 말고 다른 이유가 있다면 대화를 보류하라. 가끔 리더는 그저 무언가를 털어놓아 마음의 짐을 덜려는 의도에서 대화 카드를 꺼내든다. 또 어쩌면 상대방으로 하여금 자신의 입장에서 생각하도록 만들 필요가 있다는 판단에서 대화를 시작할 수도 있다. 혹은 그저 감정의 배출구가 필요해서 그럴지도 모른다. 이 모든 것이 발전적 대화의 이유로는 온당치 않다. 날것의 대화는 절대로 징벌적인 성격을 가져서는 안 된다. 만약 특정 행동이 변하지 않는다면 결국에는 날것의 대화를 하며 경계선을 그을 수도 있다. 하지만 그렇게 하는 이유는 그런 경계선이 대화의 전체적인 분위기와 내용에 도움이 되기를 바라기 때문이다. 대화의 목표는 언제나 성장과 관계 회복이어야 한다. 상대방에 대한 악의를 갖고 날것의 대화에 접근해서는 절대 안 된다.

날것의 대화에 참여할 때는 당신의 자아를 잠시 내려놓을 필요가 있다. 날것의 대화는 발전적 코칭에 도움이 되는 밑밥을 제공하는 것이 목적이니만큼 무언가를 일방적으로 선언하는 것과는 관련이 없다. 당신의 동기가 온당하고 대화가 효과적이라면, 종국에는 당신과 상대방 사이에 신뢰가 깊어지고 서로를 더욱 깊이 존중하며 서로가 더욱 깊이 연결되는 결과로 이어질 것이다.

상대방이 어떤 사람인지 파악하라

만약 대화의 동기가 올바르다면 당신은 가장 먼저 이런 질문부터 해야 한다. 상대방이 더 성공적인 사람이 되려면 내게서 지금 당장 무엇을 필요로 할까? 가장 도움이 될 통찰이나 코칭 혹은 성찰적 조언은 무엇일까? 상대방이 성장하도록 도와줄 수 있는 최상의 방법은 무엇일까? 이것은 리더가 성과 향상이라는 측면에서 무엇을 원하는지에 대한 질문이 아니다. 오히려 상대방이 최선을 다하도록 영감을 주기 위해 서로의 어떤 면을 드러내고 이해해야 하는지에 대한 질문이다.

또, 날것의 대화를 할 때 상대방의 감정 상태에 대해 알면 당신에게 큰 도움이 될 것이다. 다음 질문들을 던져보라. 시기가 적당할까? 우리 모두는 가끔 우리의 감정 상태를 불안정하게 만드는 어려운 문제들에 직면하기 마련이다. 지금이 이 주제를 다루기에 적당할 때일까? 특정 기한이 지날 때까지 기다리는 게 더 좋을까? 이 사람은 현재 어떤 스트레스를 받고 있을까? 이런 모든 질문은 고려해볼 가치가 충분하다. 대화의 내용이 완벽하더라도 시기가 나쁘다면 그 효과가 쉽게 사라질 수 있기 때문이다. 비록 여건상 대화를 연기하기가 불가능한 경우에도 최소한 섬세하게 배려하면서 대화를 시작할 수는 있다.

메시지를 구체화하라

대화의 특이점[2]은 언제일까? 날것의 대화는 탄환이 여기저기 흩어지는 산탄총처럼 메시지를 흩뿌리지 않는다. 모호한 일반화는 나쁜 행동을 억제하거나 저조한 성과를 개선하기 위해 필요한 명확한 코칭을 제공하지 못할 것이다. 반드시 간단명료하며 설득력 있는 방식으로 의사소통해야 한다. 절대 모호함이 있어서는 안 된다. 당신은 어떤 태도나 행동이 다루어져야 하는지 정확히 알고 그것을 상대방의 관점에서 철저히 탐구해야 한다.

대화에는 확실한 논점이 반드시 있어야겠지만, 불도저처럼 막무가내로 밀어붙이기보다 능수능란하게 우회로를 돌아 그 논점에 도달하는 편이 이상적일 것이다. 날것의 대화의 묘미는 통보하듯이 말하는 것이 아니라 질문하는 데에 있다. 좋은 리더는 대화를 탐구적 영역으

---

2 상태가 기하급수적으로 변화하는 지점.

로 이끌기 위해 탐색적이고 임팩트 있는 질문들을 한다. 이런 질문은 상대방의 자기 인식력을 향상시키고 상대방으로 하여금 변화 과정에 주인 의식을 갖게 해준다.

질문을 통해 이끌어라

우리가 상대방을 중심으로 대화를 구성할 때 상대방은 대화에 점점 더 깊이 빠져든다. 대화를 시작하는 최선의 방법은 좋은 질문을 하는 것이다. 질문은 상대방이 대답을 스스로 생각해내고 그 대답에 대해 주인 의식을 갖게 만든다. 좋은 질문은 넓은 바다로 이어지는 길을 알려주고 대화가 좌초되는 것을 막아준다는 점에서 항로 표지와 같은 역할을 한다.

우리가 상대방을 중심으로 대화를 구성할 때 상대방은 대화에 점점 더 깊이 빠져든다. 대화를 시작하는 최선의 방법은 좋은 질문을 하는 것이다.

우리는 좋은 질문을 통해 상대방을 이해하기 위해 노력한다. 그런 질문은 설명하고 탐구할 수 있는 기회를 제공한다. 효과적으로 사용된다면 좋은 질문들은 전혀 위협적이지 않으면서도 유의미하고 실질적인 대화로 이어질 수 있다.

날것의 대화가 바람직한 영향력을 발휘하려면 전략은 필수다. 스포츠 감독이 경기, 경기장, 상대팀에 대해 잘 알듯 좋은 리더는 어떤 질문이 대화를 바람직한 방향으로 진전시킬 가능성이 높은지 잘 아는 법이다. 대화의 효과를 극대화하기 위해서는 어떤 질문을 할지 사전에 결정해야 한다.

지금부터 날것의 대화를 시작할 때 사용할 수 있는 몇 가지 질문을 소개하겠다(아래의 질문들은 단순한 예시일 뿐이며 각자의 상황에 맞게 수정해야 할 것이다).

◎ 당신이 현재 직면한 가장 큰 도전은 무엇이라고 생각합니까?

◎ 협업을 증진시키기 위해 무엇을 할 수 있다고 생각합니까?

◎ 당신에게 가장 잘 맞는 업무 방식은 무엇입니까?

◎ 당신의 성과를 끌어올리기 위해 다르게 할 수 있는 일이 있을까요?

◎ 우리는 어떤 과정을 개선할 수 있을까요?

◎ 당신이 책임자라고 가정할 때 이전과는 다르게 처리할 한 가지가 있다면 무엇입니까?

◎ 프로젝트가 교착상태에 빠진 것 같습니다. 우리가 무엇을 놓치고 있다고 생각합니까?

◎ 당신의 성과가 떨어지고 있는 듯합니다. 당신이 정상 궤도로 돌아가도록 돕기 위해 내가 무엇을 제공할 수 있을까요?

◎ 당신의 현재 업무 중에 하고 싶지 않은 일은 무엇입니까?

◎ 당신의 현재 업무가 아니지만 하고 싶은 일은 무엇입니까?

◎ 현재의 역할과 책임에서 성취감을 느낍니까?

◎ 당신의 업무 혹은 경력에서 당신을 가장 들뜨게 만드는 것은 무엇입니까?

◎ 문제가 무엇이라고 생각합니까? 그 문제를 해결하기 위해 당신은 무슨 역

할을 할 수 있습니까?

◎ 모든 사람을 참여시키려면 어떻게 해야 할까요?

◎ 당신에게 영감을 주는 것은 무엇입니까?

◎ 어떤 식으로 보상받고 싶습니까?

◎ 무슨 기술을 배우고 싶습니까?

◎ 영감을 주는 문화가 어떤 모습이라고 생각합니까?

◎ 현재 해결하려고 노력 중인 가장 큰 문제는 무엇입니까?

◎ 시간과 에너지를 적절히 사용합니까?

◎ 당신에게 도움이 되려면 어떻게 하면 될까요?

반면에 아래의 질문들은 절대로 하지 마라.

◎ 요즘 상황이 어떻다고 생각합니까?

◎ 왜 이런 일이 벌어졌을까요?

◎ 이 실패는 누구 탓일까요?

◎ 이 일에 대한 계획이 있었습니까?

◎ 무슨 생각을 하고 있었습니까?

◎ 그 문제는 누구 때문입니까?

◎ 내가 개입할 필요가 있습니까?

잘잘못을 따져 책임을 묻거나 비난하거나 상대방에게 일종의 면죄부를 주기 위한 질문은 도움이 되지 않는다. 당신과 날것의 대화를 나누는 상대방도 그 문제에 똑같이 책임이 있다는 사실을 확인시켜주는 미래지향적인 질문들에 초점을 맞추어라. 또한 상대방이 상황을 평가하고 진단할 뿐 아니라 상황을 바로잡기 위해 행동을 취하는 것에 도움이 되는 질문을 해야 한다.

지금까지는 날것 대화의 목적과 진행과정 그리고 준비사항을 자세히 알아보았다. 이제 한 걸음 더 나아가, 그런 대화의 효과를 극대화하기 위해 반드시 필요한 구성 요소들에 대해 알아보자. 아래의 리더용 점검표를 활용하면 그런 요소를 빠짐없이 확인하는 데에 도움이 될 것이다.

날것의 대화를 위한 리더의 점검표

☐ **일대일로 대화한다.** 칭찬은 공개적으로, 교정과 코칭은 개인적으로 하라. 누군가에 대해 좋게 말할 때는 많은 사람들 앞에서 하면 효과가 증폭될 수 있다. 그러나 도전적인 상황이나 갈등이 있을 때 혹은 교정적 조치가 필요할 때는 당사자끼리 만나서 대화해야 한다. 리더로서 당신은 생산적인 대화를 나눌 수 있는 안전한 환경을 제공해야 한다.

☐ **사안을 명확히 한다.** 앞서 말했듯, 사안을 명확히 드러내려면 탐색적 질문을 활용하는 것이 가장 좋다. 당신의 질문에 심사숙고해서 대답할 수 있는 기회를 준다면 상대방은 이를 계기로 자기 인식력을 높일 수 있다. 그러나 그 방법이 비생산적이라면, 문제

를 명확히 표현할 필요가 있을 수도 있다.

□ **당신의 입장에서 보았을 때 변할 필요가 있는 행동을 사례를 들어 구체적으로 알려준다.** 여기서의 핵심은 **당신 입장에서 보았을 때**의 행동이라는 점이다. 다시 말해 이것은 제3자에게서 얻은 정보이거나 전해들은 정보일 수 없다. 당신은 누군가를 대변할 수도 없고 그렇게 해서도 안 된다. 상대방의 평가에 힘을 실어주든 당신 자신의 입장을 확실히 밝히든, 사안을 명확히 설명할수록 더 유익할 것이다.

□ **그 문제가 감정에 미치는 영향을 설명한다.** 삶의 모든 경험은 감정과 결부된다. 우리의 말과 행동은 다른 사람들의 감정에 흔적을 남긴다. 가끔은 당사자가 자신의 흔적을 확실히 보게 만들 필요가 있다. 개중에는 자신이 뿜어내는 배기가스 냄새를 맡지 못하는 채로 속도를 내는 사람들이 더러 있기 때문이다. 따라서 그들이 주변의 사람들과 환경에 자신이 어떤 영향을 미치는지 깨닫는 것이 중요하다.

□ **어떤 위험이 있는지 명확히 밝힌다.** 날것의 대화는 만약 교정적 행동이 취해지지 않는다면 어떤 위험에 처할 수 있는지를 명시한다. 예컨대 문제가 해결되지 않으면 당사자나 팀 혹은 조직 전체에 부정적인 영향을 미칠 수 있다. 또 만약 교정적 행동이 취해지지 않으면 그들의 미래 직무와 고용 상태에도 영향을 미칠 가능성이 있다. 고로 이 모든 것이 확실히 다루어져야 하고 행동 방침도 구체적이어야 한다.

□ **그럴 만한 상황이라면 그 문제에 당신이 어떤 역할을 했는지 명확히 한다.** 당신은 리더로서 당신도 그 문제에 부분적인 책임이 있음을 인정할 필요가 있을지도 모른다. 그렇다고 없는 책임을 있는 듯 거짓말하라는 뜻은 절대 아니다. 당신의 책임이 조금도 없다면 당신의 책임 운운하는 말을 절대 하지 마라. 행여 그릇된 판단으로 책임을 떠안는 실수를 저지른다면 나쁜 행동을 조장할 가능성이 매우 크다. 하지만 온당한 이유가 있다면, 당신이 그 문제에 어떤 식으로 기여했던 반드시 책임을 져야 한다.

□ **해결책을 도출하기 위해 힘을 모은다.** 대화의 변곡점은 당면한 문제를 적절히 해결하기 위해 자원과 감정적 지지를 제공하는 순간이다. 이것은 상대방으로 하여금 당신이 자신과 같은 편이고 자신에게 가장 이로운 것을 진심으로 고려한다는 사실을 알게 해준다. 문제를 명확히 알려주는 것만으로는 충분하지 않다. 대화가 성공적인 결과로 이어질지 말지는 문제를 효과적으로 해결하는 데에 필요한 지지와 코칭과 자원을 제공하는 일에 달려 있다고 봐도 틀리지 않다.

□ **추후의 상황을 자주 점검한다.** 과정이 완벽히 종결될 때까지 당신이 깊이 관여하지 않는다면 대화는 장기적이고 긍정적인 변화를 만들어내지 못할 것이다. 상황이 얼마나 진전되었는지를 파악하고 적절한 자원이 반드시 제공되는지 주기적으로 점검할 수 있도록 조치를 마련해야 한다.

이런 발전적 대화에서 리더들이 보편적으로 저지르는 몇 가지 실수가 있다. 이런 실수를 굳이 설명하는 이유는 이를 피하도록 도움을 주기 위해서다. 날것의 대화로 최대한의 효과를 거두고 다음 실수들을 하지 마라.

◎ **대화를 거의 독점한다.** 당신이 말하는 순간뿐만 아니라 매 순간에 집중해야 한다. 좋은 질문을 하고 난 뒤에는 상대방의 대답을 열심히 듣고 그에 따라 적절히 반응하라. 날것의 대화가 독백이 아니라는 점을 명심하라. 상대방이 자신을 가능한 한 정확히 평가하기를 바란다면 당신이 대화시간의 대부분을 사용해서는 안 된다.

◎ **잘못된 질문을 한다.** 대화의 시동을 걸 때 반드시 하지 말아야 하는 질문이 있다. "그래, 요즘 상황이 어떻다고 생각합니까?" 이런 질문을 한다면 대답은 들어보나 마나다. "괜찮아 보입니다!" 그런 대답을 듣고 무슨 말을 더 할 수 있겠는가. 그러니 이런 식으로 질문하라. "팀이 최근에 최선을 다한다는 생각이 들지 않습니다. 현재의 상황을 개선하기 위해 당신이 무엇을 할 수 있을 것 같습니까?" 혹은 "우리 팀이 현재 ○○에서 문제가 있습니다. 해결책은 무엇이라고 생각합니까?"

◎ **샌드위치 접근법을 취한다.** 이것은 훈육을 할 때 칭찬 사이에 슬쩍 끼워넣는 것이 가장 효과적이라는 구시대적 사고방식에서 비롯했다. 물론 나쁜 소식의 충격을 완화시키려는 의도이기는 하다. 그러나 사람들은 그 속을 훤히 꿰뚫어본다. 만약 누군가를 칭찬하려고

대화를 요청했다면 진심으로 칭찬해주면 된다. 하지만 이것이 발전적 대화여야 한다면 핵심을 명확히 전달하라. 에둘러서 혹은 부드럽게 메시지를 전달하려 애쓰지 마라. 그렇게 한다면 대화가 길을 잃기 십상이다.

◎ **기관총 접근법을 취한다.** 기관총을 마구 쏘아대듯 한 번에 너무 많은 사안을 다루면 대화의 효과가 줄어들 것이다. 대화는 한 번에 딱 하나의 핵심과 목적을 가져야 한다. 하나의 요점만 조준해서 그 요점을 효과적으로 제시하라.

◎ **미리 작성된 대본을 고수한다.** 물론 대화를 잘 준비하고 어떤 질문을 할지 미리 준비하는 행위는 바람직하다. 그러나 일단 대화를 시작하고 나면 융통성이 있어야 한다. 대화가 진행되면서 당신의 계획과 전혀 다른 방향으로 흘러갈지도 모른다. 마음의 문을 열어라. 대화가 자연스럽게 흘러가는 방향대로 따라가다 보면 당신이 애초에 기대했던 것보다 더 효과적인 대화를 하게 될 수도 있다. 매 순간에 충실히 집중하라. 그리하면 최대한의 가치를 창출하기 위해 당신의 질문과 접근법을 적절히 수정할 수 있다.

◎ **서로의 감정 상태를 확인하지 않는다.** 이따금씩 대화를 멈추고 상대방의 감정을 읽을 필요가 있을지도 모른다. 혹은 대화가 당신의 통제력을 벗어나는 방향으로 흐르는 기분이 들기 시작할 때 '타임'을 요청할 필요가 있을 수도 있다. 날것의 대화는 종종 고조된 감정들로 넘쳐난다. 대화가 비생산적인 방향으로 흐를 지경까지 나빠진다면 대화를 강행할 이유가 없다. 잠시 머리를 식힐 시간을

가진 다음 나중에 다시 만나야 할 수도 있다. 그러나 당신과 상대방 모두 반드시 대화를 계속하는 것에 전념토록 하고 대화를 재개하기까지 너무 많은 시간 간격을 두지 마라.

◎ **성급하게 결론에 도달한다.** 이런 대화가 가끔은 불편할 수 있기 때문에 많은 사람들은 경기가 완전히 끝나기 전에 판을 떠나려 할 것이다. 하지만 성급하게 대화를 종결한다면 그 사안을 결국 다시 다루게 될 것이 불 보듯 뻔하다. 반드시 당신과 상대방 모두 상호 동의에 따라 행동 방침을 수립했다고 생각할 수 있어야 한다. 그래야 둘 다 서로의 관계를 성장시키기 위한 상대방의 헌신을 지지할 수 있기 때문이다.

◎ **대화가 효과적이었다고 미루어 짐작한다.** 오직 시간만이 날것 대화의 진정한 결과를 보여줄 수 있다. 그런 만큼 후속 조치를 통해 당신이 약속한 내용들을 끝까지 지키는 것이 절대적으로 중요하다. 진척 상황을 확인하기 위한 주기적 대화는 그 사안의 중요성과, 그 과정에 지속적으로 참여하겠다는 당신의 굳은 의지를 확실히 보여줄 수 있다.

날것의 대화가 언제나 쉽지는 않겠지만 관계에 필요한 요소임은 분명하다. 우리가 상대방을 중심으로 대화를 구성하고 상대방이 그 대화에 적극적으로 임할 때, 그런 대화의 질이 우리 관계의 깊이와 질을 결정할 것이다. 많은 사람과 팀 그리고 조직들이 피상적인 관계에 만족한다. 그러나 건전한 사람들과 강력한 문화는 개인 간의 실질적인 대화를 요구하는 법이다. 날것의 대화는 사람들이 자기가 얼마나 귀하고 소중한 존재인지 깨닫도록 도와주는 일에 우리가 얼마나 깊게 헌신하는지 표현하는 하나의 수단이다.

사려 깊고 건설적이며 발전적인 대화를 통해 우리는 서로가 성숙한 개인 그리고 성숙한 리더가 되도록 도울 수 있다. 그러나 이는 우리가 상대방의 이익과 성장을 위해 우리 자신의 안전지대를 벗어나고, 또한 관계가 위태로워질 위험을 무릅쓸 만큼 상대방에게 충분한 관심을 기울여야 한다는 뜻이다. 관계가 건강하려면 우리는 갈등을 관리하는 것에만 만족해서는 안 된다. 오히려 갈등이 완전히 해결될 때까지 그 과정에서 절대 발을 빼지 말아야 한다. 또한 반대편에서 빛이 보일 때까지 혼돈의 터널에 계속 머무를 수 있는 도덕적 용기와 배짱을 가져야 한다.

솔직함과 겸손의 태도로 임할 때, 날것의 대화는 리더에게 아주 강력한 도구가 될 수 있다. 또한 기술적이고 능숙하게 사용될 때, 날것의 대화는 개인의 성장과 발전으로 이어져서 고도로 유능한 팀을 만들어낼 수 있다. 뿐만 아니라 효과적으로 이뤄질 때, 날것의 대화는 인사고과에 기록된 발전적 대화를 단순한 사전 기록에 지나지 않게 만들어버린다. 그렇다 해도 이런 발전적 대화는 지속적으로 이뤄져야 할 것이다.

관계를 위한 핵심 질문

□ 리더로서 당신은 구성원들과 얼마나 자주 발전적 대화를 해야 할까? 그런 대화를 해야 하는 이유는 무엇일까?

□ 날것의 대화를 구성하는 세 가지 요소는 무엇이고 각 요소가 중요한 이유는 무엇일까?

□ 날것의 대화를 가장 잘 준비하려면 리더는 어떻게 해야 할까?

□ 날것의 대화는 질문을 통해 이끄는 것이 중요하다. 왜 그럴까?

□ 리더들이 이런 유형의 발전적 대화를 진행할 때 보편적으로 저지르는 실수는 어떤 것들이 있을까? 어떻게 하면 그런 실수를 피할 수 있을까?

12장
자신 너머에서 의미를 찾아라

인격을 만들어나가는 것은 자기 자신이다.

안네 프랑크

리더십은 추종자 모으기보다 훨씬 더 많은 것을 포괄한다. 리더십이란 사람들로 하여금 리더가 원하는 대로 행동하게 만드는 것이 아니다. 최고의 리더십은 사람들에게 각자 성숙해지기 위해 노력하도록 영감을 주는 능력이다. 그래야 각자가 세상에 긍정적인 흔적을 남길 수 있을 것이기 때문이다. 리더십은 삶을 정직하게 살기 위해 필요한 용기는 물론이고 한계를 뛰어넘어 성장할 강인한 투지를 제공하는 능력이다. 좋은 리더는 구성원들이 자기 자신을 직시하고 스스로를 믿으며 필요할 때 자신을 변화시키도록 만든다.

엘리너 루스벨트가 이런 말을 했다. "삶을 정직하고 용기 있게 대면하는 사람은 경험을 통해 성장할 수 있다. 이것이 바로 인격을 쌓는 방법이다."[i] 문제는 삶을 정직하게 직시할 수 없는 사람이 많다는 점이다.

성장으로 가는 길은 위선과 가장假裝과 자기 보호에 가려 잘 보이지 않는다. 스스로를 무결점의 인간이라고 내세우려는 사람에게 성장의 여지는 거의 없다. 당연한 말이지만 자신이 그런 식으로 이미지 관리를 한다고 흔쾌히 인정할 사람은 거의 없다. 하지만 그들의 행동이 그들의 거짓된 겸손을 드러내기 마련이다. 방어적으로 행동하고 책임을 회피하는 사람은 무언가를 숨기고 가리고 감추려 한다.

성장의 4단계

앞서 수차례 말했듯 성장은 자기 인식에서 시작한다. 그리고 자기 인식은 자신을 정직하게 평가할 수 있는 능력 혹은 다른 사람들의 평가 결과를 진지하게 고려할 만큼 개방적일 수 있는 능력에서 비롯한다. 하지만 자기 인식은 성장의 출발점일 뿐이다. 성장하려면 단순히 자신의 강점과 약점이 무엇인지 알고 노력을 기울여야 하는 영역이 어디인지를 아는 것 이상이 요구된다.

자기 인식은 자신을 정직하게 평가할 수 있는 능력 혹은 다른 사람들의 평가 결과를 진지하게 고려할 만큼 개방적일 수 있는 능력에서 비롯한다.

성장은 4단계 과정을 거쳐 완성된다. 좋은 리더는 이것을 잘 알기에 구성원들이 각 단계를 차근차근 밟기 위해 필요한 자원을 제공한다. 지금부터 성장의 4단계에 대해 자세히 알아보자. 사실 이 4단계는 독일 출신의 논리학자이자 근대 가치론axiology[1]의 아버지인 로베르트 하르트만Robert Hartman이 주장한 것이다.[ii]

1. 자기 자신 알기

성장하려면 자기 자신에 대해 알 필요가 있다는 사실은 너무나 당연해 보인다. 당신을 움직이게 만드는 동인이 무엇인지 알 필요가 있다. 또한 당신에게 에너지를 주는 활력소가 되는 사람들은 누구고 그런 환경은 어떤 것인지, 반대로 당신의 에너지를 빨아먹는 사람들은 누구고 그런 환경은 어떤 것인지 알 필요가 있다. 뿐만 아니라 당신의 강점을 활용하고 약점을 보완하는 법도 알 필요가 있고, 당신의 감정 구조를, 즉 당신이 최고의 능력을 발휘토록 영감을 주는 것이 무엇인지와 당신이 언제 취약한 상태가 되는지를 이해하면 분명히 도움이 될 것이다. 이런 사실들을 종합해보면 두 가지 결론이 유추 가능하다. 첫째, 사람들은 자신이 행동하게끔 동기를 부여하는 원동력에 대해 합리적인 관점에서 이해할 것이다. 둘째, 사람들에게는 자신의 감정적 기복을 활용하고 극대화하기 위한 감성 지능이 있다. 정말 그럴까? 나는 아니라고 본다. 오히려 두 가지 모두 커다란 오해라고 생각한다.

감히 말하건대 대부분의 사람들은 검증되지 않은 삶을 산다. 대부분의 사람들은 자기반성이나 자기 성찰에 거의 시간을 투자하지 않는

---

1 가치의 본질, 가치 판단의 기준, 가치와 사실의 관계 따위를 다루는 이론. — 편집자 주

다. 또한 자신의 행동에 동기를 부여하는 요인과 관련하여 스스로에게 어려운 질문을 하지도 않고, 자신의 마음을 괴롭히는 것들을 명확히 이해할 만큼 거기에 대해 충분히 고민하지도 않는다. 개인적인 성장은 합리화라는 명분에 희생된다. 심지어 자기방어 심리가 종종 발전을 위한 자양분으로 둔갑한다. 삶이 **별 탈 없이 굴러가는** 한, 대부분의 사람늘은 자신의 위선을 다루는 시간을 갖지 않는다. 그래서 그들은 자기정당화라는 목발에 의지한 채 반신불수의 몸을 이끌고 절뚝거리며 걸어간다.

멕시코의 위대한 시인 호세 에밀리오 파체코José Emilio Pacheco가 한 저서에서 이렇게 말했다. "우리 모두는 위선자다. 우리는 우리가 다른 사람들을 보고 판단하는 방식으로 스스로를 보거나 판단할 수 없다."[iii] 우리 모두에게는 스스로를 객관적으로 바라보지 못하게 만드는 맹점이 있다. 바로 이렇기 때문에 우리는 우리를 잘 알고 통찰을 제공할 만큼 용기 있는 사람들과 건강한 관계를 맺을 필요가 있다. 통찰은 문제를 명백히 이해하는 능력, 혹은 문제를 해결하는 데에 도움을 주는 이해력이다. 또한 통찰은 감정적으로 힘들게 만드는 원인을 드러낼 수도, 누군가의 활동이나 생각 혹은 행동을 유발하는 추동력을 이해하게끔 해줄 수도 있다. 요컨대 통찰은 자기 인식으로 이어진다.

다른 사람들이 제공하는 정직한 피드백이 없다면, 많은 사람들은 자신이 주변 사람들에게 부정적인 방식으로 영향을 미친다는 사실을 인지하지 못한 채 자신이 만든 망상 속에서 계속 살게 될 것이다. 물론 스스로 분석하고 평가함으로써 유익한 통찰을 얻을 수도 있다. 그러나 가장 가까운 사람들이 제공하는 실시간 피드백만큼 유익한 것은 없다. 성숙으로 이어지는 획기적인 통찰을 얻는 비결은 주변 사람들이 제공해주는 피드백을 열린 마음으로 받아들이는 것이다.

이런 말이 있다. "사랑과 걱정에서 지적하는 친구의 말은 아파도 믿을 수 있지만 적의 입맞춤은 검은 속내가 있으므로 믿을 수 없다." 당신과의 관계를 위태롭게 만들 위험을 무릅쓰고 당신이 어떤 문제에 주목하게 할 만큼 당신의 성장에 깊이 관여하는 친구는 매우 드물다. 그 정도로 깊은 우정을 나누는 친구가 단 몇 명이라도 있는 사람은 정말 행운아다. 이런 유형의 친구는 늘 당신에게 가장 좋은 것을 생각할 뿐 아니라 당신을 지지해준다. 또한 당신의 인성 발달에 관해서라면 자신이 보는 그대로 가감 없이 말하기를 주저하지 않는다. 좀 전에 말했듯 이런 종류의 깊은 우정은 정말 귀한 선물이다. 당신은 이런 식의 솔직하고 비판적인 피드백을 자주 요청해야 한다.

그렇다면 누가 그런 친구일까? 당신의 현관문 비밀번호를 알아서 마음껏 드나들어도 되는 사람은 누구인가? 당신이 어디에 모든 감정 쓰레기를 깔끔하게 정리해서 모아두는지를 아는 사람은 누구인가? 당신의 쓰레기를 마음껏 뒤져도 괜찮은 사람은 누구인가? 당신이 마음을 터놓고 진정성 있게 행동하며 나약한 모습을 드러낼 수 있는 사람은 누구인가? 당신이 오직 자기 생각만 할 때 당신의 엉덩이를 걸어차도 되는 사람은 누구인가? 평생토록 누구와도 이런 식의 관계를 갖지 못하는 사람들이 많다. 그러나 내 개인적인 경험에서 보면, 그런 관계를 구축하는 사람들이 가장 자기 인식력이 높다.

관계를 통해 자신의 민낯을 정말로 마주보고 이해해보고 싶다면, 신뢰가 두텁고 완벽히 투명한 관계를 구축하기 위해 열심히 노력하라. 그렇다고 그런 관계의 사람이 많을 필요는 없다. 단지 몇 사람이면 충분하다. 그리고 그 친구에게 백지 위임장을 주어서 당신이 자신에게는 물론이고 다른 사람들에게도 유해할 수도 있는 방식으로 행동할 때, 보이는 그대로를 가감 없이 솔직하게 말할 수 있도록 하라. 또한 당신이 요청하지 않아도 그 문제들을 다룰 수 있도록 무제한의 자유를 주어라. 처음에는 당신이 그들에게 마지막 10퍼센트의 피드백, 다른 말로 노골적이고 달갑잖은 내용이어서 가끔은 말하기가 꺼려지는 종류의 피드백을 달라고 먼저 요청해야 할지도 모른다. 그들에게 아무것도 숨기지 말고 무슨 말이든 솔직하게 해달라고 부탁하라. 가능하다면, 당신의 발전을 돕는 '개인관리위원회'의 신탁관리인이 되어달라고 요청하라. 신탁관리인은 특정 조직에서 벌어지는 일들을 감시하는 책임을 위탁받은 사람들이다. 혹은 그들을 코치나 카운슬러 혹은 멘토나 속칭 '베프'라고 불러도 좋다. 핵심은 성장하고 성숙하기 위해 필요한 통찰을 얻으려는 노력의 하나로써 그들을 정기적으로 만나 진짜 당신을 드러내야 한다는 것이다.

관계의 성숙도는 당신이 상대방과 얼마나 잘 연계하는가에서 드러난다는 사실을 명심하라. 당신이 얼마나 잘 살고 있는지를 진실하게 평가할 수 있는 방법은 딱 하나뿐이다. 다른 사람들이 당신을 보는 방식으로 당신 자신을 보는 것이다. 고로 당신은 성장에 필요한 통찰을 얻기 위해 외부인들의 객관적인 정보를 구할 필요가 있다.

2. 자기 자신을 선택하기

자신을 선택한다는 말이 이상한 개념처럼 들릴지도 모르겠다. 그 개념을 자세히 설명할 테니 잘 들어보고 판단하길 바란다. 우리 모두는 존경하고 존중하는 사람들이 있다. 심지어 거기서 그치지 않고 그들을 모방하려 노력할 수도 있다. 물론 존경하고 존중하는 누군가를 본보기로 따라하는 것은 좋은 일이다. 그런데 그것이 시기심과 욕심으로 변질되기 쉬운 사람들이 많다. 이럴 경우에는 자신의 삶을 다른 누군가의 장점, 성공, 소유물, 관계 등과 비교함으로써 불만이 생길 수도 있다.

실제로 다른 사람들, 특히 유명인과 운동선수들의 삶에 지나치게 심취하는 사람들이 많다. 슈퍼마켓 계산대 앞에 타블로이드 신문이 진열되어 있는 것도 바로 이 때문이다. 게다가 매체와 리얼리티 프로그램들이 타인의 경험에 대한 이런 흥미를 악용한다. 더구나 요즘에는 소셜미디어를 통해 친구는 물론이고 우리가 단순히 호감을 가지고 있는 사람들의 삶까지도 추적할 수 있게 되었다. 이렇다 보니 조심하지 않는다면 우리는 자칫 자신의 삶을 개선하는 데에 초점을 맞추기보다 그들처럼 살고 싶다고 부러워하는 데 시간을 낭비할 수 있다. 만약 소셜미디어를 이용한다면 십중팔구 당신도 그곳을 둘러보다가 '와, 저거 정말 근사하네! 나도 저거 **하고 싶어**' 혹은 '**가지고 싶어**' 또는 '**경험해보고 싶어**'라고 생각한 적이 있을 것이다.

다른 사람들을 통해 간접적으로 사는 삶은 성취감을 주지 못한다. 되레 공허감과 불만만 느끼게 해줄 것이다. 누군가를 부러워하며 그 사람처럼 되고 싶다고 생각하면서 시간을 낭비하기보다 자신에게 더 유익한 상황을 스스로 만드는 편이 낫지 않을까? 다른 사람의 삶을 갈망하지 마라. 대신에 더 나은 자신을 만들기 위해 시간과 에너지를 투자하기를 선택하라. 내가 우리 4남매에게 누누이 하는 말을 당신에게도 당부하고 싶다. "너 자신이 되기로 선택하렴. 어떤 시인(오스카 와일드)의 말마따나 다른 사람의 자리는 이미 차 있단다. 누군가를 모방한 가짜 말고 가장 참다운 너 자신이 되어라. 더 나은 너를 만드는 데에 네 시간과 에너지를 쓰렴."

다른 사람들의 모범적인 사례에 영감을 받아라. 그러나 당신 스스로가 사람들에게 위대함을 추구하도록 영감을 주는 모범이 되기 위해 노력하는 것이 더 중요하다. 당신 자신에게 투자하기로 선택하라.

3. 자기 자신을 창조하기

자기 자신을 선택했다면 이제는 자신을 창조하는 일을 시작해보자. 자신을 창조한다는 말은 더 나은 사람이 되기 위해 꾸준히 개선한다는 뜻이다. 성장의 태도는 이런 메시지를 전달한다. "나는 어제보다 오늘 더 나은 사람이다. 그러나 내일은 오늘보다 두 배 더 나은 사람이 될 것이다." 하루하루가 개선할 수 있는 새로운 기회다. 매일 스스로를 갱신하기 위해 꾸준히 노력하라.

성장의 사고방식을 가진 사람들은 자신을 성숙시켜줄 관계와 자원을 추구하고 원한다. 그들은 자신과 다른 사람들 모두 과거에 얽매이지 않도록 넓은 마음으로 품어주며 더 밝은 미래를 구축하도록 격려

발전시킬 가치가 있는 인격을 가진 사람들은 앞을 바라보는 미래지향적인 문제 해결자들이다.

하고 용기를 준다. 자기 자신을 창조하는 일은 자신의 인격을 함양하기 위해 의식적인 노력을 기울이는 일이다. 이런 식으로 헌신하려면 반드시 해야 하는 한 가지가 있다. 최선이 아닌 것에 절대 만족하지 않겠다고 굳게 다짐하는 것이다. 그렇다고 완벽해지기 위해 노력하라는 말은 아니다. 어차피 완벽해지기는 불가능하다. 성장하는 과정이 완벽을 추구하는 과정인 양 착각하고 유세 떨면 자만과 가식으로 이어질 뿐이다. 완벽이란 실현 불가능한 목표이기 때문이다. 오히려 성장이란 개선을 위해 꾸준히 노력하는 것이다. 그리고 이렇게 하려면 자기 절제와 굳은 결의가 필요하다.

훌륭한 선수는 제대로 할 때까지 연습하는 반면, 챔피언은 절대로 틀리지 않을 때까지 연습한다. 이것이 바로 인격 함양에 필요한 헌신적인 자세로, 자기절제력을 보여주면서 좋은 성과를 계속 달성해서 지속적인 개선이 제2의 천성이 되도록 하는 것이다.

또한 인격을 쌓아가는 과정은 해결책 지향적인 태도를 포함한다. 발전시킬 가치가 있는 인격을 가진 사람들은 앞을 바라보는 미래지향적인 문제 해결자들이다. 그들은 과거를 곱씹지 않는다. 다른 말로 승리를 축하하고 실패에서 배우지만, 절대로 과거에 집착하지 않는다. 또한 그들은 통찰을 얻기 위해 과거를 점검할지언정 누군가를 비난할 목적으로는 그렇게 하지 않는다. 뿐만 아니라 그들은 문제나 갈등에 대한 해결책을 찾아 전진하기 위해 자신이 얻은 통찰을 적용한다. 그래야 지속적인 개선으로 이어지는 더 수준 높은 경로를 추구할 수 있기 때문이다.

4. 자기 자신을 내어주기

'나'의 성장은 타인의 삶을 긍정적으로 변화시키기 전에는 완성되지 않는다. 앞서 말했듯 자아실현은 욕구 피라미드의 최고 단계가 아니다. 매슬로가 추후에 발표한 논문들에 따르면 자기 초월이 욕구 계층구조에서 최고 단계여야 한다. 자기 초월은 단순히 자신의 잠재력을 완전히 발휘하는 것을 초월해서 다른 사람들을 위한 가치를 창출하는 수준으로 나아간다는 뜻이다. 타인을 위한 가치는 친절하고 관대한 나눔 행위나 코칭 혹은 영감 부여의 형태로 나타날 수도 있다. 말하자면 그것은 되돌려주는 행위인 동시에 일종의 '선행 릴레이'다. 또한 다른 사람들의 삶에 크게 투자하는 행위이며 세상에 긍정적인 흔적을 남기는 행위다.

생각이 올바른 사람들은 자신을 초월하는 무언가의 일부가 되고자 한다. 그들은 다른 사람을 위해 좋은 일을 하고 유산을 남기고 싶어 한다. 의미 있는 삶이 되려면 자기 할 일만 하고 자신의 만족을 위해 지구의 자원을 소비하는 일 이상의 무언가와 관련이 있어야 한다. 최고의 삶이란 우리의 존재로 말미암아 세상이 더 좋은 곳이 된다는 뜻이다. 삶은 소유하고 보유하고 축적하는 것과 관련이 없다. 또한 관계적으로 풍요로운 삶이란 다른 사람들의 삶을 어떤 식으로든 조금이라도 더 좋게 만들어주는 방식으로 그들에게 영향을 미친다는 의미다. 요컨대 관계의 부자로 산다는 것은 건강한 관계를 통해 삶을 풍요롭게 만드는 일과 관련이 있다.

오스트리아 출신의 유명한 신경학자이자 정신의학자인 빅터 프랭클Viktor Frankl은 나치 강제수용소의 생존자로서 훗날 그때의 체험을 바탕으로『죽음의 수용소에서』(청아출판사, 2005[양장개정판])를 집필했다. 로고테라피logotherapy 심리요법²의 창시자인 프랭클은 그 책의 한 구절에서, 인간 본성은 삶의 목적을 추구하는 데서 동기를 부여받는다는 믿음을 드러냈다. 사랑과 의미 있는 존재에서 그 목적을 발견할 수 있다. 그의 말을 직접 들어보자. "비록 지나치게 단순화시킨 표현일지 몰라도, 삶이 무의미하다는 생각을 갖게 되는 원인에 대해 누군가는 사람이 먹고살 방도는 있지만 살아야 할 목표가 없어서라고 말할지도 모르겠다. 삶의 수단은 가지고 있지만 삶의 의미는 없다는 말이다."[iv] 프랭클 본인은 일(중대한 무언가를 하는 것), 사랑(다른 사람을 돌보는 것), 용기(시련 속에서 의미를 찾는 것) 등에서 삶의 의미를 찾았다. 그가 주창한 로고테라피는 우리의 영혼이 삶에서 의미를 찾게끔 동기를 부여함으로써 영혼을 치유하는 것과 관련이 있다.[v]

한편 프랭클은『죽음의 수용소에서』에서 자아실현과 자기 초월의 관계에 대해서도 언급했다.

---

2   의미치료라고도 하며, 삶의 가치를 깨닫고 목표를 설정하도록 하는 것에 목적을 둔 실존적 심리치료 기법. — 편집자 주

인간은 책임감이 있어야 하고 자기 삶에 잠재되어 있는 의미를 실현해야 한다는 주장을 통해 내가 강조하고 싶은 말은, 삶의 진정한 의미는 인간의 내면이나 본인의 정신에서가 아니라 세상에서 찾아야 한다는 것이다. 마치 세상이 폐쇄체제closed system[3]인 것처럼 생각하면서 말이다. 나는 이런 구조적 특성을 '인간 존재의 자기 초월'이라고 명명한다. 이는 인간은 언제나 자기 자신이 아닌 무언가 혹은 누군가를 지향하고 그쪽으로 이끌린다는 사실을 의미한다. 그것은 성취해야 하는 의미일 수도 있고, 대면해야 하는 사람일 수도 있다. 사람은 봉사할 대의나 사랑하는 사람에게 자신을 온전히 내어줌으로써 자신을 잊을수록 더욱 인간다워지고 자기 자신을 더 잘 실현하게 된다. 자아실현이라는 것은 성취할 수 있는 목표가 아니다. 이유는 단순하다. 자아실현을 갈구할수록 자아실현이 더욱 힘들어지기 때문이다. 다른 말로 자아실현은 자기 초월의 부수적인 결과로서만 얻을 수 있다.[vi]

프랭클이 즐겨 했던 말이 있다. "당신 삶의 의미는 사람들이 삶의 의미를 찾도록 도와주는 것이다."[vii]

여기서 리더가 배워야 하는 교훈은, 구성원들이 일에서 에너지를 얻기 바라는 리더는 반드시 그들이 자신의 열정과 기여를 조직의 목표와 연결시키도록 도와야 한다는 것이다. 만약 자신의 일이 조직의 전

---

3   외부 환경으로부터 차단되어 있어 체제 내의 요소들이 외부 환경으로부터 아무런 영향을 받지 않는 체제.

체 목표와 어떻게 직접적으로 연결되는지 이해하지 못하면, 구성원들은 쉽게 좌절하고 자신의 일이 무의미하다고 생각하게 될 수도 있다.

좋은 리더는 의미 있는 일과 더욱 깊은 연결을 원하는 인간의 이런 선천적인 욕구를 활용할 뿐 아니라 구성원 각자가 자신의 열정을 전체 조직의 목적과 연결시킴으로써 일에서 성취감을 찾도록 돕는다. 마음이 건강한 사람은 직업적인 노력이든 자선적인 노력이든 가치 있는 대의에 유의미하고 중대한 기여를 하고 싶어 한다. 또한 자신의 일이 세상에 긍정적인 차이를 만든다는 확신을 갖고 싶어 한다. 요컨대 그들은 자신보다 더 큰 무언가의 일부가 되고 세상에 유익한 유산을 남기고 싶어 한다.

헤쳐 모여라

지금까지 알아본 성장 과정의 4단계를 이해하는 리더는 구성원들이 스스로 현재 자신이 어디에 있고 성숙해지려면 어떻게 해야 하는지를 평가하게 도와줄 수 있다. 리더로서 우리가 구성원들이 개인적인 영역에서 성장하도록 도와줄 때, 이는 직업적인 영역에서 막대한 이득으로 돌아온다. 가령 구성원들이 더 나은 배우자, 더 나은 부모, 더 나은 코치, 더 나은 지역사회 리더로 성장하게 도와줄 때, 그들은 팀에서도 더 나은 구성원이 된다. 리더십의 본질은 삶의 모든 측면에서 구성원들이 가장 잘되기를 바라는 것에 있다. 그리고 실질적으로 볼 때 훌륭한 구성원들은 스스로 협업의 환경을 창조할 수 있다. 그런 환경에서는 모두가 문제를 해결하기 위해 자신의 열정과 강점을 활용할 기회를 가질 뿐 아니라 몰입도와 생산성이 동반 상승한다.

성과가 뛰어난 팀을 구축하는 비결은 구성원 각자의 개인적인 성장에 초점을 맞추는 것이다. 그리고 성숙은 제대로 기능하지 않는 팀에 대한 해결책이 된다. 리더가 구성원들이 성장하는 것을 돕는 데에 더 많이 투자할수록, 팀 전체의 시너지가 증가한다. 리더는 단순히 추종자들을 모으는 사람이 아니다. 리더라면 당연히 구성원들을 성장 과정으로 끌어들여야 한다. 그리고 구성원들이 그 과정을 통해 성장할수록 자신의 발전에 헌신하는 사람을 따르게 되는 것은 인지상정이다. 고로 리더는 반드시 구성원들의 성장과 발전에 많이 투자하겠다고 굳게 다짐해야 한다. 동시에 대인갈등에서 문제가 완벽히 해결될 때까지 물러서지 않고 최선을 다해 해결에 전념해야 한다. 조직의 목표를 달성하고 성과 측정 지표들을 관리하는 것만으로는 구성원들로부터 완벽한 충성심과 재량적인 노력을 이끌어낼 수 없다. 사람들은 관계의 측면에서 깊이 연결되고, 자신의 일에서 의미와 목적을 찾으며, 자기 절제로 이어지는 개인적인 성장 과정을 실천할 때 열정에 불이 붙는다.

관계를 위한 핵심 질문

☐ 성장은 자기 인식에서 시작한다. 자기 인식력이 높은 리더가 되려면 어떻게 해야 할까?

☐ '당신의 현관문 비밀번호'를 아는 사람이 몇이나 되는가? 당신은 중대한 문제에 대해 그들의 조언과 의견을 얼마나 자주 요청하는가? 누군가의 의견이 확실히 도움이 되었던 경험에 대해 기술해보라.

☐ 당신은 더 나은 자신을 창조하기 위해 어떤 노력을 하는가?

☐ 당신은 사람들에게 최선을 다하기 위해 어떤 노력을 하는가? 그것이 당신 자신과 그들에게 어떤 영향을 미치는가?

☐ 12장에서 설명한 단계들 중에서 인격을 함양하기 위해 필요한 것은 무엇인가?

4부 ─────── 지속 가능성
리더십을 재설계하라

13장
자기 이익을 초월하는 리더십

나는 여러분의 운명이 어떻게 될지 모른다. 그래도 한 가지만은 확실히 알고 있다. 여러분 중 정말로 행복해질 사람은 오직 섬김을 어떻게 해야 하는지 끊임없이 탐구하여 깨달은 사람뿐일 거라는 사실이다.

알베르트 슈바이처

항간에 떠도는 이야기 하나를 해보자. 한 젊은이가 농부에게서 말 한 필을 250달러에 산 다음 이튿날 말을 찾으러 가기로 약속했다. 그런데 다음날 아침 농부가 젊은이의 집을 찾아가서 말했다. "젊은이, 미안하지만 안 좋은 소식이 있네. 자네 말이 어젯밤에 죽었다네."

"괜찮습니다." 그 젊은이가 대답했다. "그냥 제 돈만 돌려주십시오."

"그게 말이야, 지금 당장은 돌려줄 수가 없네. 이미 다 써버렸거든. 게다가 어제 자네가 말 값을 치렀을 때부터 그 말은 자네 말이잖나." 농부가 대답했다.

젊은이가 말했다. "좋습니다. 그럼 죽은 말을 갖다 주십시오."

농부가 호기심이 발동해 물었다. "대체 죽은 말로 뭘 하려는 겐가?"

"그 말을 상품으로 걸고 추첨식 복권raffle을 판매할 생각입니다."

"농담이겠지! 죽은 말로 어떻게 복권을 판단 말인가." 늙은 농부가 미심쩍어하며 말했다.

"그게 뭐 어때서요. 당연히 할 수 있습니다." 젊은이가 건방을 떨며 말했다. "죽은 말이라는 이야기를 아무에게도 하지 않으면 됩니다."

몇 주 후 시내에 나갔다가 그 젊은이를 우연히 만난 농부는 복권과 죽은 말이 어떻게 되었는지 물었다. 젊은이는 체서 고양이같이 히죽거리며 농부에게 가까이 다가와 속삭였다. "계획대로 했습니다. 장당 5달러짜리 복권을 500장 팔았고 당신에게 말 값으로 치른 금액을 제하고 총 2,245달러가 남았습니다."

농부는 어리둥절한 표정을 지었다. "혹시 죽은 말이라고 항의하는 사람이 없었는가?"

"당첨된 사람 말고는 아무도 그 사실을 몰랐습니다. 그 사람이 죽은 말인 걸 알고 화를 내기에 5달러를 돌려주었습니다."

소문에 따르면 그 젊은이는 오늘날 미 의회 의원이 되었다고 한다.

그 젊은이는 교활했고 죽은 말로 계략을 짜서 사람들을 속여 가치를 추출했다. 개중에는 그가 영리하게 처신해 손해를 만회했다고 칭찬하는 사람도 있을 수 있지만, 그는 어느 모로 보나 영락없는 사기꾼이었다. 내가 위의 이야기를 들려준 이유는 정치 리더들을 싸잡아 비난하기 위해서가 아니다. 나는 정부 각처에서 일하며 국민들을 잘 섬기고 인성도 아주 뛰어난 국가의 심부름꾼들을 많이 알고 있다. 그러나 불행히도 사회에는 자기 잇속을 챙기기 위해, 혹은 특수이익집단

special interest group¹을 위해 행동하는 정치인들이 너무 많다는 고정관념이 있다. 게다가 다른 모든 고정관념이 그렇듯 이 고정관념 역시도 언뜻 진실처럼 보이는 것에 토대를 둔다. 당파 정치와 관료제는 가치를 거의 창출하지 못한다. 가치를 창출하는 성향이 있는 정치인조차 정치 시스템을 자신에게 유리하게 사용하고 그 과정에서 다른 사람들을 악용한다. 한편 정치판에서의 진실은 비즈니스의 세상에서도 진실이다. 자기 잇속만 챙기는 이기적인 비즈니스 리더는 조직을 위해서는 가치를 거의 창출하지 않는다.

업계는 뛰어난 비즈니스 수완과 카리스마 넘치는 성격을 겸비했을 뿐 아니라 높은 주주 가치를 실현하기 위해 사람들과 자원을 전략적으로 정렬하는 방법을 잘 아는 사람들로 넘쳐난다. 그런데 문제는 너무 많은 사람들이 자신이 판매하는 것을 앞서 이야기한 복권처럼 팔아치워서 주주들의 주머니를 채워준다는 점이다. 그들은 철저히 반대되는 두 개의 얼굴을 가지고 있다. 하나는 자신의 '대의'를 섬기도록 동원된 사람들에게서 시간과 재능을 추출하는 얼굴이고, 다른 하나는 애초 복권 추첨이 가능하도록 투자한 사람들에게 더 많은 이득을 돌려주겠다고 장밋빛 약속을 제시하는 얼굴이다. 그런 경영자 중에 실제로 이익을 내는 방법에 대해 아는 사람이 많기는 하다. 그러나 많은 경우 그들의 노력으로 이득을 얻는 사람은 자신들을 제외하면 극소수에 지나지 않는다. 더욱이 회사의 사정이 기울기 시작하면 그들은 다

---

1   자신들의 특별한 이익을 위해 정부 등에 압력을 행사하는 단체.

른 모든 사람들이 죽은 말을 처리하도록 남겨둔 채 '황금 낙하산'을 챙겨 미련 없이 탈출하는 성향이 있다.

그나마 요즘 비즈니스 세상에서 긍정적인 바람이 불고 있어 다행이라 생각한다. 기업 책임에 대한 인식이 높아지고 자신의 이익을 초월해서 행동하는 리더가 갈수록 증가하고 있다. 또한 한때 외면당했던 견고한 윤리적 관행들을 노다시 실천하고 사회적, 환경적 책임을 수용하는 리더도 점점 늘어나는 추세다. 뿐만 아니라 조직들은 리더에게 더 큰 책무성을 부여하고, 최고의 리더들은 구성원들이 자신들의 노력으로 만들어낸 이익을 나눠 가지게 해줌으로써 그들의 기여를 인정하고 보상해준다. 이처럼 직원들을 공정하게 대우하는 대표적인 기업으로 그리스식 요거트로 유명한 미국의 초바니 요거트Chobani Yogurt를 꼽을 수 있다.

초바니 요거트 이야기

자사 웹사이트에 따르면 초바니는 지구와 직원들 그리고 고객들에게 헌신한다. 초바니는 비즈니스가 선善을 위한 힘이 될 수 있다고 믿는다. 또한 자사 제품을 초월한 더 넓은 영역에서 '더 많은 사람들을 위해 더 나은 먹거리를 만든다'는 회사의 핵심 사명을 실천해야 한다고 생각한다. 뿐만 아니라 자사에 납품하는 낙농장들에서 소들을 인도적으로 다루게 하는 일부터 책임감 있는 생산 관행 그리고 직원들이 살며 일하는 지역사회의 적극적인 구성원이 되는 일에 이르기까지, 초바니는 선을 대중화하는 일 그리고 보편적인 복지가 더 빨리 이루어 지도록 돕는 일에 뜨거운 열정을 쏟는다. 초바니의 우선순위 중 하나 는 따뜻한 마음과 훌륭한 아이디어가 있는 영세 기업들이 식품 산업 에 도전하는 것을 돕고, 무너진 시스템을 개선하며 긍정적인 변화를 만드는 일이다. 한편 초바니 재단Chobani Foundation의 존립 목적은 그들 이 집home이라고 부르는 지역사회들을 강화하고 미국 전역에서 아동 의 영양 상태와 복지를 개선하며 지역을 불문하고 도움이 필요한 사 람들을 돕는 것이다.[i]

창업자인 터키 출신의 함디 울루카야Hamdi Ulukaya는 초바니의 CEO 겸 회장이자 소유주이다. 1994년 울루카야는 대다수 주민이 낙농업 에 종사하던 작은 고향 마을을 떠나, 영어와 비즈니스 관련 공부를 할 목적으로 미국 땅을 밟았다. 자신의 아버지에게서 영감을 받은 그는 2002년에 페타 치즈를 생산하는 작은 공장을 세웠다. 그리고 3년 후 뉴욕주 사우스 에드메스턴South Edmeston에 버려진 대규모 요거트 공장 을 매입함으로써 더 큰 모험을 시작했다. 세계 굴지의 식품업체 크래 프트푸즈Kraft Foods가 요거트를 생산하다가 폐쇄한 그 공장은 한때 유 제품과 치즈 산업의 중심지였던 지역에 위치했다. 2012년이 되자 초 바니는 세계 최고의 요거트 브랜드가 되었다. 초바니의 인기는 미국 의 요거트 시장에서 그리스식 요거트의 점유율을 높이는 데 커다란 역할을 했고, 2007년 1퍼센트에도 못 미쳤던 그리스식 요거트 점유율 이 2013년에는 무려 50퍼센트를 넘어섰다. 세계 4대 회계법인 중 하 나인 언스트 앤 영Ernst & Young은 울루카야를 '2013년 세계 최우수 기업

4부 지속 가능성: 리더십을 재설계하라

가'에 선정했다.[ii]

울루카야에 따르면, 직원들의 임금이 높을수록 기업은 더 큰 성공을 거둘 수 있다. 울루카야는 직원들에게 더 많은 임금을 줄 때 기업들이 성공할 수 있을 뿐 아니라 기업들에게 그렇게 해야 하는 도덕적 의무가 있다는 주장을 알리는 전도사 역할을 자청한다. 울루카야의 말을 식섭 들어보자. "우리는 기업들이 더 많은 사람들의 삶을 너 좋게 만들 수 있도록 할 필요가 있다. 그것은 우리의 공동체와 직원들을 위한 일이기도 하다."[iii]

언스트 앤 영의 글로벌 회장이자 CEO인 마크 와인버거Mark Weinberger와의 인터뷰에서 울루카야는 비즈니스 리더들이 비즈니스와 세상에서 긍정적인 변화의 환경을 조성하기 위해 기업 문화 내에서 목적의식을 촉진해야 한다고 말했다. 또한 그는 기업들이 재무성과가 아니라 전체 인류에 초점을 맞추어야 한다는 확고한 소신도 피력했다. "비즈니스는 여전히 세상을 변화시킬 수 있는 가장 강력하고 효과적인 방법입니다." 그는 와인버거에게 말했다.[iv]

초바니를 창업한 이래로 울루카야는 회사 순이익의 10퍼센트를 다양한 자선 활동은 물론이고 긍정적이고 지속적인 변화를 위해 노력하는 개인과 조직들에 기부해왔다. 심지어 2016년 4월에는 전 직원에게 회사 주식의 10퍼센트를 나눠주면서 이런 말을 덧붙였다. "우리가 이 회사를 어떻게 키웠는지에 대한 이야기는 내게 중요합니다. 그러나 우리가 이 회사를 어떻게 성장시키는지는 그보다도 더 중요하지요. 나는 여러분이 이 성장의 일부가 되기를 바라고, 나아가 성장을 주도

하는 동력이 되기를 원합니다. 또한 우리가 성공을 함께 나누고 그 달콤한 열매를 함께 즐기길 희망합니다… 이것[주식]은 선물이 아닙니다. 목표와 책임을 함께 하자는 상호 약속입니다. 특별하고 지속적인 가치가 있는 무언가를 계속 만들어가자는 상호 약속입니다."[v]

울루카야에게 동기를 부여하는 것은 깊은 열정과 확고한 목적의식이다.[vi] 일례로 그는 전 세계에서 난민들을 채용하고, 고통받고 굶주리는 사람들을 도와주며, 후한 임금의 일자리를 제공함으로써 초바니가 활동하는 모든 지역사회를 강화하기 위해 최선을 다해 자신의 자원을 활용한다. 그는 이미 세상에 엄청난 발자취를 남겼고 그가 남긴 유산은 오래오래 살아 있을 것이다. 그의 유산이 그의 자아를 훨씬 초월하기 때문이다.

또한 울루카야는 초바니의 가치관을 세상에 알리는 일에도 발 벗고 나선다. 그렇다면 그가 세상에 들려주는 조언은 무엇일까? "솔직해져라Just be real." 아마도 지나치게 축약된 말처럼 들릴 것이다. 그러나 기업이 직원과 고객과 지역사회를 존중으로 대할 때 이 조언은 실천하기 그리 어렵지 않다.[vii]

현실적인 리더십

리더십은 자기 이익을 초월하고 자기 증진보다 더 크며 자기 섬김self-service보다 더 고상한 무언가와 관련 있어야 한다. 최고의 리더십에는 몇 가지 본질적인 특징이 있고, 그런 특징은 내가 **현실적인 리더십**

grounded leadership이라고 부르는 무언가를 구성한다. **현실적 혹은 현실에 기반한**이라는 단어는 감정적으로 성숙하고 안정적이며 흔들리지 않는 확신과 불굴의 투지를 가진 사람을 지칭한다. 현실에 기반을 둔 사람은 실용적이다. 현실적

리더십은 자기 이익을 초월하고 자기 증진보다 더 크며 자기 섬김self-service보다 더 고상한 무언가와 관련 있어야 한다.

인 리더는 현실을 다루고 중대한 결과를 도출하는 데에 전념한다. 또한 현실에 기반을 두는 리더는 매우 관계 중심적이고 자신의 역할이 다른 사람들에게 힘을 부여하는 것이라고 생각한다. 현실감 있는 사람들은 진짜 자신의 모습에 만족하고 자신의 핵심적인 가치관에 따라서 행동하기 때문에 어딘가에 확실히 뿌리를 내렸다는 깊은 정착감이 있다. 고로 그들은 뿌리 깊은 나무가 바람에 흔들리지 않듯 다수의 의견에 쉽게 흔들리지 않고 일상의 삶 속에서 고매한 대의에 헌신하겠다는 사명을 실천한다.

지금부터 현실감 있는 리더의 몇 가지 특징과 더불어 그들을 강력한 리더로 만들어주는 특성들도 함께 해부해보자.

첫 번째 특성: 현실에 뿌리를 둔다

현실적인 리더는 진실에 입각해 행동한다. 말인즉 그들은 사안과 상황을 객관적으로 분석하는 능력이 있다. 진실은 무언가의 본질이고, 그들은 그 본질을 꿰뚫어보는 예민한 눈이 있다. 그들은 진실을 조작

하거나 회피하거나 왜곡시키는 사람들에게 크게 휘둘리지 않도록 자신을 통제하고, 깊은 확신이 있으며 자신의 직관을 믿는다. 또한 그들은 성급하게 결론을 도출하는 대신에 예리한 직관력을 발휘해 상황이 진행되는 추이를 살피며, 그런 다음 각 상황에 내재된 가치를 토대로 상황에 대처한다.

그들은 누구든 현실을 가장 정확히 설명하고 다룰 수 있는 사람이 자의든 타의든 간에 리더가 될 거라는 사실을 안다. 따라서 그들은 반쪽짜리 진실에는 아예 관심을 두지 않거나, 정치적인 흐름에 휩쓸리지 않도록 자신을 야무지게 단속한다. 한편 그들은 여론 재판에도 영향을 받지 않고, 자신이 보는 그대로를 말하며, 그럴 때에도 품위가 있고 예민한 감수성을 발휘한다. 또한 그들은 논쟁으로는 절대로 차이를 해소하지 못한다는 사실을 잘 알기에 사소한 논쟁에 발을 들이지 않고, 오직 진실만을 말하며 그에 따른 결과는 온전히 하늘에 맡긴다. 뿐만 아니라 그들은 다른 사람들에게 자신의 뜻을 강요하지도 자신의 목적을 충족시키기 위해 사람들이나 상황을 조작하려 하지도 않으며, 말과 행동에 맺고 끊음이 확실하다. 그들은 자기 자신과 진실을 나란히 정렬시킴으로써 신뢰를 얻기 때문에 사람들에게 좋은 영향을 미칠 수 있다.

이 모든 것을 종합해볼 때, 그들은 진실은 결국 드러나기 마련이라는 사실을 깨달을 만큼 충분히 성숙하다.

그리고 진실이 드러날 때 진실을 인정하고 적절히 다루었던 사람은 다른 사람들에게 중대한 영향을 미칠 것이다. 어떤 사람들은 제 잇속을 채우기 위한 안건들에 맞춰 진실을 해석하거나 왜곡하려 하겠지만, 현실감 있는 리더는 다른 사람들을 도와주기 위해 자신과 진실을 일직선상에 둔다. 그들은 언제나 어디서나 옳은 일을 하고 진실을 말한다.

두 번째 특성: 감정 중심적이다

현실감 있는 리더는 자신의 본질을 바탕으로 움직인다. 그들은 자신의 가치관과 신념에 헌신하고, 자기 자신에 충실하며, 일부 동물이 보호색과 의태를 활용하듯 환경에 맞춰 자신을 바꾸지 않는다. 그들은 카멜레온이 아니다. 그들은 감정적으로 건강하고 감정 중심적이며 감정이 조화롭게 균형을 이룬다. 자신의 깊은 가치관에 의거해서 현실을 인식하고 현실에 반응한다는 의미다. 현실적인 리더는 자신의 진짜 모습과 믿음에 오롯이 충실하기에 그들의 가치관이 그들의 행동을 좌우한다. 그런 리더는 자신의 감정을 억압하거나 반대로 추론 능력에 지장을 줄 정도로 방치하지 않기 때문에 감정적으로 건강하고 감정의 균형을 잃지 않는다. 한편 그들의 감정은 그들에게 잠재적 위험을 경고해주거나 그들의 지각력을 강화해주는 역할을 할지언정 현실 이해에 관여하지는 않는다. 오히려 현실에 기반을 두는 리더는 자기 성찰적 능력과 이성을 결합해 각각의 감정적 반응으로부터 통찰을 얻고 각 상황에 적절히 반응한다.

다른 말로 현실감 있는 리더는 높은 수준의 감성 지능을 발휘한다. 그들은 자신의 감정을 이해하는 부분에 있어서 달인의 경지에 있을

현실적인 리더는 자신의 감정을 자유자재로 다스릴 수 있기에 어떤 상황에서도 냉철하게 생각하고 침착함과 통제력을 유지할 수 있다.

뿐 아니라 다른 사람들의 감정에도 깊이 공감할 수 있다. 감정을 성숙한 방식으로 인지하고 해석하는 이런 능력 덕분에 그들은 다른 사람들의 감정을 깊이 느끼면서 자신의 감정을 생산적인 방식으로 해석하고 활용할 수 있다. 상황이 아무리 심각해져도 그들은 감정의 문을 닫아걸거나 감정적으로 물러서지 않거니와 자신의 감정이 고삐 풀린 망아지처럼 날뛰게 내버려두지도 않는다. 현실적인 리더는 자신의 감정을 자유자재로 다스릴 수 있기에 어떤 상황에서도 냉철하게 생각하고 침착함과 통제력을 유지할 수 있다. 이것은 가장 험난한 관계의 해역을 항해할 때도 그들에게 커다란 도움이 된다. 궁극적으로 볼 때 그들의 가치관은 물속 깊숙이 잠긴 용골龍骨[2]과 같아서 관계의 바다에서 거센 파도가 일고 감정의 강풍이 휘몰아칠 때에도 배가 한쪽으로 기울지 않고 똑바로 떠 있게 해준다.

세 번째 특성: 관계의 부자다

현실감 있는 리더는 건강한 관계를 중요시하고, 구성원들이 성장해서 성숙해지도록 돕는 일이야말로 공동체 생활에서 최우선 순위여야 한다는 사실을 잘 안다. 우리 각자의 공동체는 가정에서 출발해서

2　사람으로 치면 등뼈에 해당하는 배의 뼈대 부분.

시간이 흐름에 따라 가족, 친구, 동료, 지인 등으로 동심원을 그리며 자연스럽게 넓어진다. 현실적인 리더는 관계의 세상을 무대로 삼아서 개방적이고 솔직하며 투명한 삶을 솔선수범함으로써 다른 사람들에게 영향을 주고 그들을 격려한다.

현실에 기반을 두는 사람은 공동체를 통해 갈등을 효과적으로 다루고 해결하는 방법을 배운다. 그들은 차이가 있을 때 이를 단순히 가리고 숨김으로써 처리하는 데 만족하지 않거니와 역효과를 불러오는 논쟁에 발을 담그지도 않는다. 오히려 그들은 너그러운 마음으로 진실하게 말한다. 그들은 긴장이 흐를 때 불안해하지 않고, 되레 긴장감이 가끔은 양 당사자가 자신의 입장을 재고하고 결과적으로 서로를 이해하게 만드는 건강한 감정일 수도 있음을 알게 된다. 그들은 가장 건강한 관계라도 갈등이 없지는 않다는 사실을, 그러나 양 당사자가 갈등을 다루어 잘 해결하면 관련된 모든 사람이 다 성장한다는 사실도 잘 안다.

현실에 기반을 두는 사람은 갈등 관계를 해결할 방법을 찾으려 노력하는 것은 물론이고 상대방을 신속하게 용서한다. 그들은 나쁜 감정을 품어봐야 아무 소용이 없음을 안다. 일단 문제가 해결되고 나면, 그들은 그 문제를 감정적으로도 놓아주고 그것이 관계가 진전하는 데 걸림돌로 작용하게 내버려두지 않는다.

또한 현실에 기반을 두는 사람의 관계는 깊고도 넓다. 그런 관계는 그들을 연마시켜주는 수련장의 역할을 하고 서로에게 유익한 방식으로 상대방의 성장과 발전에 투자하게 해준다. 그들은 관계가 성장의 촉매라는 사실을 잘 알고, 그래서 자신들의 관계를 성숙시키는 일에 아낌없이 투자한다. 이것은 때로는 일상적인 대화를 통해, 때로는 멘토-멘티 관계의 형태로 이뤄진다. 또 가끔은 상사와 직속 부하 직원 사이의 코칭 대화에서처럼 좀 더 지시적인 성격을 띤다. 혹은 수용 가능한 경계선을 긋는 훈계형 대화일 수도 있다. 어떤 경우든 현실감 있는 리더는 누구나 자신을 중심으로 이루어지는 대화에 몰두할 뿐 아니라 건강한 관계는 유의미하고 실질적인 대화를 통해 구축된다는 사실을 잘 안다.

네 번째 특성: 결과 지향적이다

현실감 있는 리더의 또 다른 주요 특징은 그들이 자신의 역할을 성공적으로 해내리라 믿을 수 있다는 점이다. 그들은 추진력과 투지가 있고, 이는 다시 성취로 이어진다. 또한 그들은 관계의 부자인 동시에 다른 사람들을 위해 좋은 일을 하고 차이를 만드는 일에도 열성적이다. 이 말은 그들이 협업을 토대로 번창할 뿐 아니라 일을 잘하기 위해 자원과 사람들을 끌어들임으로써 에너지를 얻는다는 뜻이다. 그런 리더는 사람들이 혼자서 이룰 수 있는 것보다 더 많은 것을 집단적으로 성취하도록 협력하게 만들 때 비롯되는 만족감을 경험한다.

현실감 있는 리더는 지략이 풍부하고 책임감이 있으며 고도의 역량을 발휘하고 추종자들에게 자신감을 심어준다. 또한 그들은 일관성이 있고 무슨 일이든 반드시 해낼 거라고 믿고 맡길 수 있다.

다섯 번째 특성: 다른 사람들에 초점을 맞춘다

현실감 있는 리더는 사람들에게 봉사하는 서번트 리더servant leader 다. 그들은 자신의 역할이 사람들에게 봉사하는 것이라고 생각하고, 심지어 가끔은 자신을 희생하면서 그렇게 한다. 그들은 성공의 비결이 주변 사람들이 성공하도록 만드는 것임을 잘 알고 그들이 삶에서 원하는 좋은 모든 것은 다른 사람들을 위해 가치를 창출할 때 만들어지는 부산물이라는 사실도 잘 안다.

그들의 삶과 리더십 모두 하나의 믿음에 뿌리를 둔다. 성취감과 만족은 자신을 위해 가치를 추출하기보다 다른 사람들을 위해 가치를 창출하는 데서 찾을 수 있다는 믿음이다. 따라서 현실감 있는 리더는 **현실감 있는 리더는 어떤 상황에서건 상대방이 자신에게서 무엇을 필요로 할지를 늘 고려한다.** 어떤 상황에서건 상대방이 자신에게서 무엇을 필요로 할지를 늘 고려하고, 각각의 상황에서 모든 관련자들을 위해 최고의 가치를 창출하려고 의식적인 노력을 기울인다.

여섯 번째 특성: 사명 지향적이다

그들은 사명을 마음속에 고이 모셔두는 대신 실생활에서 실천한다. 그들은 목적을 토대로, 목적을 위해, 목적과 더불어 살아간다. 또한 세상에 긍정적이고 선한 흔적을 남기고 싶다는 깊은 욕구가 있고, 자신이 무슨 일을 하느냐가 아니라 그 일을 어떻게 하는가에 따라 세상

13장 자기 이익을 초월하는 리더십

에 가장 크게 기여할 수도 있음을 아주 잘 안다. 자신의 지위나 몸담은 산업과는 상관없이, 그들은 주변 사람들의 삶을 조금이라도 더 낫게 만들어주는 방식으로 리더십을 발휘하며 살아감으로써 사람들의 삶에 긍정적인 영향을 끼친다.

현실감 있는 리더는 삶이 우리의 존재보다 더 크다는 사실을 이해하고, 세상에 쉽게 지울 수 없는 흔적을 남기고 싶어 한다. 그래서 그들은 다른 사람들이 가질 때 주고, 다른 사람들이 무시하는 것을 알아보며, 다른 사람들이 무심코 스쳐지나갈 때 깊이 관여한다. 그들은 친절의 바이러스를 퍼뜨리고 희망을 불어넣으면서 자신이 대면하는 모든 사람을 위해 가치를 창출한다. 그리고 그들은 모두가 자신과 똑같이 하도록 용기를 북돋운다.

관계를 위한 핵심 질문

☐ 감정 중심적이라는 말은 무슨 뜻일까?

☐ 풍성한 관계와 결과 지향성의 균형을 맞추려면 리더는 어떻게 해야 할까?

☐ 당신이 아는 가장 사명 지향적인 리디는 누구인가? 그 사람의 리너십이 당신
　에게 커다란 영향을 끼친 이유는 무엇인가?

☐ 리더로서 다른 사람들에게 초점을 맞추는 일이 왜 중요할까? 리더가 다른 사
　람들에게 초점을 맞추지 않을 때 그들의 리더십 스타일은 어떠할까?

☐ 당신이 진심으로 바라는 리더십에 대한 선언문을 작성해보라. 그리고 당신이
　생각하는 리더십의 목적을 설명해보라. 당신이 하는 일을 '왜' 하는지가 반드
　시 설명되어야 한다.

14장
인재 유출을 막아라

사람들의 가장 좋은 점을 찾으려 할 때 우리는 어떤 식으로든 스스로의 가장 좋은 점을 이끌어낸다.

윌리엄 아서 워드William Arthur Ward, 언론인

요즘은 인재 전쟁이 치열하다. 좋은 인재를 확보하기가 힘들 수도 있지만, 리더는 강력한 조직을 구축하는 데에 인재가 얼마나 중요한지 알고 있다. 강력한 문화를 구축하는 가장 빠른 길은 조직의 가치관과 정렬하는 가치관을 가진 최고의 인재를 끌어들이는 것이다. 거꾸로 생각하면 좋은 문화를 파괴하는 가장 확실한 지름길은 잘못된 사람들을 채용하는 것이 된다. 앞서 말했듯 사람들은 조직의 가장 큰 자원이 아니다. **적절한 사람들**이 가장 큰 자원이고 **잘못된 사람들**이 가장 큰 부채다. 잘못된 사람을 채용할 때의 대가는 좋은 인재를 놓쳤을 때의 대가보다 훨씬 더 크다. 이런데도 어째서 아주 많은 기업들이 마구잡이식으로 직원을 채용하는지, 혹은 어째서 최고 인재들의 마음을 끌어당기는 미묘한 차이를 이해하지 못하는지 정말 풀리지 않는 수수께끼다.

놀라운 성과를 달성하고 싶은 조직은 두 가지를 반드시 잘해야 한다. 첫째는 **주목할 만한 인재**를 채용하는 것이고 둘째는 **주목할 만한 문화**를 구축하는 것이다. 이 두 가지만 잘하면 무슨 일이든 한결 수월해지겠지만, 이 두 가지를 제대로 못하면 조직이 시도하는 모든 일이 훨씬 어려워진다.

그렇다면 둘 중 하나만 잘할 때는 어떻게 될까? 가령 훌륭한 사람들을 채용하되 조직 문화가 뛰어나지 못하면 현실적으로 볼 때 두 가지 시나리오가 가능하다. 먼저, 그들이 긍정적인 영향을 끼치면서 문화를 강화할 수도 있다. 또는 중대한 영향을 미칠 수 있다는 희망이 거의 없어서 좌절감이 커질 수도 있다. 그럴 때 그들은 환멸을 느끼고 결국 조직을 떠나기 십상이다. 반대로 훌륭한 문화를 구축했으되 그렇지 못한 사람들을 채용한다면 어떻게 될까? 그 문화에 녹아들지 못하는 사람들은 얼마 지나지 않아 동료 구성원들을 힘들게 만들고 심지어 그들의 열정을 떨어뜨릴 수 있다. 적절한 인재 채용은 절대적으로 중요하다. 그런데도 인재 채용을 제대로 못하는 조직들이 아주 많다. 그 결과는 빤하다. 이직률이 높아지고 직원 사기가 떨어지며 성장 동력이 저하된다.

최고의 인재를 확보하는 일에 우선적 가치를 두지 않는 조직의 운명은 잔인하다. 낮은 직원 사기, 평범한 수준의 직원 몰입도, 좌절과 불만에 가득 찬 직원들, 높은 이직률 등에서 영원히 벗어나지 못할 것이다.

채용이 얼마나 중요한지 알았으니 이제부터는 채용 관행의 효과성을 손상시키는 몇 가지 요인에 대해 알아보고 잠재적인 해결책도 함께 고민해보자.

우리는 왜 좋은 사람들을 뽑지 못할까?

많은 지원자 중에서 최고의 인재를 선별할 때 저지르는 실수 한 가지는 채용을 서두른다는 점이다. 많은 채용 담당 관리자들은 공석이 생기면 가능한 한 빨리 그 자리를 채우는 임무를 맡는다. 가끔은 특정 자리가 공석으로 남아 있는 시간을 얼마나 단축했는가에 따라 특별 상여금을 받기도 한다. 그리하여 알맹이보다 속도가 우선하게 된다. 지원자들에 대한 철저한 심사가 이뤄지지 않고 '구애' 과정이 속전속결로 진행되며 면접은 최소화되고 조직과 잠재 직원의 가치관을 정렬하는 문제는 뒷전으로 밀려난다.

당연한 말이지만 이 모든 것은 지원자와 조직 양측의 투명성 부족으로 이어진다. 지원자에게는 조직의 문화를 알아볼 충분한 시간이 주어지지 않고, 조직은 지원자와 깊이 연결할 시간을 갖지 못한다. 그리하여 추측이 난무하고 지원자와 조직 모두의 현실이 반영되지 않은 결론이 도출된다. 이는 종종 그 신입 직원이 조직에 합류한 후 단절감이나 환멸이 팽배해지는 결과로 이어지고, 이렇게 된다면 조직과 신입 직원 모두 각자의 기대치를 조정할 수밖에 없다. 이런 채용 참사를 피할 수 있는 더 좋은 길이 없을까? 있다. 조직은 지원자를, 지원자는 조직을 철저히 이해하고, 또한 조직은 문화와 가치관의 궁합이 잘 맞는 사람을 뽑도록 채용 과정의 속도를 늦추면 된다.

내게는 미국 애틀랜타에도 지점이 있는 어떤 다국적 기업에서 고위자로 일했던 친구가 있다. 그 친구는 입사한 이후에야 비로소 회사가 일자리를 제안할 당시 자신에게 조직 문화에 대해 전혀 솔직하지 못했다는 사실을 알게 되었고, 그로 말미암아 좌절감이 갈수록 커졌다. 친구는 가치관의 불일치를 참으며 몇 년을 꾸역꾸역 버텼지만 결국에는 자신이 효과적으로 일할 수 없는 조직에 발을 들였다는 사실을 받아들였다. 그리하여 그는 이직을 결심했다.

친구는 인근의 회사로 둥지를 옮겼는데, 평소 자신이 동경하던 직장이었다. 회사의 브랜드는 강력했고, 창업자는 사내 문화를 회사 성장의 초석으로 삼았다. 사실 그 회사는 업계 내에서 널리 칭송받는 선두 주자였다. 다만 내부 승진의 문화가 아주 공고하고 공석이 생겨도 외부에서 인재를 거의 찾지 않았다. 그럼에도 불구하고 마침 자신이 적임자라고 생각되는 공석이 생기자 친구는 폐쇄적인 채용 관행으로 유명한 그 회사의 문을 과감히 두드렸다. 그곳은 바로 치킨 버거로 유명한 패스트푸드 업체 칙필레Chick-fil-A였다.

결과부터 말하면 친구는 그 자리의 주인이 되었다. 하지만 그렇게 되기까지의 과정은 만만찮았다. 18주에 걸쳐 36차례나 면접을 치른 것이다. 지나치다고 생각하는 사람들도 있지 싶다. 많은 시간과 노력이 요구되는 길고 힘든 과정은 당연히 철저하게 진을 빼놓는다. 그러나 채용에서는 그것이 핵심이다. 더군다나 칙필레에서는 그런 채용 과정이 보편적인 관행이다. 내 친구는 입사한다면 업무적으로 직접 상호작용하게 될 사람 모두와 면접을 봐야 했다. 36명 전원과 말이다. 게다가 어떤 면접은 3시간 30분이 걸리기도 했으며, 36명 모두가 내 친구의 채용에 만장일치로 동의해야 했다. 이러니 내 친구가 칙필레의 문화와 궁합이 잘 맞는지 철저히 검증받았다고 말해도 과언이 아니다. 칙필레에서 문화는 가장 중요한 차별화 요소다. 사실 칙필레는 사내 문화, 구체적으로 말해 최고 인재들을 영입하고 유지하는 문화로 가장 유명하다. 칙필레는 자신들의 문화와 궁합이 좋고 가치관 정렬도가 높은 사람들을 최우선으로 채용한다.

칙필레의 이런 채용 관행에서 배울 점은 그것이 팀 구성원 각자의 성공을 보장한다는 사실이다. 신입 직원과 상호작용하는 모두가 동의해야 채용이 결정된다는 사실은 그들 모두가 신입 직원이 성공하기 위해 필요한 지지와 격려 그리고 방향을 제공하겠다고 암묵적으로 약속한다는 의미이기 때문이다. 이러니 행여 그 직원과의 관계로 말미암아 스트레스를 받아도 그들은 수동 공격적인 행동을 할 수 없고, 그 사람의 채용을 지지하지 않았다고 발뺌하지도 못한다. 오히려 각자는 그 사람이 생산적인 구성원이 되는 일에 깊은 이해관계로 얽히게 된다. 가령 새로운 팀 구성원이 어떤 이유에서건 팀을 떠난다면, 그것은 팀 전체의 실패로 여겨진다. 그런 일은 채용 과정에서 그 사람에 대한 적절한 검증이 이뤄지지 못했거나, 아니면 채용 후 그 사람에게 팀에 도움이 되는 생산적인 구성원이 되도록 하는 적절한 자원이 제공되지 못했다는 뜻일 수도 있다.

대부분의 사람들은 번갯불에 콩 볶듯 짧은 연애만으로 성급하게 결혼을 결정하지 않는다. 조직과의 '결혼'도 마찬가지여야 한다. 많은 경우 배우자와 지내는 시간만큼이나 일터에서 오랜 시간을 보내기 때문이다. 짧은 몇 번의 데이트로 조직과의 결혼을 결정해서는 안 된다. 당연한 상식을 왜 말하느냐고? 장담컨대 채용과 관련해서는 그 상식이 언제나 통하지는 않기 때문이다.

조직들이 채용과 관련하여 저지르는 또 다른 보편적인 실수는, 인성은 따지지도 않고 능력만 보고 채용하는 것이다. 능력은 누군가가 주어진 일을 해내는 데에 필요한 기술들을 보유했는지 유무를 결정하는 기준인 반면, 인성은 그 사람이 주어진 일을 왜 그리고 어떻게 할지를 알려준다. 누군가가 생산적인 구성원이 되기 위해 필요한 지식과 기술을 보유했는지를 평가할 때는 교육, 업무 경험, 추천서, 시험 등이 도움이 될 수 있다. 그렇다면 인성은 어떻게 평가해야 할까? 정답은 없다. 인성은 시간이 지나야만 드러날 것이기 때문이다.

요즘 사람들은 그야말로 면접의 도사들이다. 어떻게 하면 좋은 첫인상을 줄 수 있는지 훤히 알 뿐 아니라 웹사이트를 꼼꼼히 살펴보기만 해도 조직의 사명과 가치관을 쉽게 알 수 있다. 반면 사람의 겉을 켜켜이 감싼 포장을 걷어내고 본질을 드러내는 데는 상당한 시간과 노력이 요구된다. 그럼에도 채용 전 평가 과정에서는 지원자의 가치 체계 이해가 가장 중요하다. 가치관은 본인의 신념과 행동의 근간이 되는 동기력motivational force의 역할을 한다. 구성원과 조직의 가치관이 정렬한다는 확신이 들지 않으면 가치관이 상충한다고 봐도 틀림없다. 이는 일체성 부족, 관계의 연결성 저하, 제한적인 생산성으로 이어질 것이다. 오죽하면 이런 말이 있을까. "인성 좋은 사람을 뽑아라. 기술은 가르치면 된다."

가치관은 누군가의 성과에 동기를 부여하는 요소가 무엇인지 이해하는 데에 도움이 된다. 내가 말하는 가치관은 단순히 윤리적 가치관만을 뜻하지 않는다. 물론 윤리적 가치관은 분명히 개인을 구성하는 하나의 요소다. 그러나 내가 말하는 가치관에는 기능적 가치관, 다른 말로 자신에게 생산성과 감정적인 균형을 가져다줄 특정 핵심 요소들에 어떤 가치를 부여하는가도 포함된다. 낙천성, 끈기, 탄력성, 자존감, 역할 만족도 등은 누군가가 지속 가능한 방식으로 높은 성과를 낼 수 있는지를 결정하는 데에 중요한 역할을 한다. 이런 종류의 정보는 행동 면접behavioral interview' 과정으로는 얻기 힘들다.

행동 면접은 개인의 과거 성취가 미래 성공을 예측할 수 있게 해주는 요소라는 전제 하에 이뤄진다. 따라서 면접관은 지원자가 과거에 특정 사안들을 어떻게 해결했는지 적절하게 질문함으로써 그 사람이 미래의 비슷한 상황에서 성공할지 여부를 대략적으로 판단할 수 있다. 문제는 지원자가 면접관이 바라는 행동을 꼭 집어 설명하더라도, 면접관으로서는 지원자가 감정적으로 건강한지, 혹은 자신이 가장 유익한 행동 방침이라고 인정하는 것을 실제로 실천할 수 있는 가치 체계가 확립되어 있는지를 알아낼 기회가 거의 없다는 사실이다. 요컨

---

1 특정 상황에서 어떻게 행동하고 결정할지를 묻는 면접으로 지원자의 사고방식이나 가치관을 묻는 사고 면접thinking interview과 대비되는 개념.

대 지원자가 정답을 안다고 쳐도 실제로 그렇게 할까? 합리적인 지능검사와 성격 위주의 평가 도구들도 누군가의 장기적인 성공 가능성을 확인하는 예측 인자로서의 가치가 거의 없기는 매한가지다. 성격

가치관은 누군가의 성과에 동기를 부여하는 요소가 무엇인지 이해하는 데에 도움이 된다.

적 특성과 성향을 측정하는 그런 도구들이 특정 상황에 대한 지원자의 우선적인 반응이 무엇일지 정도는 말해줄지도 모르겠다. 그러나 더 유익한 접근법은 가치론적 평가 도구를 사용해서 누군가의 가치 체계를 결정하는 방법이다.

가치론axiology은 철학의 한 분야로 가치관과 가치 창출을 연구하는 학문이며 가치관이 사고 과정, 의사 결정, 궁극적으로는 성과에 미치는 영향을 탐구한다. 가치론의 핵심은 가치관이 모든 동기부여의 토대를 형성한다는 것이다. 가치론에 따르면, 사람들은 자신의 성향에 의거해서 무엇이 자기 자신과 다른 사람들을 위해 최대의 가치를 창출할지 판단한 뒤 거기에 부합하는 방향으로 행동할 것이다. 개인의 가치관은 그 자신의 세계관을 드러내고, 세계관은 성과에 대한 강력한 예측 인자이다. 우리가 어떻게 세상을 바라보는가가 궁극적으로 우리가 어떻게 일하는가를 좌우하기 때문이다. 가치관 중심의 평가 도구는 개개인이 자기 자신과 주변 세상을 어떻게 바라보는지는 물론이고 다른 사람들과 어떻게 상호작용할지에 대해 중대한 통찰을 제공할 수 있다.[i]

적절한 사람들이 성공의 열쇠라는 사실을 명심하라. 사람과 문화라는 두 가지 측면을 잘 해결할 때 모든 일이 상당히 수월해진다.

채용 과정에서 지원자가 주어진 역할을 성공적으로 완수할 만큼 유능한지를 확인하는 것은 물론 중요하다. 그러나 조직과 지원자가 성격 궁합이 맞고 둘 사이에 이른바 '케미'가 작동하는지 확인하기 위해 채용 과정의 속도를 늦추는 것도 그에 못지않게, 어쩌면 그보다 더 중요하다. 서로의 가치관 정렬과 문화적 궁합은 필수적이다. 그리고 어떤 조직이건 최고의 인재 채용이 조직의 성공에 절대적으로 중요하다. 궁극적으로 볼 때 구성원들이 조직 브랜드의 품질을 결정할 것이다. 적절한 사람들이 성공의 열쇠라는 사실을 명심하라. 사람과 문화라는 두 가지 측면을 잘 해결할 때 모든 일이 상당히 수월해진다. 반면, 그렇게 하지 않으면 장담컨대 모든 일이 훨씬 어려워질 수밖에 없다. 이런 의미에서 한 번 더 강조하고 싶다. 반드시 올바른 채용 관행을 구축하라.

성장을 위해 투자하라

조직들은 제품 개발과 공정 개선에 막대하게 투자한다. 또한 시장이 환영하는 고품질의 제품을 제공하는 데에 많은 생각과 노력과 자원을 투입한다. 뿐만 아니라 낭비 요소를 제거하고 더욱 효율적인 운영을 위해 제조 공정과 공급 유통 과정을 끊임없이 조정한다. 게다가 브랜드 가치를 지속적으로 높이기 위해 품질관리와 공급망 관리2에도 엄청난 시간과 에너지를 들인다.

여기서 나는 궁금해진다. 직원 개발에는 얼마나 투자할까? 거의 투자하지 않는 조직들이 너무 많다. 재밌지 않은가? 직원들은 궁극적으로 자사 브랜드를 가장 잘 반영하는 존재들이다. 제품이 아무리 훌륭하든 공정이 아무리 효율적이든, 직원들이 건강한 관계를 구축하고 뛰어난 고객 서비스를 제공하는 방식으로 고객과 상호작용하지 않는다면 모든 것이 사상누각에 불과하다.

제품이 아무리 훌륭하든 공정이 아무리 효율적이든, 직원들이 건강한 관계를 구축하고 뛰어난 고객 서비스를 제공하는 방식으로 고객과 상호작용하지 않는다면 모든 것이 사상누각에 불과하다.

이 문제를 내 경험을 통해 같이 고민해보자. 작년 크리스마스 직전에 있었던 일이다. 아이 둘이 휴대전화를 바꿔달라고 애타게 졸랐다. 아이들이 원하는 통신 장비와 관련된 비용은 제정신이 아니다 싶을 만큼 엄청났다. 여담이지만 나는 아이들과 휴대전화가 없던 시절에 대해 이야기하기를 아주 좋아한다. 특히 모바일mobile, 즉 이동성이라는 말이 소파에서 편하게 전화할 수 있게 거실까지 전화선을 늘린다

---

2 공급망은 제품이나 서비스의 공급자에서부터 생산, 유통을 거쳐 최종 소비자까지의 모든 자원을 통합하는 개념이며, 공급망 관리는 공급망 전체에 걸쳐 자재, 정보 등의 흐름을 통합하고 연계하여 최적화하는 경영 시스템을 일컫는다.

는 뜻이었던 시절에 대해 설명했을 때, 아이들이 보여준 반응에 나는 적잖이 놀랐다. 그럼에도 불구하고 나는 짐짓 절박한 척 매달리는 아이들의 애원에 넘어가고 말았다. 다행히 내게도 최소한의 선견지명이라는 것이 있어 휴대전화로 나와 아내가 주는 크리스마스 선물을 대신하기로 협상을 마무리했다.

나는 어느 정도 마음의 준비가 되었다고 생각했다. 그러나 휴대전화 2대의 가격을 확인한 순간 입이 쩍 벌어지는 비싼 가격에 어쩔 수 없이 충격을 받았고, 직원이 내 신용카드를 요구했을 때는 오른팔에 일시적인 마비 증세가 찾아왔다. 그러나 어쨌든 나는 무사히 값을 치렀고, 심지어 매장을 나올 때는 무려 한 달이나 전에 크리스마스 선물을 준비했다는 사실에 뿌듯한 마음마저 들었다. 크리스마스 같은 명절과 특별한 행사를 위해 일찌감치 선물을 구입하는 것은 평소의 내 방식이 아니다.

드디어 대망의 크리스마스 아침이 밝았다. 아이 둘은 각자 작은 선물 상자를 풀면서 그야말로 흥분에 휩싸였다. 그런데 딸아이의 흥분은 이내 사라지고 말았다. 내가 구매한 휴대전화에 딸아이가 원했던 카메라 렌즈가 내장되어 있지 않았던 탓이었다. 나는 몹시 당혹스러웠다. 분명 매장 직원에게 딸아이가 내게 알려준 세부적인 기능과 사양을 정확히 그리고 상세히 설명했을 뿐 아니라 그 애가 원하는 휴대전화가 맞다는 확답까지 들었기 때문이다. 그렇다, 짐작대로 나는 IT 초보자다. 그렇지만 나는 그 직원이 자신이 무엇에 대해 말하는지 알고 있다고 생각했다. 적어도 그는 자신이 휴대전화 전문가인 양 행동했다. 그리고 딸아이가 마음에 들어 하지 않으면 환불할 수 있다는 말로 나를 안심시켰다.

"괜찮아, 아무 문제 없어." 내가 린지에게 말했다. "그건 환불하고 네 맘에 쏙 드는 걸로 새로 사면 돼."

그러나 그 매장에 전화해서 사정을 설명했을 때 나는 문제에 봉착했다. 20쪽이 넘는 매매계약시의 깨알같이 작은 글자들 속에, 제품에 만족하지 못하면 구입한 날로부터 30일 이내에만 환불할 수 있다는 조항이 있었다. 아뿔싸, 나는 그 휴대전화를 크리스마스 4주 전에 구입했으니 그 조항이 문제가 되었다. 그렇지만 나는 내게 그 휴대전화를 팔았던 직원과 함께 해결책을 찾을 수 있을 거라고 믿어 의심치 않았다. 그도 그럴 것이, 나는 그 통신 회사 서비스를 20년 넘게 이용하는 장기 우수 고객이었다. 게다가 그 직원의 책임도 있었다. 그가 제품 기능에 대해 내게 정확한 정보를 알려주지 않았고, 그래서 내가 오해하게 만든 정황이 분명했으니 말이다. 나는 별 걱정 없이 휴대전화를 교환하기 위해 그 매장을 다시 방문했다. 나는 환불을 받고 싶지 않았다. 그저 좀 더 비싼 휴대전화로 교환하고 싶었다.

자칫 지루하게 생각하는 사람들도 있을 수 있고 또한 내가 그때 일을 떠올리며 또다시 뒷목 잡는 일이 없도록 세부적인 내용은 생략하겠다. 그렇지만 무슨 일이 있었는지 충분히 짐작할 걸로 믿는다. 나는 악명 높은 '뺑뺑이 돌기'를 하게 되었다. 매달린 당근을 잡으려 쳇바퀴를 돌리는 햄스터보다 뺑뺑이를 더 많이 돌았다. 매장 직원들은 도움이 되기는커녕 내 입장을 논리적으로 설명하고 교환해달라고 요청할 때마다 점점 더 적대적으로 변했다. 어찌 됐건, 선물을 받는 당사자가 교환/환불 기한 내에 포장도 뜯지 않았는데 어떻게 교환할 수 있었겠는가? 나는 불끈대는 성질을 죽이고, 할 수 있는 한 고위직급까지 내 사건을 끌고 올라갔다. 그런데 직급이 높을수록 도움이 더 안 됐다. 그들은 어차피 우리가 직접 얼굴을 마주하지도 않을 건데 무슨 상관이냐는 식으로 나왔다. 그들은 내 전화를 끊으면 그뿐, 나를 직접 만날 필요가 없었다. 결과적으로 말해 고객 서비스 부서고 고객 충성도 부서고 할 것 없이 하나같이 황소고집이었고, 매매계약서 14쪽에 깨알 같은 글씨로 명시된 교환 조항만 앵무새처럼 반복했다. 그들이 20년간 충성스러운 고객이었던 나를 이렇게 푸대접했으니 우수고객 하나를 잃는 것은 당연한 벌이었다. 나는 다른 회사로 갈아탔다.

물론 공정하게 말하면, 매매계약서를 꼼꼼히 읽지 않았던 내 잘못도 있다. 그러나 너무나 따분한 그 일을 생략한 사람이 나뿐일 거라고는 생각하지 않는다. 게다가 낙타의 등을 부러뜨린 마지막 지푸라기 하나는[3] 깨알 같은 글자로 쓰인 매매계약서가 절대 아니었다. 나는 매장 직원들은 물론이고 오랜 단골 고객을 유지하는 일이 유일한 존재 목적이어야 하는 사람들이 나를 대우하는 방식 때문에 뚜껑이 열렸다. 한마디로 그들은 무례했다. 공감을 보여주지 않았고 미안한 기색조차 전혀 없었다. 그들도 조직에 매인 몸이라 규정대로 할 수밖

---

3 인내심의 한계를 뜻하는 관용구로 짐을 최대한 짊어진 낙타 등에 마지막이라고 생각하고 지푸라기 하나를 더 얹자 낙타가 견디지 못하고 주저앉아 버렸다는 이야기에서 유래했다.

에 없었을 거라고? 좋다, 그럴 수 있다고 치자. 그러나 그들은 최소한 황당한 내 상황에 공감하고, 좌절하고 실망하는 나를 위로하려고 애쓸 수도 있었다. 나는 누구도 원하지 않는 휴대전화를 사는 데에 거의 1,000달러를 썼으니 말이다.

나는 이후 몇 달간 그 상황을 수없이 되돌아보았지만 지금도 내 머리로는 도무지 이해가 안 된다. 그 회사는 다국적 기업이고, 다른 모든 기업이 그렇듯 최첨단 기술을 보유했다. 물론 그들은 공급자들과의 계약으로 묶여 있어 독단적으로 행동할 수 없다. 내가 그런 상황조차 이해 못하는 것은 아니다. 하지만 그 회사가 직원들에게 많이 투자하지 않았다는 점은 분명하다. 무엇보다 그 회사는 직원들에게 적절한 직무 교육을 제공하지 않았다. 특히나 고객들과 직접 상호작용하는 직원들이 제품의 기능과 편익⁴에 대해 잘 알지 못했고, 매매계약서의 세부 사항도 제대로 숙지하지 못했다. 두 가지 모두에서 내가 적절한 안내를 받지 못했다는 점이 이를 반증한다. 게다가 한 사람만 그런 것이 아니었다. 그러나 더 중요한 문제는 따로 있다. 그들은 관계와 관련해서 철저히 무능했다. 그들은 불만을 토로하는 고객에 적절히 대응하는 법을 전혀 몰랐다. 아니, 어쩌면 아예 그런 일에 신경 쓰지 않는지도 모르겠다. 그들은 고객을 직접 만나는 현장 직원들이 자사 브랜드를 구축하는 데 얼마나 중요한 역할을 하는지 제대로 이해

---

4 소비자들이 특정 제품의 사용과 관련하여 주관적으로 느끼는 요구나 욕구로서 제품 사용과 관련하여 원하는 보상 또는 기대하는 결과를 말한다.

직원들을 돌보고 챙겨라. 그리하면 그들이 당신의 고객들을 돌보고 챙길 것이다.

하지 못했고, 그래서 적어도 내 눈에는 그 브랜드가 곱게 보이지 않았다. 그리하여 그들은 오랜 충성 고객 한 명을 잃었다!

구성원들에게 많이 투자하지 않는 조직은 커다란 위험을 감수하는 셈이다. 그러나 최고의 기업들은 다르다. 그들은 직원들을 브랜드 홍보 대사로 생각하는 것이 얼마나 중요한지 잘 알고, 인재 육성을 위한 교육 훈련에도 막대하게 투자한다. 게다가 그런 교육 훈련은 단순히 업무 관련 지식을 늘리는 데 국한되지 않는다. 최고의 기업들은 오히려 직원들이 삶의 모든 측면에서 성장하도록 돕기 위해 투자한다. 직원들이 더 나은 배우자, 더 나은 부모, 더 나은 코치, 더 나은 리더가 되도록 도울 수 있다면, 그들이 더 생산적이고 더 좋은 구성원이 될 거라는 사실을 알기 때문이다.

직원들에게 많이 투자함으로써 그들이 어디에서건 성공할 수 있도록 준비시켜라. 그리고 조직을 떠나고 싶은 마음이 들지 않도록 직원들을 깊이 사랑하라. 그리하면 시장에서 당신의 브랜드를 강화하고 고객들의 충성심을 유발할 직원들을 갖게 될 것이다. 직원들을 돌보고 챙겨라. 그리하면 그들이 당신의 고객들을 돌보고 챙길 것이다. 궁극적으로 당신의 고객들은 쳇바퀴에서 벗어나게 되어 고마워하고, 직원들은 문을 박차고 탈출하기를 주저하게 될 것이다.

충성 고객을 만드는 법

앞서 말했듯 많은 기업들이 훌륭한 인재를 유지하기 힘들어한다. 한편 고객 이탈로 고민이 깊은 기업들도 많다. 그런데 많은 경우 그 두 가지 문제는 하나의 뿌리에서 비롯한다. 고로, 가장 가치 있는 고객들을 유지하고 고객들의 충성심을 유발하는 비결은 인재를 유지하는 비결과 같다. 그들에게 많이 투자하고 그들을 깊이 사랑하라. 많이 투자한다는 말은 그들을 잘 알기 위해 시간을 투입한다는 뜻이고, 그들을 깊이 사랑한다는 말은 그들의 필요와 욕구를 예측하고 충족시키기 위해 노력한다는 의미다. 고객들과 관계적으로 더욱 깊이 연결될수록, 그들이 고객으로 남아 있을 가능성이 더 커진다.

호르스트 슐츠Horst Schulze는 흔히 뛰어난 고객 서비스와 동의어로 통한다. 그는 리츠칼튼 호텔의 사장으로 오래 재직하면서 고급 호텔 경험을 정의한 인물로 가장 널리 알려져 있다. 카펠라 호텔 그룹Capella Hotel Group의 CEO로서 그는 울트라 럭셔리ultra-luxury라고 알려진 새로운 범주의 고객 서비스를 창조했다.

언젠가 나는 호르스트와 아침 식사를 같이 할 기회가 있었고, 이때다 싶어서 평소 궁금하던 것을 물어보았다. 나는 무엇이 울트라 럭셔리 경험을 가능하게 만드는지 알고 싶었다. 그런데 그의 대답이 하도 간단해서 깜짝 놀랐다. 호르스트에 따르면 사람들은 제품이나 서비스를 구매할 때 세 가지를 원한다. 이 세 가지를 충족시킬 수 있으면 사람들이 반복해서 경험하고 싶어 할 양질의 경험을 창조할 수 있다. 당신이 제품이나 서비스를 제공하는 사람들에게 정말로 충성심을 유발하고 싶다면 호르스트가 말하는 세 가지를 반드시 기억하라.

1. 기다리게 하지 마라

호르스트 슐츠의 지휘 하에 카펠라 브랜드는 고급 호텔 이용객들의 변화하는 요구에 효과적으로 적응해왔다. 호르스트는 언젠가 어떤 매체와의 인터뷰에서 고객 경험에 대한 흥미로운 통찰을 담아 말했다. "1984년 런던에 첫 번째 리츠칼튼을 개업했을 때 우리는 고객들이 체크인하면서 4분 이상 기다리고 싶어 하지 않는다는 사실을 알게 되었습니다. … 요즘에는 그것이 20초로 줄었지요."[ii] 사람들은 기다리는 걸 좋아하지 않는다. 사람들의 인내심은 갈수록 줄어들고 있다. 그들의 모든 필요와 욕구를 즉각적으로 충족시키지 못하는 것은 어쩔 수 없지만, 한 가지는 명심해야 한다. 그들은 누군가가 자신의 존재를 신속하게 알아봐주기를 원한다는 사실이다. 레스토랑 안내데스크에서 예약자 명단에 이름을 올릴 때든 전화로 도움을 요청할 때든, 사람들은 개인적인 방식의 상호작용을 하고 싶어 한다. 그리고 더 신속하게 관계를 형성할수록 더 좋다.

가령 도움이 필요해서 전화를 했는데, 9개 선택지 중 하나를 누르라고 말하는 기계음 메시지를 듣는 것보다 더 실망스런 일은 거의 없다. 게다가 그런 일은 한 번으로 끝나지도 않는다. 똑같은 과정을 수차례 반복하고 나서야 비로소 살아 있는 사람과 연결된다. 열성적인 팬을 만들고 싶다면 요구에 신속하게 반응하라. 전화와 이메일에 즉

각 회신하라. 고객의 사안에 대한 대답을 알고 있지 않거나 사안을 해결해줄 수 없을 경우에도, 그들의 질문이나 우려사항이 당신에게 최우선이고 그 일을 해결하기 위해 계속 노력하고 있음을 알게 해주라.

고객과의 관계에서 침묵은 그야말로 치명적이다. 의사소통의 공백이 있을 때 사람들은 종종 최악의 경우를 상상한다. 당신의 고객 기반 customer base과 신속히 정기적이며 능동적으로 소통하라. 그들의 존재를 인지하고 있음을 알려주고 관심사를 인정해주며, 그 상황을 변화시킬 수 없을 때에도 그들에게 공감을 표현하라. 핵심은 단순하다. 그들을 이해하고 신속하게 반응을 보여라.

2. 일관성 있고 결함 없는 제품을 개인화된 방식으로 제공하라

사람들은 완벽함을 기대하지 않는다. 그들은 편안하고 예측 가능한 경험을 원한다. 생수 한 병을 살 때 시장에 유통되는 다른 모든 생수 브랜드와 크게 다를 필요는 없다. 시원하고 내용물이 새지 않으면 그만이다. 일관성이 가장 중요하다.

여러 지역에 사무실을 운영하는 기업이라면, 지역과 상관없는 동일한 브랜드 경험의 제공이 절대적으로 중요하다. 사람들은 자신이 무엇을 기대할 수 있는지 알고 싶어 하고 그런 기대와 일치하는 경험을 하고 싶어 한다. 슐츠의 말을 들어보자. "브랜드는 약속이다. 예외를 만들기 시작하는 순간 당신은 고객과의 약속을 어기는 것이다."[iii]

일관된 무결함 제품을 제공하기만 한다면 그 경험은 다소 평범하게 느껴질지도 모른다. 하지만 그 경험을 언제 어디서나 개인적인 것으로 만들고자 고집한다면 이야기가 달라진다. 한마디로 아주 탁월한 경험이 되는 것이다. 호르스트 슐츠 밑에서 교육을 받는 직원들은 고객이 원하는 바를 충족시키기 위해 필요하다면 무엇이든 가리지 않고 하게 된다. 물론 불법적이거나 비도덕적이거나 비윤리적이지 않는 한도 내에서 말이다. 또한 그들은 고객의 필요와 욕구를 미리 예상하고, 그것을 충족시키기 위해 각자의 권한 내에서 힘닿는 데까지 모든 노력을 다하도록 교육받는다. 뿐만 아니라 그들에게는 고객에게 기억에 남을 경험을 안겨주기 위해 스스로 현명하게 판단할 자유가 허락된다. 슐츠는 오직 기능을 수행케 할 목적으로 사람들을 채용하는 행위는 비도덕적이라고 생각한다. "의자 하나도 나름의 기능을 수행합니다. 우리는 우리와 한 배를 타고 비전의 일부가 될 사람들을 채용하지요. 그들의 기능 자체는 부수적인 사항입니다. 우리는 꿈의 일부가 되고 같은 목적을 추구할 사람들을 채용합니다."[iv]

3. 친절하라

카펠라가 운영하는 호텔들은 훌륭하다. 이는 소속감과 목적이라는 두 가지 가치로 정의되는 환경에서 일할 사람들을 채용하는 덕분이다. 카펠라는 직원들이 고객이 원하는 것을 충족시킬 수 있는 환경을 조성한다. 회사는 직원들에게 각각의 상황에서 적절한 일을 할 자유를 주어야 하고, 직원들은 회사에 자신이 최상의 판단을 내리리라는 믿음을 주어야 한다. 이렇게 하려면 비단 경영진만이 아니라 지위고하를 막론하고 모든 직원들이 진정한 리더십과 뛰어난 지식을 갖추어야 한다. 요컨대 카펠라는 단순히 관리자를 채용하지 않는다. 그들은 리더를 육성한다.

친절은 누군가의 필요와 욕구를 예상하고 거기에 반응한 결과물이다. 친절은 리더십의 대표적인 특징이다. 호르스트는 내게 어느 밤 도어맨이 한 투숙객을 병원으로 직접 데려갔던 일화를 들려주었는데, 그 이야기를 하는 내내 일굴에서 미소가 떠나지 않았다. 그 손님은 결국 병원에서 맹장염 진단을 받았다. 도어맨은 그 손님이 병원에서 적절히 치료를 받는지 확인하기 위해 밤새도록 그의 곁을 지켰다. 그런 행동은 마음을 보여준다. 그리고 바로 그런 마음이 조직을 차별화시킨다.

"우리가 언제나 즉각적으로 반응하지 못할 수도 있습니다. 그리고 가끔은 우리의 서비스에 결함이 있을 수도 있습니다. 그러나 우리가 일관되게 제공할 수 있는 한 가지가 있습니다. 바로 친절입니다." 슐츠가 내게 말했다. 고객 서비스에 관한 한, 이런 말들은 "은 쟁반에 금 사과"보다도 더 가치 있다.

관계를 위한 핵심 질문

☐ 많은 기업이 최고 인재들을 제대로 유치 및 유지하지 못하는 이유는 무엇일까?

☐ 당신 조직의 채용 관행들을 개선하기 위해 당신은 무엇을 할 수 있을까?

☐ 당신의 전체 시간과 자원과 에너지 중에서 몇 퍼센트를 공정과 제품이 아니라 사람들에 투자하는가? 이런 자원 배분이 성장을 가속화시키는 데에 적당하다고 생각하는가? 상세히 기술해보라.

☐ '직원들을 돌보고 챙겨라. 그리하면 그들이 당신의 고객들을 돌보고 챙길 것이다'라는 주장에 동의하는가? 동의한다면, 혹은 동의하지 않는다면 무엇 때문인가?

☐ 더 나은 고객 서비스를 제공하도록 직원들에게 더 현명하게 투자할 수 있는 방법은 무엇일까?

☐ 당신의 조직에서 인재들이 빠져나가는 속도를 늦추거나 아예 빠져나가지 않게 할 수 있다고 생각되는 핵심적인 요소가 있다면 무엇인가?

☐ 울트라 럭셔리 고객 서비스를 제공하려면 무엇을 어떻게 해야 할까?

15장
사랑의 리더십

사람들을 가치 있게 만들려면 먼저 그들을 가치 있게 생각해야 한다.

존 C. 매스웰John C. Maxwell, 리더십 전문가이자 성공한 강사

영화 《스타워즈: 라스트 제다이》에서 독재 정부 퍼스트 오더First Order 가 저항군의 마지막 요새를 공격할 때, 저항군 소속의 젊은 조종사 로즈 티코Rose Tico는 자신의 낡은 전투기로 퍼스트 오더의 거대한 공성 포에 돌진해 자폭하려는 동료 조종사 핀Finn을 죽음의 위기에서 구한 다. 핀이 자폭하기 직전 로즈는 일부러 핀의 전투기를 들이받아 가까 스로 그의 목숨을 구하지만, 충돌 후 둘의 전투기는 부서진 채 불시착 하게 된다. 핀은 부서진 금속 잔해에서 뛰쳐나와 인근에 추락한 로즈 의 상태를 살피러 급하게 달려간다. 그는 찌그러진 조종석에서 부상 당한 로즈를 끌어내면서 왜 자폭 공격을 방해했냐고 따진다. 그러자 로즈는 뜻밖에도 부드럽고 심오한 메시지를 들려준다.

"우리는 이 전쟁에서 이길 거야. 우리가 증오하는 것을 파괴하는 게

아니라 우리가 사랑하는 것을 지키는 게 이기는 거야."[i]

가슴 아프면서도 아름다운 감정을 불러일으키는 순간이었다.

가끔 우리는 사랑하는 것을 지키기 위해 싫어하는 것에 맞서 싸워야 한다. 상대방의 행복감이 떨어질 때 뒷짐 지고 수수방관하면서 아무 반응도 하지 않는다면 그것은 사랑의 행동 방식이 아니다. 또한 부당함과 학대는 그 자체로 파괴적인 힘이므로 반드시 거기에 맞설 수 있어야 하지만, 대개는 사랑으로 이끄는 것이 훨씬 강력한 메시지를 전달한다. 사랑은 증오를 이긴다.

사랑은 사람들이 남발하는 단어 중 하나로서 하도 자주 써서 설명이 필요한 지경이 되었다. 예컨대 "아내를 사랑해."라는 말과 "핫도그를 사랑해."라는 말은 엄연히 다르다. 두 번째 문장에서의 **사랑**이라는 단어는 첫 번째 문장에서의 사랑과 의미나 강도가 똑같다고 볼 수 없다. "여보, 내 이야기를 들어보면 핫도그에 대한 내 사랑은 당신에 대한 사랑의 발뒤꿈치에도 못 미치는 걸 알게 될 거야!"

이 책의 주제를 고려해서 나는 **사랑**을 비즈니스 관계의 맥락에서 정의하려 한다. 사랑은 우리가 누군가에게 마음을 쓴다는, 즉 그 사람이 잘 되기를 간절히 바란다는 뜻이다. 혹은 앞서 주목할 만한 문화의 세 가지 구성 요소에 대해 알아보면서 말했듯 우리가 **서로를 위해 가장 좋은 것을 원한다**는 뜻이다. 그러나 사랑은 단순히 누군가에게 가장 좋은 것을 원하거나 바라는 것 이상이다. 사랑은 가장 좋은 것이 현실이 되도록 구체적으로 행동하는 것이다. 그렇다면 이른바 행동하는 사랑을 하려면 어떻게 해야 할까? 지금부터 주변 사람들에 대한 사랑을 표현할 수 있는 몇 가지 구체적인 방법에 대해 알아보자.

당신의 시간을 나누어주라

시간은 사랑의 언어다. 우리가 누군가와 시간을 함께 보낼 때, 우리는 상대방이 중요한 사람이라는 사실을 온몸으로 밀하는 셈이다. 누구에게나 공평하게 주어지는 가장 귀중한 자원이 바로 시간이다. 따라서 다른 사람들에게 투자하기 위해 시간을 낼 때 우리는 소중한 시간을 쓸 만큼 그들이 우리에게 중요한 사람이라는 사실을 보여주는 셈이다. 그러나 시간은 귀중한 자원이므로 신중하고 계획적으로 사용해야 한다.

함께 시간을 보내라는 말은 한가하게 잡담을 나누라는 말이 아니다. 잡담은 시간을 허비할 뿐이다. 솔직히 그런 식으로 시간을 허비해도 되는 사람은 극히 드물다. 함께 시간을 보내라는 말은 오히려 구성원들에게 우리의 시간을 현명하게 투자할 기회를 예민하게 포착할 수 있을 만큼 삶의 속도를 충분히 늦추라는 뜻이다. 가령 동료나 부하 직원이 어려운 과제로 힘들어할 때 꼭 적당한 순간에 건네는 격려 한 마디가 엄청난 힘이 될 수 있다. 또한 재량적 노력을 기울인 일에 대해 즉석에서 감사를 표현하면 성과를 끌어올리는 원동력이 될 수 있다.

가끔은 누군가 매우 참담한 어려움에 처했을 때 말 한마디 없이 그저 옆에 있어주기만 해도 강력한 지지 성명서를 낸 것처럼 상대방의 충성심을 유발할 수 있다. 처제가 갑작스러운 병으로 세상을 떠났을 때의 일이다. 아내 회사의 CEO와 아내의 동료들이 3시간을 꼬박 운전해서 장례식에 참석했다. 장례식이 열렸던 교회 예배당은 친구와 가족들로 발 디딜 틈이 없었던 터라 CEO 일행은 벽에 딱 붙어 서 있어야 할 정도였다. 깊은 슬픔 속에서 장례식이 엄숙하게 치러졌고, 장례식 전과 후에는 조문객들이 긴 줄을 이루었다. 아내 회사의 CEO가 그날 처가 가족과 인사할 기회나 있었을지 나는 잘 모르겠다. 하지만 그가 그곳에 있다는 사실은 확실히 느껴졌다. 그것은 조용하되 심오한 지지의 제스처였다. 그는 신경을 썼다. 그는 함께 있었다.

시간을 투자하는 또 다른 방법은 코칭과 멘토링이다. 리더가 개인적인 방식으로 주는 유익한 피드백은 매우 중요하다. 최근에 내가 만났던 어떤 리더는 좌절감에 젖어 있었다. 나와 이야기를 하던 중에 그는 얼마 전 조직 개편에 따른 사내 인사 이동으로 새로운 상사가 왔는데, 그 상사에게는 예전 상사에게 있었던 관계적인 특성들이 부족하다며 불만을 털어놓았다. 일례로 중요한 프로젝트를 시작해서 그 프로젝트를 순조롭게 진행하기 위해 명확한 방향을 정해야 했을 때였다. 그는 상사에게 그들이 직면한 중요한 사안들을 의논하기 위해 시간을 내어달라고 요청했다. 그런데 예상치 못한 반응이 돌아왔다. 당시는 몰랐지만 시간이 흐를수록 그는 상사가 누군가의 요청에 으레 그렇게 반응한다는 사실을 알게 되었다. 그녀는 거두절미하고 말했다. "이 문제를 의논할 시간이 없군요. 말하고 싶은 내용을 정리해서 이메일로 보내주세요. 나중에 내 생각을 알려드리겠습니다."

그 리더는 상사의 대답이 두 가지 의미 중 하나를 뜻한다고 생각했다. 그 프로젝트는 내가 개인적으로 관심을 쏟을 만큼 중요하지 않아. 혹은 **당신은 내 관심을 받을 만큼 중요한 사람이 아니야.** 그는 만약 정말로 상사가 앞의 경우처럼 생각했다면, 자신도 굳이 그 프로젝트에 관심을 쏟을 이유가 있을지 의심이 들었다. 한편 두 번째 가능성에 대해서는 생각만 해도 숨이 막혔다. 그는 자신이 바람이 부는 대로 메인시트 mainsheet'가 방향을 바꾸게 내버려둔 채 힘없이 떠다니는 요드 같다는 기분이 들었다. 애초에 돛이 바람을 받지도 않는데 프로젝트가 성공할 가망 자체가 있을까?

개중에는 자신의 생각을 말로 잘 표현하지 못하는 사람들이 있다. 내면적으로 성찰하고 생각하는 사람은 구체적으로 반응하기 전에 선택지들에 대해 충분히 생각하기를 좋아한다. 그렇더라도 만약 그 상사가 부하 직원이 어떤 사람인지 알려고 노력했더라면 어땠을까? 그가 상당히 관계 지향적인 데다가 개인적인 시간과 관심이 그에게 힘을 북돋워준다는 사실을 알아차리지 않았을까? 하지만 그녀는 그가 좋아하는 소통 방식을 알아차리지도 못했고 자신의 반응에 대해 이성적으로 설명해주지도 않음으로써 그를 좌절하게 만들었다. 그는 상사와 어떤 연결감도 느끼지 못했고 상사가 자신을 중요하게 여기지 않는다는 기분이 들었다.

효과적인 리더가 되기 위해 굳이 동료들과 구성원들과 단짝 친구가 될 필요는 없다. 아니, 솔직히 말해 단짝 관계가 자연스럽고 진정

---

1 주돛mainsail이 바람을 받는 각도를 조종하는 줄.

성 있는 방식으로 발전하지 않는다면 오히려 그런 관계를 멀리하는 편이 상책이지 싶다. 그러나 리더로서 당신이 명심해야 하는 것이 있다. 당신이 아랫사람들이 결과를 도출하기를 기대하는 것에 반해 그들은 당신에게서 관계를 기대한다는 사실이다. 다시 한 번 강조하건 대 시간은 사랑의 언어다.

지지를 보여주라

장기적이고 긍정적인 가치 중에 강압적인 힘을 통해 만들어지는 것은 없다. 어쩌면 두려움을 통한 리더십, 지휘 통제 전술, 조종, 협박 등이 단기적으로는 성공할지도 모르겠다. 그러나 결국에는 사람들이 그런 강압적인 수단에 저항하기 마련이고, 그때는 그런 식의 접근법이 비효과적이라고 여겨질 것이다. 오늘날은 그런 구시대적인 방법론이 대부분의 시스템에서 단계적으로 사라지는 추세다. 그런 방법이 장기적으로는 효과가 없을 수밖에 없기 때문이다. 미국의 제34대 대통령 드와이트 아이젠하워Dwight Eisenhower도 비슷한 취지의 말을 했다. "사람들의 머리를 때려 이끄는 것은 리더십이 아니라 폭행"이라고 말이다.

좋은 리더는 힘보다 영향력을 사용한다. 그들은 성과를 증가시키는 방식으로 사람들의 열정과 조직의 사명을 연결시킨다. 또한 그들은 구성원 각자의 강점을 활용한다. 이는 구성원 각자가 무엇을 기여할 수 있는지 이해하고, 그런 다음 그들이 자신의 재능과 능력을 효과적으로 사용하면서 성공할 수 있도록 적소에 배치한다는 뜻이다. 이렇듯 좋은 리더는 직원 만족도를 증가시킬 수만 있다면 구성원들을 다른 자리로 옮겨 앉히는 일도 마다하지 않는다.

좋은 리더는 힘보다 영향력을 사용한다. 그들은 성과를 증가시키는 방식으로 사람들의 열정과 조직의 사명을 연결시킨다.

한편 영감을 주는 리더는 구성원들이 반드시 든든한 지원을 받을 수 있도록 그들에게 자신의 지식과 인맥 그리고 자원에 대한 자유 이용권을 제공한다. 다시 말해 그들은 구성원들이 성공할 수 있도록 단단히 준비시킨다. 그들은 최선의 성공 비법은 모든 구성원들의 성공을 보장하는 것임을 잘 알고, 그래서 구성원 누구든 실패하게 내버려두지도 혼자서 길을 찾도록 방관하지도 않는다. 목적지까지 가는 법을 정확히 가르쳐주거나 어떤 길을 가라고 꼭 집어 알려주지는 않을지 몰라도, 지도와 나침반을 제공하고 길동무를 자처한다.

좋은 리더는 구성원들이 성장할 수 있는 기회를 제공한다. 그들은 구성원들이 위험을 무릅쓰고 자신의 안전지대를 벗어나도록 도전 의식을 자극한다. 그리고 단순히 더 많은 일을 완수하기 위한 목적으로 일을 맡기지 않는다. 오히려 위임을 성장과 발전의 도구로 활용한다. 또한 업무를 배정할 때는 구성원들이 새로운 문제와 직접 씨름하도록 의도적으로 신경 쓸 뿐 아니라 그들이 기지를 발휘하고 창의적으로 생각하게끔 만든다. 심지어 구성원 각자의 경력이 쌓일수록 그들이 장차 더 큰 역할과 책임을 맡을 수 있게 준비시켜줄 프로젝트를 할

당한다. 그리고 그들에게 성공을 보장해줄 자원이 있는 방향을 정확히 가리켜주고 필요한 지원을 아끼지 않는다.

관계를 공유하라

가끔은 소개 자체가 엄청난 선물이다. 당신이 사람들에게 제공할 수 있는 가장 큰 자원은 바로 인맥이다. 누군가가 알 필요가 있는 다른 누군가를 알고 있는가? 공통점이 있는 사람들을 연결시켜줄 때 당신은 창의적 활동의 촉매 역할을 한다. 대부분의 사람들은 성공에서 고작 한두 발짝 떨어져 있을 뿐이다. 당신이 관계의 오작교가 되어 적절한 사람들을 서로 소개시켜주면 둘 중 한 사람 혹은 둘 다에게 도움이 될지도 모르겠다.

앞서 말했듯 넷위빙은 서로에게 유익할 수 있는 사람들을 연결시켜주는 기술이다. 가끔은 소개 자체가 엄청난 선물이다. 당신이 아는 사람들 사이에 연결점을 발견하겠다는 생각을 갖고 주변을 둘러보라. 그리고 관계를 공유하라.

지식을 나누어라

당신이 사람들에게 줄 수 있는 또 다른 선물은 지식이다. 당신은 교육과 경험 그리고 관계 덕분에 독특한 관점을 구축했고 상당한 수준의 능력을 갖출 수 있었다. 당신이 아는 것을 다른 사람들에게 전수하면 당신의 유산이 만들어진다. 지식을 전수할 때 사용할 수 있는 최상의 수단은 다른 사람에 대한 멘토링이다. 누군가를 가르치는 행위는 지혜를 나누는 행위다. 또한 그 지식을 나눔으로써 우리의 사고 과정을 정련해주는 효과가 있다. 요컨대 가르침은 배움을 주는 사람과 받는 사람 모두에게 이롭다.

멘토도 있고 멘티도 있는 사람들은 대개 지속적인 학습을 하고자 하는 욕구를 드러낸다. 또한 그런 사람은 관계의 연결성이 깊은 덕분에 감정적으로 더욱 건강하고 행복한 모습을 보여준다. 삶에서, 경력에서, 성숙도에서 당신보다 조금 앞서가고 또한 당신이 존경하고 모방하고 싶은 사람들을 찾아라. 유유상종이라는 말이 있듯 친구를 보면 그 사람을 알 수 있는 법이다. 그러니 오직 비즈니스의 성공만을 위해 누군가를 찾을 것이 아니라 서로의 가치관이 정렬하는 사람을 찾아라. 그런 다음 당신을 규칙적으로 만나 그의 소중한 지혜를 나눠주는 친절을 베풀어달라고 요청하라.

그 사람이 고맙게도 당신의 손을 잡아준다면, 그와 함께하는 매순간을 최대한 활용하라. 누구나 자신의 시간이 현명하게 사용된다는 기분을 느끼고 싶어 한다. 만날 때마다 안건과 짧은 질문 목록을 미리 준비해서 가라. 그들의 지혜가 가장 큰 도움이 될 거라고 생각하는 주제가 있다면 그 주제가 무엇이든 그것에 대해 깊이 토론하라. 통찰력이라는 보석을 발굴하기 위해 그들의 전문성을 깊이 파고들어라. 그리고 멘티로서 잊지 말아야 할 것이 있다. 언제나 그들을 존중하고 또한 그들이 소중한 시간을 나눠주는 것을 감사하게 생각하라.

그런 다음에는 입장을 바꿔서 누군가를 위해 당신도 똑같이 해주어라. 당신의 시간과 통찰과 에너지를 투자해도 좋을 만한 누군가를 찾아라. 배움에 대한 열의가 있고 배움을 잘 따라오며 배움을 위해 기꺼이 시간을 내는 사람들을 찾아라. 그리고 그들의 성장에 투자하라.

지난 몇 년간 나는 멘토링을 위해 수많은 기업인들을 만나왔다. 사실 나는 그전부터 가까운 친구 한 명과 멘토링을 통해 서로에게 투자하는 노력을 하고 있었다. 그러던 중 우리는 그런 학습경험에 다른 사람들도 동참시키기로 의기투합했다. 우리 둘은 8명 안팎의 사람들과 한 달에 한 번 3시간씩 정기적으로 만난다. 관계 발전과 직업적인 성장 그리고 정신 수양 목적이다. 각각의 집단과는 10달에 걸쳐 만난다. 우리는 모임 때마다 의제가 있고, 모두 사전에 특정한 책을 반드시 읽고 모임에 참석해야 한다. 말하자면 우리 토론의 입문서인 셈이다. 우리는 통찰을 나누고 어려운 문제들을 토론하며 서로 격려하고 서로를 연마한다. 우리는 연결되고 함께 성장하며 서로를 깊이 알게 된다. 요컨대 우리는 어깨를 나란히 하고 마음을 맞춰서 삶을 함께 헤쳐나간다.

멘토링 관계는 다른 사람들과 삶을 깊이 공유하며 살아갈 수 있게 해준다!

인생 이야기를 공유하라

누구나 인생 이야기가 있다. 그리고 우리 모두의 이야기는 서로 연결된다. 우리의 이야기가 우리를 인간답게 해준다. 당신의 인생 이야기는 오직 당신만의 이야기이고, 그 안에는 사람들이 들을 필요가 있는 삶의 경험과 교훈들이 담겨 있다. 당신의 성공이 사람들에게 용기를 북돋우고, 당신의 도전은 사람들에게 영감을 주며, 당신의 실패는 사람들이 삶의 함정을 피하는 데 도움이 되는 유익한 통찰을 제공할 수 있다. 또한 당신의 성장은 사람들이 자신의 세상을 더욱 효과적으로 항해하는 데 필요한 희망과 자원을 찾도록 길잡이 역할을 할 수 있다.

당신의 인생 이야기를 아낌없이 나누어라. 포장된 이야기가 아니라 있는 그대로의 진짜 이야기를 공유하라. 마음의 문을 열고 솔직하고 정직하라. 개인적이라고 생각되는 것일수록 실제로는 더욱 보편적이라는 사실을 깨닫게 될 것이다. 다른 말로 모두가 나름의 곤경, 도전적인 상황, 고통 등에 직면한다. 고통에서 자유로운 사람은 없으며, 단지 고통이 표면 아래에 숨어 드러나지 않는 사람들이 많을 뿐이다. 진정성 있는 방식으로 각자의 이야기를 공유할 때 우리는 서로와 더욱 깊이 연결된다. 우리는 우리의 인간성을 일깨우고 다른 사람들과 진정성 있게 연결됨으로써 힘을 얻는다. 우리가 다른 사람들을 그리고 다른 사람들이 우리를 깊이 알게 될 때, 우리는 관계의 부자가 되고 진정한 공동체 안에서 서로 연결된다. 정말로 중요한 사실이다.

감사를 나누어라

감사는 치유 효과가 있다. 규칙적으로 감사의 마음을 표현하는 행위는 시기심과 탐욕을 몰아낸다. 심지어는 우울을 억제해주는 기능도 한다. 우울은 종종 실망의 결과물이고, 실망은 기대가 충족되지 못한 상황에서 나타날 수 있다. 자신이 가진 것에는 눈길조차 주지 않고 오직 자신이 가지지 못한 것에만 초점을 맞출 때 우리는 균형을 잃는다. 감사의 마음은 삶이 가져다준 좋은 것들에 대해 깊이 생각하고 그런 것들을 어떻게 이루었는지를 돌아보게 만든다. 또한 감사의 마음은 우리를 편협하게 만드는 근시안의 거품을 터뜨리고, 삶이 얼마나 풍성한지 그리고 다른 사람들이 우리의 세상을 더 나은 곳으로 만드는 데 어떻게 기여했는지 생각하게 만든다.

감사의 마음을 표현하는 행위는 영혼을 위로해주고 마음에 기쁨을 가져다주는 일종의 수양 행위다. 그것은 우리가 고립된 상태가 아니라 상호 의존적인 방식으로 행동한다는 사실에 힘을 실어준다. 우리의 성공과 행복은 다른 사람들의 성공과 행복과 연결되어 있다. 감사는 겸손할 줄 아는 사람의 특징이다. 자존심이 "내가 그걸 했어!"라고 말하는 반면 감사는 "고마워, 네가 없었으면 못했을 거야!"라고 말한다.

사랑을 나누어라

사랑은 행위다. 사랑은 그저 따뜻한 마음이 아니다. 오히려 누군가가 잘 되기를 진심으로 바라서 그 사람을 위해 실천하는 행위다. 사랑은 이기적이지 않고 가끔은 희생적이다. 또한 사랑은 상대방에게 공정한 무언가를 한다는 뜻이고, 가끔은 긍정적인 말을 포함한다. 또 때로 사랑은 누군가에게 맞선다는 뜻이다. 사랑은 종종 주는 것을 포함하고 또 어떨 때는 한계와 경계선을 정한다는 뜻이기도 하다. 그러나 사랑은 언세나 상내방을 위해 가장 좋은 것을 찾는 행위를 포함한나.

사랑은 행동이다. 사랑은 옳은 것을 행하고 가장 좋은 것을 행하며 모든 관련자들을 위해 가장 큰 가치를 창출하도록 행동한다. 사랑은 가능한 한 가장 개인적이고 영향력 있는 방식으로 모든 것을 행한다.

사랑은 오래 참고, 사랑은 온유하며 다른 사람들을 시기하지 않고 감사하게 생각한다. 사랑은 자랑하지 않고 교만하지 않으며 무례히 행동하지 않는다. 사랑은 자기의 유익을 구치 않고 쉽게 성내지 않으며, 사랑은 용서하기 때문에 잘못을 마음에 품지 않는다. 사랑은 악한 것을 생각하지 않고 진리의 편에 서며, 사랑은 보호하고 믿고 희망하고 참는다. 사랑은 모든 것을 이긴다.

선한 영향력이 당신과 함께하기를

《스타워즈》에서 포스Force는 우주를 하나로 묶는다. 포스에는 선과 악 모두가 포함된다. 사람들은 각자 포스의 밝은 면에 자신을 나란히 할지 아니면 포스의 어두운 면에 장악될지를 결정해야 한다. 힘과 지배와 조종은 어두운 포스가 가진 무기이며, 그런 모든 무기는 밝은 포스

지속 가능하고 긍정적인 가치 중에 힘에 의해 만들어지는 것은 없다.

를 철저히 파괴시키고자 한다. 어두운 포스는 밝은 영향력을 대체한다. 가령 증오가 연민을 무력화한다. 또한 자기 증진과 이기심이 성공으로 이어지는 지름길이어서 자신의 개인적인 이득을 위해 사람과 자원을 악용한다. 강요된 순종이 어두운 포스를 하나로 묶는다.

그러나 포스, 즉 힘에 기반을 두는 리더십은 지속될 수 없다. 지속 가능하고 긍정적인 가치 중에 힘에 의해 만들어지는 것은 없다. 결국에는 사람들이 힘으로 강요된 순응에 저항하게 될 것이다. 개인적인 책임감과 책무성 그리고 열정은 밝은 포스를 하나로 응집시키는 접착제 역할을 한다. 자신의 시간, 지지, 관계, 지식, 인생 이야기, 감사, 사랑 등을 나누는 사람이 조직 구성원들에게 깨달음을 주어 그들을 계몽시킬 것이다.

리더십은 영향력이고, 모든 만남에서 상대방을 위해 가치를 창출하도록 영감을 준다. 리더십은 이기심이나 자기 증진 혹은 자기 섬김과는 관련이 없다. 좋은 리더십은 세상에 긍정적인 흔적을 남기고 최고의 리더는 자신이 아니라 다른 사람들을 섬긴다. 그리고 다른 사람들을 섬기는 리더는 그들의 삶을 더 좋게 만들고, 사람들에게 쉽게 지울 수 없는 깊고 선명한 인상을 준다. 그들은 어느 모로 보나 놀랍기 그지없다!

사람들을 잘 섬기고 세상에 빛을 밝힐 수 있도록 **선한 영향력이 당신과 함께하기를** may the influence be with you.

관계를 위한 핵심 질문

☐ 리더로서 당신의 시간을 구성원들과 더 잘 나눌 수 있는 실질적인 방법은 무엇일까?

☐ 구성원들에게 누구를 소개시켜주면 그들이 자신에게 도움이 되는 사람과 연결되고 자원을 획득할 수 있을까?

☐ 어떻게 하면 당신의 지식을 구성원들과 더욱 효과적으로 공유할 수 있을까?

☐ 구성원들에게 영감을 주거나 용기를 북돋우거나 혹은 도전 의식을 자극하려면 당신의 인생 이야기 중에서 어떤 부분을 공유하면 될까?

☐ 구성원들에게 당신의 감사를 표현할 수 있는 참신한 방법으로는 어떤 것이 있을까?

☐ 어떻게 하면 구성원들을 더 잘 사랑할 수 있을까?

16장
관계를 동력으로 성장하라

우리는 형제로서 함께 사는 법을 배워야 한다. 그렇지 않으면 바보로서 다 같이 멸망할 따름이다.

마틴 루터 킹 Jr.

오래 전부터 연구자들은 사람을 행복하고 생산적인 삶으로 이끄는 구성 요소들을 명확히 결정하기 위해 노력해왔다. 특히 하버드 대학교 의과대학에서 실시한 그랜트 연구Grant Study와 글루엑 연구Glueck Study 는 무려 75년간 두 인구 집단을 대상으로 건강한 노화의 심리사회적 예측 인자들을 추적했다. 먼저 그랜트 연구는 1939년부터 1944년 사이에 하버드 대학교를 졸업한 268명을 대상으로 연구를 진행했고, 글루엑 연구는 보스턴의 도심 빈민가 출신 남성 456명을 조사했다. 두 연구 모두 젊은 시절부터의 생물학적 과정과 심리사회적 변수 중에 무엇이 80대와 90대의 건강과 행복감을 예측하게 해주는지에 주된 초점을 맞추었다. 그리고 이들 연구는 동일한 주제로 여러 시점에 걸쳐 반복 조사하는 종단 방식을 취하면서 오늘날 최초 참가자들의 자녀들을

조사하는 단계에 이르렀다.[i]

제2차 세계대전이 발발하기 전부터 연구자들은 실험 참가자들을 대상으로 혈액 샘플들을 분석하고 뇌 스캔을 실시하며, 자기 보고 형식의 설문 조사 결과를 면밀히 조사하고 대인 상호작용을 열심히 들여다보았다. 그리고 마침내 75년간의 연구를 취합해 결과를 발표했다. 그들의 결론은 딱 하나였고 커다란 울림을 준다. 하버드 대학교 성인발달 연구Harvard Study of Adult Development의 책임자였던 로버트 월딩어Robert Waldinger의 말을 직접 들어보자. "우리가 75년간의 연구에서 얻은 가장 분명한 메시지는 좋은 인간관계가 우리를 더 행복하고 더 건강하게 만들어준다는 사실이다. 이게 전부다."[ii]

행복은 얼마나 많은 교육을 받았는지, 직업적으로 얼마나 많은 직함을 보유했는지와도 전혀 관련이 없다.

행복은 통장에 잔고가 얼마인지와는 거의 관련이 없다. 또한 행복은 얼마나 많은 교육을 받았는지, 직업적으로 얼마나 많은 직함을 보유했는지와도 전혀 관련이 없다. 전반적으로 볼 때 행복과 성취감을 보여주는 가장 커다란 예측 인자는 우리가 관계에서 사랑을 어떻게 경험하는가이다. 구체적으로 말해 하버드 팀의 연구는 건강하고 친밀한 관계를 구축하면 우리의 신경계가 안정되고 두뇌가 제대로 기능하는 시간이 늘어나는 데 도움이 되는 것은 물론이고, 감정적이고 신체적인 고통이 완화된다는 사실을 증명한다. 반대로 외로움을 느끼거나 고립된 생활을 하는 사람들은 신체적인 건강이 상대적으로 일찍

감퇴해 결과적으로 단명할 가능성이 더 높다는 사실도 매우 명확히 보여준다.

뿐만 아니라 월딩어는 이런 말도 했다. "중요한 것은 친구가 몇 명인지, 사귀는 사람이 있는지가 아니다. 얼마나 질 좋은 관계를 맺고 있는지가 중요하다."[iii] 당신은 관계에서 나약함을 드러낼 수 있는가? 당신의 관계는 깊이가 있는가? 당신이 아닌 다른 누군가인 양 가장하는 대신 당신의 진짜 자아를 보여주어도 안심이 되는가? 당신과 상대방 모두의 불완전함에도 불구하고 그들과 함께 있을 때 편안한 마음으로 즐길 수 있는가? 당신과 상대방 모두가 서로를 인신공격하지 않고 관용을 베풀고 갈등 해결에 전념하는가? 당신들의 관계에 책무감과 용서가 존재하는가? 이런 모든 것이 바로 성숙한 관계의 특징들이다.

1972년부터 2004년까지 무려 32년간 그 연구를 이끌었던 하버드 의과대학의 정신과 의사이자 교수인 조지 베일런트George Vaillant는 이런 건강한 관계가 두 가지 근본적인 요소로 구성된다고 말했다. "하나는 사랑이고, 다른 하나는 사랑을 잃지 않으면서 삶에 대처하는 방법을 찾는 것이다."[iv]

사랑은 부드럽고 말랑말랑한 개념이 아니다. 앞서 살펴보았듯 사랑은 누군가의 가장 큰 이득을 위해 행동하는 것이다. 사람들을 깊이 사랑하고 그들이 우리를 깊이 사랑하도록 해줄 때 삶이 몰라보게 변한다. 개인의 삶에서도 그렇지만 기업도 마찬가지다. 최고의 리더는 잘 사랑하는 법을 안다. 그들은 목표 지향적이고 가치 중심적이며 깊은 연민을 갖는다.

좋은 리더는 직원들이 놀이터에서 얼마나 잘 어울려 놀 수 있는가에 기업의 성공이 달려 있음을 잊지 않는다. 조직 내부의 건강한 관계는 고객과의 건강한 관계로 이어질 것이다. 건강한 관계는 주목할 만한 조직을 만드는 원동력이다. **주목할 만한**remarkable이라는 말은 다른 사람들에게 초점을 맞추는 사람들을 묘사하는 형용사다. 그들은 뛰어난 서비스를 제공하는 일을 훨씬 초월한다. 그들은 누군가의 인생 이야기를 조금 더 좋게 만드는 일에 열과 성을 다하고 모든 기대치를 능가하며 잘 사랑하고 최고의 가치를 창출한다. 그런 그들을 경험한 사람들은 다른 사람들에게 자신의 경험을 말하고 싶은 강렬한 욕구를 느끼게 된다. 그리고 사람들이 그들과 헤어지면서 그들이 자신의 삶에 어떤 긍정적인 영향을 미쳤는지 말할 때 그들은 의미 그대로의 주목할 만한 사람, 즉 '이야기할 만한 가치가 있는' 사람이 된다.

기업 문화는 관계가 건강한지를 표현하는 수단이다. 그리고 자신의 노력 결과가 지속 가능하기를 바라는 리더라면, 구성원들 그리고 팀들 간에 강력하고 지속적인 관계를 육성하는 데 필요한 자원을 제공하기 위해 전념해야 한다. 궁극적으로 볼 때 명확성과 일체성은 건강한 관계의 결과물이며, 이 명확성과 일체성은 생산성으로 이어질 것이다. 비슷한 맥락에서 관계의 질이 고객 충성도를 결정할 것이다.

관계의 온전함은 응집력과 협업을 낳는다. 관계의 깊이와 투명성은 조직이 최고 인재들을 항시 유지하는 데 도움이 된다. 관계가 건강할 때 사람들은 자신의 일에서 성취감을 느끼고 생산성이 치솟는다. 관계가 풍성할 때 사람들은 더 행복하다. 비즈니스는 건강한 관계를 원

리더십이 개인경기 같다는 생각이 들기 시작한다면, 속도를 늦추고 사람들과의 연결성을 육성하는 데 더 많은 시간을 들여라.

동력으로 움직여야 한다.

궁극적으로 당신은 당신이 꿈꿔 왔던 경제력과 성공적인 경력을 획득하고 신체적 건강까지 유지할 수도 있다. 그러나 사랑에 기초하는 건강한 관계가 없다면 삶은 불완전하게 느껴질 것이다. 사람들과 마주 앉는 대신에 무심코 페이스북을 뒤지고 있는 자신을 발견한다면, 가상 세계를 빠져나와 현실의 사람들과 상호작용하라. 퇴근해서 가족과 저녁식사를 함께 하거나 친구들과 어울리는 대신에 또 다시 사무실에서 야근할 생각이 든다면, 당장 일에서 손을 떼고 다시 생각하라. 사람들을 당신의 시간과 관심을 투자할 만한 가치가 있는 귀중한 존재라기보다 그저 조직의 자산으로 대우하기 시작한다면, 당신의 리더십을 재평가해라. 구성원들의 장기적인 성장과 발전에 별다른 관심을 두지 않고 누군가를 채용한다면, 채용 시스템을 재점검하라. 리더십이 개인경기 같다는 생각이 들기 시작한다면, 속도를 늦추고 사람들과의 연결성을 육성하는 데 더 많은 시간을 들여라.

관계의 온전함에 깊이 헌신하는 문화를 창조하기 위해 최선을 다하고, 가치를 창출하는 사람이 되어라. 또한 모든 일에 최선을 다하도록 자신을 열심히 채찍질할 뿐 아니라 다른 모든 사람도 그렇게 하도록 끊임없이 강력히 요구하라. 엔트로피를 조기에 차단하고 발전적인 날것의 대화에 참여하라. 갈등 해결의 관리자가 아니라 투사가 되어

4부 지속 가능성: 리더십을 재설계하라

라. 자신을 초월하는 리더십을 발휘하고 깊이 사랑하라. 사람들이 필요한 자원을 찾을 수 있는 안전한 환경을 구축해서 그들이 온전히 자신다워지고 개인적인 성장과 직업적인 발전을 가속화하도록 하라.

관계는 복잡할 수 있다. 그러나 궁극적으로 볼 때 관계는 성장의 촉매다. 좋은 삶은 좋은 관계의 토대 위에서 이뤄진다. 개인의 행복과 성취감은 관계를 성숙시키는 데서 발견할 수 있다. 마지막으로, 번창하는 비즈니스의 원동력은 관계이다.

관계를 위한 핵심 질문

□ 이 책에서 가장 영향력 있는 원칙(들)은 무엇이라고 생각하는가?

□ 이미 적용할 수 있었던 원칙들이 있었는가? 어떤 원칙이었는가? 그리고 그 원칙들이 어떤 영향을 끼쳤는가?

□ 리더로서 가장 성장하고 싶은 영역은 어디인가? 당신의 리더십 역량을 향상시키기 위해 어떤 조치들을 취할 계획인가?

□ 이 책을 읽고 당신의 생각이 어떻게 바뀌었는가?

□ 당신이 아는 사람 중에 이 책을 통해 도움을 받을 수 있는 사람은 누구일까?

용어 해설

가치 중심성valucentricity: 가치가 적절하게 확인되고 정렬될 때 생산되는 에너지와 성장 동력으로, 구성원들에게 일체성을 부여하고 활기를 불어넣어준다.

감성 지능emotional intelligence: 우리 각자가 자신은 물론이고 다른 사람들을 읽고 이끄는 능력의 정도. 자기 인식과 진정성은 감성 지능을 구성하는 양대 산맥이다. 감성 지능이 높으면 자신의 감정과 생각과 행동을 인지할 뿐 아니라 그것들에 대해 주인 의식을 갖고 책임을 지는 능력이 따라온다.

관계의 경제학 Relationomics: 관계가 경제활동에 미치는 관찰 가능한 영향을 조사하는 학문. 단순한 재정상의 거래 분석과는 달리 관계가 창출하는 가치를 평가한다. 시장에서는 관계의 강도와 자원의 흐름 사이에 중대한 인과적 상관관계가 존재한다. 말인즉 관계가 굳건하고 건강할수록 관계 당사자들 사이의 거래는 생산성과 수익성 모두가 증가하는 경향이 있다.

날것의 대화RAW conversation: 생산적이고 발전적인 대화. RAW는 이런 형식의 코칭 대화를 구성하는 세 가지 요소인 현실reality, 진전 advancement, 씨름wrestling 각각의 첫 철자를 따서 지었다.

넷위빙NetWeaving: 밥 리텔이 주창한 개념으로 또 다른 인맥 구축 방식인 네트워킹과 대조를 이룬다. 공통의 관심사가 있거나 상호 이익이 되는 방식으로 상부상조할 가능성이 있는 사람들과 연결함으로써 가치를 창출하는 넷위빙은 보답을 바라지 않고 오직 관계를 구축하는 하나의 방법으로서 정보나 자원을 제공한다. 넷위빙은 자신의 인생 이야기보다 다른 사람의 인생 이야기를 발전시키는 것과 관련이 있고, 우리가 삶에서 바라는 좋은 것은 모두가 다른 사람들을 위해 가치를 창출할 때 따라오는 부산물이라는 사실을 이해하는 것이다.

노OAR: 구성원들이 팀의 모든 활동에 최선을 다하기 위해 반드시 필요한 세 가지 요소를 말하며, 각 요소의 첫 철자를 따서 지었다. 주인의식을 가리키는 'ownership'과 책무성을 뜻하는 'accountability' 그리고 책임감의 'responsibility'이다.

루시퍼주의Luciferianism: 깨달음과 독자성 그리고 인간 진보를 촉진하는 신념 체계. 가끔은 타락천사인 루시퍼에 대한 기독교의 해석 때문에 사탄주의와 연관지어지지만, 사실은 사탄주의와 전혀 관련이 없다. 이 철학적 접근법은 깨달음을 인간의 궁극적인 목표로 삼고, 자유 의지와 내적 자아 숭배 그리고 인간의 잠재력 실현을 중요하게 여긴다.

문화culture: 구성원들이 집단이 노력을 기울이는 각각의 활동에 기여하는 가치관과 믿음 그리고 행동의 집단적인 표현. 문화는 공동의 우선순위를 드러내고 사람들이 서로 어떻게 연결하기로 선택하는지를 보여준다. 쉽게 말해 문화는 우리가 놀이터에서 함께 어울려 노는 방식을 일컫는다.

성장 기어growth gear: 피드백을 받아들이고 책임감 있게 행동함으로써 성장을 위해 관계에 깊이 몰입한 상태. 모든 관련자들을 위해 최대의 가치를 창출하려는 성향을 일컫는다.

성장 나선growth spiral: 사람들이 성장을 향해 나아가고 있는지 아니면 변화를 거부하는지를 평가할 수 있는 수단. 사람들은 상승 나선을 따라 성장과 획기적 변화로 나아갈 수도 있고, 하향 나선을 따라 절망과 고립으로 추락할 수도 있다. 상승 나선과 하향 나선 모두 4단계로 진행된다.

자기 계발의 함정 Self-Help Conundrum: 사람들과 관계적으로 연결되지 않고서도 성숙해질 수 있다고 주장하는 공상적인 아이디어. 우리 모두는 서로 연결되어 있다. 본질적으로 볼 때 인간은 관계의 동물이고, 관계는 우리가 성숙해지도록 단련시켜주는 수도장修道場과 같다. 성숙도는 우리가 사람들과 얼마나 잘 연결하는가에 드러난다. 누구도 관계의 공백 상태에서는 성장할 수 없다.

자기 초월self-transcendence: 자아를 초월하는 삶. 자기 초월은 다른 사람들을 위해 할 수 있는 것에 초점을 맞추고, 좋은 유산을 창조하며, 다른 사람들의 욕구들을 충족시키고 또한 그렇게 함으로써 스스로도 삶에서 의미와 성취감을 찾는 것이다. 자기 초월 개념은 반직관적이다. 사실상 의미 있고 성취적인 삶을 사는 비결은 관대함에서 찾을 수 있다고 하기 때문이다. 요컨대 더 많이 줄수록 더 많이 받을 것이다.

주목할 만한 문화remarkable culture: 구성원들이 서로의 가장 좋은 점을 믿고, 서로를 위해 가장 좋은 것을 원하며, 서로에게서 가장 좋은 것을 기대하는 환경.

파이프라인 대 플랫폼pipeline vs platform: 전통적인 학습 시스템은 사실상 파이프라인이다. 콘텐츠 저장소가 존재하고, 콘텐츠는 저장소에서 수신자에게로 전송된다. 다시 말해 수신자가 원하는 콘텐츠가 아니라, 발신자가 보기에 수신자가 성장하는 데에 필요하다고 생각되는 정보의 식단을 짠 다음 수신자가 섭취하도록 정보를 보내주는 일방형 방식이다. 그러나 관계가 없는 파이프라인형 학습 시스템은 의도하는 결과를 거의 만들어내지 못한다.

반대로 플랫폼은 학습 공동체에 포함된 사람들이 상호작용할 수 있는 무대를 제공한다. 플랫폼은 정보가 앞뒤로 자유롭게 흐르는 쌍방형 방식이다. 또한 정보는 모든 참가자가 배우고, 배운 것을 실제로 적용하며, 다른 사람들에게 가르치는 다양한 방식 사이를 유연하게 움직이게 해준다. 배움과 적용과 가르침으로 구성되는 이런 학습의 삼각 구도는 참가자들이 우정을 쌓고 서로를 강화해주는 환경을 조성한다. 공동체 차원에서 그리고 상호 격려의 맥락에서 정보가 공유되기 때문에, 학습 공동체 구성원들 사이에 학습이 신속하게 이뤄지고 배운 것을 실제로 적용하는 실천이 높이 평가된다.

현실감 있는 리더grounded leader: 감정적으로 성숙하고 안정되어 있으며 깊은 확신과 단호한 결의를 가진 사람으로 현실적인 리더라고 할 수 있다. 현실감 있는 리더는 다음과 같은 몇 가지 특징을 보여준다: 현실에 뿌리를 둠, 감정 중심성, 관계의 부자, 결과 지향성, 다른 사람들에게 초점을 맞춤, 목적 지향성.

감사의 말

나는 부자다. 돈이 많아서가 아니다. 솔직히 내 소득 신고서는 상당히 단출하다. 그렇지만 나는 부자다. 나의 성장 과정에 자신의 시간과 지식과 에너지를 투자하는 사람들이 아주 많기 때문이다. 나는 '주목할 만한' 사람들에게서 크게 영향을 받았고, 덕분에 관계의 부자가 되었다. 지금 그들의 이름을 일일이 거론하는 것은 불가능하지 싶다. 그래도 이 책이 탄생하는 데에 많은 도움을 주었던 사람들에게 이 지면을 빌려 감사의 마음을 전하려 한다.

먼저 아내 루앤과 가족들에게 고맙다는 말을 하고 싶다. 나에 대한 그리고 이번 프로젝트에 대한 가족들의 믿음과, 내가 '다락방'에 칩거하는 동안 보여준 가족들의 무한한 인내심과 넓은 이해심에 정말 감사한다. 인간관계에 대한 내 지식의 상당 부분은 이들을 통해 배웠다.

두 번째로 내 감사를 받을 사람은 한결같은 우정과 격려와 지지를

338

보여준 내 에이전트 크리스 페레비Chris Ferebee다. 당신이 내 곁을 지켜주니 얼마나 든든한지 모른다.

제니퍼 리프Jennifer Leep, 채드 앨런Chad Allen, 아일린 핸슨Eileen Hanson, 에이미 볼러Amy Ballor 등을 포함해 베이커 출판사 팀원 모두는 이 책이 더 다양한 독자들을 만날 수 있도록 수정에 수정을 거듭하는 과정에서 한결같이 관대한 마음으로 길라잡이가 되어주었다. 그들의 전문 지식에 마음 깊이 감사한다.

내 편집자인 미셸 래프킨Michelle Rapkin에게도 고맙다는 말을 전한다. 전에 말한 적이 있지만 이 지면을 빌려 다시 한 번 말하고 싶다. 이 책을 통해 당신과 함께 일하게 되어 무한한 영광이었고 커다란 특혜였다. 당신 덕분에 가독성이 뛰어나고 영향력 있는 책이 탄생할 수 있었다. 내가 아이디어를 명쾌하게 표현하도록 도와주는, 두서없이 장황하고 복잡한 내 생각들을 다듬고 취합하는 당신의 신비로운 능력에 절로 고개가 숙여진다. 또한 영어라는 언어와 그 문법에 대한 당신의 깊은 지식에도 감명을 받았고 정말 고맙게 생각한다.

이전 책의 공동 저자로 '관계의 경제학Relationomics'이라는 개념을 구체화하는 데에 도움을 주었고 관대하게도 그 용어를 이번 책 제목으로 사용하도록 허락해준 데이비드 샐리어David Salyers에게 진심으로 고맙다는 말을 꼭 하고 싶다.

내 사업 파트너 랜디 월턴Randy Walton은 전략적인 사고로 많은 도움을 주었다. 당신의 파트너로서 우리의 고객들에게 이 책의 원칙들을 적용할 수 있는 소중한 기회를 주어서 얼마나 감사하게 생각하는지 모른다.

두에인 커밍스Duane Cummings는 소중한 충고와 유익한 사례를 제공했을 뿐 아니라 끊임없는 격려로 내게 힘을 불어넣어준다. 의미 있는 관계 속에서 사람들과 연계하는 당신의 놀라운 능력은 내게 마르지 않는 영감의 원천이다.

스콧 매클렐런Scott MacLellan, 로비 앵글Robby Angle, 밥 킬린스키Bob Kilinski, 데이브 헤어Dave Hare, 짐 리스Jim Leath, 케빈 래티Kevin Latty, 론 던Ron Dunn, 찰스 버핑턴Charles Buffington, 밥 리텔Bob Littell, 이들의 피드백은 이 책의 아이디어들을 구체화하고 명확히 하는 데에 도움이 되었다. 또한 그들 한 명 한 명은 이 책이 전달하고자 하는 메시지의 열렬한 지지자들이다. 내 곁에 그들이 있어 나는 참으로 축복받은 사람이다.

마지막으로 친구들과 고객들에게 고맙다는 인사를 하고 싶다. 그들은 이 책의 원칙들을 적용하여 관계를 풍성하게 만들고 비즈니스를 이끌며, 그 과정을 통해 이 원칙들의 효과를 끊임없이 몸소 입증해준다. 그들과 함께 배우는 것은 무한한 기쁨이다. 우리를 믿고 우리에게 당신의 팀에 투자할 수 있는 영광을 주어서 정말 감사하게 생각한다.

인용 출처

1장 이것이 관계다!

i David Maraniss, *When Pride Still Mattered: A Life of Vince Lombardi* (New York: Touchstone, 2000), 274–76.

2장 자기 계발의 함정

i James P. Comer (lecture, Education Service Center, Houston, TX, 1995).

ii James P. Comer, *Leave No Child Behind: Preparing Today's Youth for Tomorrow's World* (New Haven, CT: Yale University Press, 2005), 1–62.

3장 멀리 바라보라

i Stephen C. Byrum, *From the Neck Up: The Recovery and Sustaining of the Human Element in Modern Organizations* (Littleton, MA: Tapestry Press, 2004), 9–27.

4장 조직 문화의 중요성

i Edwin Friedman, *A Failure of Nerve: Leadership in the Age of the Quick Fix* (New York: Church Publishing, 2017), 196.

5장 정상적인 사람은 없다

i *Young Frankenstein*, directed by Mel Brooks (Los Angeles, CA: Twentieth Century Fox, 1974).

ii Dictionary.com, s.v. "normal," accessed July 30, 2018, https://www.dictionary.com/browse/normal?s=t.

iii Dictionary.com, s.v. "asset," accessed July 30, 2018, https://www.dictionary.com/browse/asset?s=t.

6장 4단계 성장 나선

i Antonio Damasio, *Descartes' Error* (New York: Putnam Berkley Group, 1994), 52-58. * 국내 출간명 『데카르트의 오류』(NUN, 2017)

7장 얼굴은 백 마디 말보다 더 많은 것을 알려준다

i Travis Bradberry, *Emotional Intelligence 2.0*(San Diego: TalentSmart, 2009), 13-23.

ii Robert S. Littell, *The Heart and Art of NetWeaving: Building Meaningful Relationships One Connection at a Time* (Atlanta: NetWeaving International Press, 2006), 12-20.

iii *Jerry Maguire*, directed by Cameron Crowe (Los Angeles, CA: Gracie Films, 1996).

8장 두려움을 극복하라

i "Ignacy Jan Paderewski," Youth.dadabhagwan.org, accessed July 30, 2018, http://youth.dadabhagwan.org/youth-in-action/glimpses-of-great-souls/ignacy-jan-paderewski-1/.

ii "Herbert Hoover and Poland," Independence Hall Association, July 4, 1995, http://www.ushistory.org/more/hoover.htm.

iii Abraham Maslow, *Motivation and Personality*, ed. Robert Frager, James Fadiman, Cynthia McReynolds, and Ruth Cox (Vision Book Distributors, 1987), 23-48. * 국내 출간명 『동기와 성격』(21세기북스, 2009)

iv Mark E. Kolto-Rivera, "Discovering the Later Version of Maslow's Hierarchy of Needs: Self-Transcendence and Opportunities for Theory, Research, and Unification," *Review of General Psychology* 10, no. 4 (2006): 302-17.

v George Bernard Shaw, *Candida* (Auckland: The Floating Press, 2010), 13.* 국내 출간명 『캔디다』(동인, 2018)

vi Laura Geggel, "Super Schnozzle: Thin, Glow-in-the-Dark Shark Has a Huge Nose," LiveScience, July 31, 2017, https://www.livescience.com/59983-tinyshark-glows.html.

9장 노를 저어라

i Peter F. Drucker, "What Makes an Effective Executive," *0*, June 2004, https://hbr.org/2004/06/what-makes-an-effective-executive. * 국내 출간명 『조직의 성과를 이끌어내는 리더십』(매일경제신문사, 2015) 중 「뛰어난 리더를 만드는 것은 무엇인가」

10장 갈등 해소를 위한 교전규칙

i Michael Walzer, *Just and Unjust Wars* (New York: Basic Books, 2015), 38-39.

11장 날것의 대화를 하라

i Randall Beck and Jim Harter, "Why Great Managers Are So Rare," *Business Journal,* March 25, 2014, http://news.gallup.com/businessjournal/167975/why-great-managers-rare.aspx.

12장 자신 너머에서 의미를 찾아라

i Eleanor Roosevelt, "My Day—August 2, 1941," My Day Project, George Washington University, accessed June 18, 2018, https://www.2.gwuedu/~erpapers/myday/displaydoc.cfm?_y=1941&_f=md055954.

ii C. Stephen Byrum, *From the Neck Up: The Recovery and Sustaining of the Human Element in Modern Organizations* (Littleton, MA: Tapestry Press, Ltd, 2006), 47-50.

iii José Emilio Pacheco, *Battles in the Desert and Other Stories* (New York: New Directions, 1987).

iv Viktor E. Frankl, *Man's Search for Meaning* (Boston: Beacon Press, 2006), 140. * 국내 출간명 『죽음의 수용소에서』(청아출판사, 2005[양장개정판])

v Frankl, *Man's Search,* 65-72.

vi Frankl, 110–11.

vii Frankl, 165.

13장 자기 이익을 초월하는 리더십

i "The Chobani Way: Committed to the Planet and Its People," Chobani, accessed June 19, 2018, https://www.chobani.com/impact/the-chobani-way.

ii Megan Durisin, "Chobani CEO: Our Success Has Nothing to Do with Yogurt," *PRI*, May 3, 2013, https://www.pri.org/stories/2013-05-03/chobani-ceo-our-success-has-nothing-do-yogurt.

iii Stephanie Strom, "At Chobani, Now It's Not Just the Yogurt That's Rich," *New York Times*, April 27, 2016, https://www.nytimes.com/2016/04/27/business/a-windfall-for-chobani-employees-stakes-in-the-company.html.

iv Mark A. Weinberger, "Hamdi Ulukaya, Founder and CEO, Chobani, Inc. and EY World Entrepreneur Of The Year™ 2013 Award winner, interviewed by Mark A. Weinberger, EY Global Chairman & CEO," *Ernst & Young,* November 16, 2013, https://www.ey.com/us/en/services/strategic-growth-markets/strategic-growth-forum-agenda-2013-evtd-usdd-98smd9.

v Ergulen Toprak, "Chobani's Founder Gives $300 Million to Employees," *MyReports*, May 2, 2016, https://myreportsny.com/2016/05/02/chobanis-founder-gives-300-millions-to-employees/.

vi Victoria Craig, "Chobani Founder: The American Dream Happened to Me," *FOX Business*, February 18, 2014, https://www.foxbusiness.com/features/chobani-founder-the-american-dream-happened-to-me.

vii Nina Roberts, "Chobani's Founder Hamdi Ulukaya Reveals the Simple Secret to Strong Branding," *Forbes*, September 29, 2017, https://www.forbes.com/sites/ninaroberts/2017/09/29/chobanis-founder-hamdi-ulukaya-reveals-the-simple-secret-to-strong-branding-just-be-real/#323489d5b174.

14장 인재 유출을 막아라

i Robert S. Hartman, *The Structure of Value* (Eugene, OR: Wipf and Stock, 2011), 19–36.

ii Sean McCracken, "From Ritz to Capella, Schulze Redefines Luxury," Hotel News Now, December 4, 2015, http://www.hotelnewsnow.com/Articles/28703/From-Ritz-to-Capella-Schulze-redefines-luxury.

iii Doug Gollan, "The Second Act of Horst Schulze Is Finally Taking Off," Forbes, June 1, 2016, https://www.forbes.com/sites/douggollan/2016/06/01/the-second-act-of-horst-schulze-is-finally-taking-off/3/#54269dce4496.

iv Gollan, "The Second Act of Horst Schulze Is Finally Taking Off."

15장 사랑의 리더십

i *Star Wars: The Last Jedi,* directed by Rian Johnson (San Francisco, CA: Lucasfilm, 2017).

16장 관계를 동력으로 성장하라

i "Study of Adult Development," Harvard Second Generation Study, accessed June 21, 2018, http://www.adultdevelopmentstudy.org/grantandglueckstudy.

ii Marguerite Ward, "75-Year Harvard Study Reveals the Key to Success in 2017 and Beyond," CNBC, December 15, 2016, https://www.cnbc.com/2016/12/15/75-year-harvard-study-reveals-the-key-to-success-in-2017-and-beyond.html.

iii Ward, "75-Year Harvard Study."

iv George E. Vaillant and Kenneth Mukamal, "Successful Aging," *American Journal of Psychiatry* 158, no. 6 (June 2001): 839–47.

앞서가는 조직은 왜 관계에 충실한가

1판 1쇄 발행 2020년 3월 2일
1판 10쇄 발행 2024년 11월 1일

지은이 랜디 로스
옮긴이 김정혜
발행인 박명곤 **CEO** 박지성 **CFO** 김영은
기획편집1팀 채대광, 김준원, 이승미, 김윤아, 백환희, 이상지
기획편집2팀 박일귀, 이은빈, 강민형, 이지은, 박고은
디자인팀 구경표, 유채민, 임지선
마케팅팀 임우열, 김은지, 전상미, 이호, 최고은

펴낸곳 (주)현대지성
출판등록 제406-2014-000124호
전화 070-7791-2136 **팩스** 0303-3444-2136
주소 서울시 강서구 마곡중앙6로 40, 장흥빌딩 10층
홈페이지 www.hdjisung.com **이메일** support@hdjisung.com
제작처 영신사

ⓒ 현대지성 2020

"Curious and Creative people make Inspiring Contents"
현대지성은 여러분의 의견 하나하나를 소중히 받고 있습니다.
원고 투고, 오탈자 제보, 제휴 제안은 support@hdjisung.com으로 보내 주세요.

"인류의 지혜에서 내일의 길을 찾다"
현대지성 클래식

현대지성 클래식 살펴보기